幼兒表現評量

作品取樣系統

廖鳳瑞・陳姿蘭　編譯

The Work Sampling System— An Overview 【3rd Edition】

Samuel J. Meisels

Judy R. Jablon

Dorothea B. Marsden

Margo L. Dichtelmiller

Aviva B. Dorfman

Dorothy M. Steele

Copyright 2002 Pearson Education, Inc. publishing as Pearson Early Learning

Work Sampling in the Classroom
A Teacher's Manual

Margo L. Dichtelmiller

Judy R. Jablon

Aviva B. Dorfman

Dorothea B. Marsden

Samuel J. Meisels

With contributions from

Charlotte Stetson

Copyright 2002 Pearson Education, Inc. publishing as Pearson Early Learning

The Work Sampling System— Preschool-3 Developmental Guidelines 【3rd Edition】 Preschool-4 Developmental Guidelines 【3rd Edition】 Kindergarten Developmental Guidelines 【3rd Edition】

Dorothea B. Marsden

Samuel J. Meisels

Judy R. Jablon

Margo L. Dichtelmiller

Copyright 2002 Pearson Education, Inc. publishing as Pearson Early Learning

Samuel J. Meisels　美國著名艾瑞克森兒童發展研究院
（Erikson Institute of Advanced Child Development）院長，與密西根
大學幼兒教育研究所教授。他一生致力於早產兒的早期介入方案，以
及兒童發展與學習評量方面的研究。著有 *Handbook of Early Interven-
tion*、*Work Sampling System*，以及許多有關早期介入與幼兒評量的相
關著作。

譯者簡介

　　廖鳳瑞密西根大學教育博士（專攻幼兒教育）。現任國立臺灣師範大學人類發展與家庭學系副教授，亦任中華民國幼兒教育改革研究會理事、國際兒童教育協會中華民國分會理事。教學及研究專長包括幼兒教育評量、檔案評量、幼教行政與政策、幼兒與家庭相關議題、專業倫理。著有：《幼稚園的行政與管理》，譯有：《兒童行為觀察：課室觀察之鑰》、《專業的幼教老師》、《與幼教大師對談》、《幼兒發展學習的評量與輔導》、《教師專業檔案》、《作品取樣系統：教室裡的真實性表現評量》、《作品取樣系統：3～6歲兒童發展指引》、《幼兒觀察評量與輔導》，編著有：《開放的足跡：師大附幼萌發式課程的理論與實踐》等書。

　　陳姿蘭，國立臺灣師範大學人類發展與家庭學系博士。曾任臺北市私立三民幼稚園教師、臺北縣私立能仁家商幼保科教師、臺北市私立稻江護家幼保科教師、長庚技術學院幼保系兼任講師。譯有：《幼兒發展學習的評量與輔導》、《教師專業檔案》、《作品取樣系統：教室裡的真實性表現評量》、《作品取樣系統：3～6歲兒童發展指引》等書。

編譯者序

　　出於個人經驗、對國內評量方法與內容的失望，以及糾正目前對「檔案評量」的錯誤觀念等三個原因，我決定編譯本書，向國內幼教界介紹表現評量的理論，與 Dr. Samuel J. Meisels（本書原作者之一）所發展的「作品取樣系統」。首先，先談我的經驗。接觸表現評量是在美國念博士學位時。當時我的指導教授 Dr. Meisels，認為美國教育界對於標準化測驗的濫用已危害到孩子，因而開始研發「作品取樣系統」——一套以表現評量理論為基礎，設計給幼稚園與小學用的學習評量系統。他希望這套新的評量系統能去除評量的負面功能與神秘性，讓評量發揮它發現孩子、了解孩子、幫助孩子的功能。我當時的工作是研究助理，協助他研究有關「作品取樣系統」的信度與效度。那次的研究證實了「作品取樣系統」有良好的評分者一致性信度，而其同時效度與預測效度都比美國當時普遍使用的標準化測驗來得高。那是我第一次接觸到表現評量，讓我知道它不輸正統的評量方式。

　　畢業後，我留美工作二年，期間美國有愈來愈多的學區開始採用「作品取樣系統」，而 Dr. Meisels 也風塵僕僕地四處旅行，為各地的老師進行在職訓練。我曾「心疼」他的辛苦奔波，但他以電子郵件回我道：「再辛苦也值得，我覺得這是我這輩子做的最有意義的一件事！你該來看看那些老師的反應，聽聽他們的喜悅。」這是我第二次接觸「作品取樣系統」。我的指導教授願意為它忘我的投入，以及美國老師對它的正面回饋，讓我覺得這一定是個很棒的評量方式，有朝一日我一定要試試看，讓台灣的孩子也能受益。

民國八十二年回國後，我有了這樣的機會。我在國立台灣師範大學附設實驗幼稚園（以下簡稱「師大附幼」）與該園的老師改編「作品取樣系統」中的「發展檢核表」，並在園內試用。在三年的使用歷程中，我感覺到老師對孩子的觀察因為有了檢核表項目而有了架構，而他們也開始看到孩子的「好」，而不再只注意孩子「不會什麼」或「哪一個項目還未達成」。換句話說，老師開始注意到孩子的「已知已能」，開始去看孩子本身；讓孩子來「告訴」老師他們會什麼，還不會什麼，而不是用老師的方式與眼睛去看孩子（這個歷程我們曾經發表在師大附幼所編著的「開放的足跡」一書）。這個經驗讓我直接接觸到表現評量與「作品取樣系統」，並且肯定它對孩子與老師的功能。

編譯本書的第二個原因，我目前在大學任教，其中兩門課是「幼兒行為評量」、「幼兒教育評鑑」。為了上課需要，我四處蒐集國內幼稚園所使用的評量方式與評量表。看過之後，大失所望，我在本書的第一章也說明了我的失望。後來更發現當學界致力於推廣開放式教育與建構主義的教學時，我們的評量卻還停留在行為目標式的評量，仍然要求孩子背誦記憶一些老師教導的事實，實在令人沮喪。Eisner曾說：「教育改革要從評量做起」，我深表贊同。以教育界「考試領導教學」的惡習，光改變教學方法或內容而不改變僵化、固定答案、記憶導向的評量方式，改革註定失敗。

第三個原因，近幾年來，由於幼稚園與托兒所評鑑將作品評量列為評量的項目之一，讓幼稚園與托兒所的老師開始為每一位幼兒準備一個精緻美觀的檔案夾，只要孩子有畫作、美勞作品或學習單，通通都收入檔案夾裡。有的老師還為每個孩子準備一本筆記本或素描本，讓孩子每日畫下他的心情或任何他想畫的事物。當我去評鑑時，我總會問老師「這些作品收集起來之後做什麼呢？」或拿起孩子的「心情

日記本」或「劃到本」問老師:「從裡面看到什麼?」「有沒有做什麼分析?」很令我失望的,老師的回答大多是:「沒做什麼」、「沒有分析,時間到了(如:主題結束或學期結束),就讓孩子帶回家」。顯然,老師並不了解收集作品的意義,更不用談如何從作品中評量孩子。作品的收集只是應付評鑑而做的「公事」而已。這怎不令人痛心!

接著,近一、二年「檔案評量」似乎在幼教界形成一股風潮,許多幼稚園開始製作學習單,讓孩子依學習單的指示做作業,老師再加以批改,然後把所有的學習單依照日期先後放入檔案夾內。顯然老師認為「學習單」+「檔案夾」=「檔案評量」,這樣的解讀簡直謬誤到了極點。國內對於評量的誤解與誤用讓我覺得是需要澄清以正視聽的時候了。

在本書中,第一章首先介紹「表現評量」的理論與特徵,說明表現評量是一種以兒童為中心的評量,它能鼓勵兒童自己主動建構答案(高表現);能在日常情境中以與孩子真實生活相關的活動或項目來評量兒童(高真實性);且能將評量融入教學、與課程內容相關(高課程相關性)。第二章我們翻譯「作品取樣系統」的「導論」(Overview),介紹作品取樣系統的理念、特徵與架構;第三章翻譯「作品取樣系統」的「發展檢核表」(Developmental Checklist),詳細描述如何依照孩子的年齡設立合宜的表現評量的項目,並提供 Dr. Meisels 與他的研究群花了三、四年所研發出的評量項目,以單份型式(分三歲、四歲、五歲)呈現,供老師及幼稚園購買使用。第四章我們呈現「作品集」,「作品集」與「發展檢核表」是相輔相成的兩個系統。本章(譯自 *Work Sampling in the Classroom* 的 Portfolios)仔細說明「作品集」的目的、作品的種類(包括孩子的畫作、美勞作品、扮演、立體作品、活動情況的軼事記錄、錄音帶的逐字稿、錄影帶、

學習單）、實施步驟與分析。第五章我們收錄了國內一位幼稚園老師（彭老師）實際實施作品集評量（或稱檔案評量）的例子。此本土實例改寫自本書第二位編譯者（陳姿蘭）在國立台灣師範大學家政教育系的碩士論文。我很感謝姿蘭與彭老師以近一年的時間共同切磋、合作，與執行作品集的設計、實施與分析。我們從彭老師自己對目前所使用評量方式的不滿開始敘述，並詳細描述她從排斥「作品取樣系統」、接受「作品取樣系統」，到執行「作品取樣系統」作品集的歷程，以及她在歷程中所遭遇的困難、質疑與喜悅。

從彭老師的執行中，我們看到了評量是可以這麼「天衣無縫」地融入教學，老師不需要特別設計評量或抽出特別的評量時間，就可以在活動進行當中或之後自然收集到表現孩子能力的「作品」。我們也看到「作品集」如何讓老師看到自己的教學成效，又可讓孩子在一般的期望中，將自己的主動性、個別性發揮到極致。

舉個例子來說，彭老師在上「布袋戲」主題前，對孩子有個期望，希望孩子在上完這個主題後，「能參與戲劇活動」。依據「作品取樣系統」的步驟蒐集作品與分析後，彭老師發現孩子都達到這個目標了，但是進步的程度不同。例如：A小孩（小銳）在此目標上有進步，因為「在此主題之前，他沒有參與布袋戲演出的經驗，對於教室內的扮演也鮮少演出。在『小紅帽』中能主動參與並展現出指標中的期望，是一大進步」。而 B 小孩（小筠）也有進步，尤其在「投入程度」、「自編故事」與「聲調的變化」上進步最多：「剛開始演戲時，她可能是對演戲的程序不熟，因此會感到害怕，常需要他人提詞，常戲演到一半就跑掉了，並告訴老師她不會演。有時則是演出時聲音小，不太敢表達。但後來她很喜歡上台演戲，幾乎每場戲都有她的身影，並會為戲劇的需要製作布偶、寫劇本……剛開始時，她演的是故事書裡的故事，但漸漸的，她會自編故事……她在『小藍帽』的

演出中，會視不同的角色變化聲調，例如：大野狼的聲音是台灣國語，媽媽的聲音是比較溫柔的」。由上可知，兩位孩子都有進步，但是小銳是「從無到有」的進步，而小筠是「從有到更好」的進步；這裡我們看到了個別差異，也看到了「作品集」強調「孩子與自己比較，不與別人比較」的意義與重要性。

我們之所以除了翻譯「作品取樣系統」外，還自行加入第一章表現評量的介紹與第五章本土實施作品集的實例，是希望老師在學習「作品取樣系統」的技巧面時，能了解到技巧後面的理論基礎與精神。因為我相信只有確實了解與認同該理論精神，才有可能確切的落實表現評量，否則很可能「畫虎不成反類犬」，效果不彰。再者，我們希望藉由本土的實例來鼓勵與勉勵有志改革的老師，這樣的評量不僅只是理想而已，「夢」是可以成真的！我們也承認，或許「作品取樣系統」不全然完全適用於本土，事實上，Dr. Meisels 也一再地告訴我，要我依據我們自己的國情、文化、課程標準研究設計台灣的「作品取樣系統」。因此，我們更希望此書的出版是一個引子，能吸引更多有志者，共同為研發適合國內幼教生態與本國幼兒的表現評量而努力。

最後，此書能出版我有太多的人要感謝。首先當然是 Dr. Meisels，不管是在求學時，還是我在美國工作時，或是回國後擔任園長、教書時，他都給予我無限的知性挑戰與無條件的支持。他讓我看到孩子，讓我能在目前惡性的生態中堅持。其次是本書的另一位編譯者姿蘭與「作品集」的主角彭老師，沒有她們對理想的堅持與毅力，作品集的本土化不可能踏出第一步。她們的辛苦讓表現評量的「作品集」有了「實體」，而不再只是「理論」；她們的努力豐富了本書的內容，替本書增添了光彩。我另外要特別感謝姿蘭，在我人生最忙亂的時期，無條件地提供協助，讓一切成為可能。彭老師對我還有一個

特別的意義：剛開始時，她並不認同核心項目的蒐集需要她事先設計活動（目的在讓孩子有機會表現出期望的能力），認為課程應該要完全隨著孩子萌發、改變，怎可事先設計？她詰問道：「這樣不是開倒車了嗎？」她的詰問讓我重新思考開放式教育對於課程的觀點，也啓發了我重新探究、省思何謂「開放式教育」、何謂「主題」、何謂「方案」的歷程。今天如果我對此有任何斬獲，彭老師功不可沒。

最後，我要感謝心理出版社的總經理許麗玉小姐、總編輯吳道愉先生與執行編輯陳文玲小姐，他們對我百般包容，對於我在版面與字體的要求，以及加入新的章節的意見都無條件接受與配合，又容忍我的嚴重拖稿（一拖就是一年多）。我的研究助理李昭瑩在此期間提供我行政與精神支援，也協助校稿，讓事情清楚、輕鬆許多。

最最後，我要感謝在此書出版前與我一起分享表現評量的幼教老師們，是他們對改變評量的渴望與催促激起我完成此書的心志。願以此書與所有幼教人共勉！

廖鳳瑞

謹誌於二○○二年二月

目　錄

1　表現評量　1

第一節　評量的層面--- 3

第二節　表現評量--- 8

參考書目--16

2　作品取樣系統　19

第一節　總論---21

第二節　發展指引與發展檢核表----------------------------------28

第三節　作品集的蒐集---33

第四節　綜合報告--39

第五節　其他議題--45

3　發展指引與發展檢核表　51

第一節　導論---53

第二節　三歲幼兒的發展指引

　　　　（三～四歲；幼稚園小班）----------------------56

第三節　四歲幼兒的發展指引

　　　　（四～五歲；幼稚園中班）----------------------87

第四節　五歲幼兒的發展指引

（五～六歲；幼稚園大班）-------------------- 125

4 作品集　167

第一節　了解作品集----------------------------------- 169

第二節　如何實施作品集 ------------------------------ 182

第三節　作品集問與答-------------------------------- 241

附錄　核心項目的參考──學前兒童------------------- 248

5 作品集在幼稚園的實施　255

第一節　背景 ------------------------------------- 257

第二節　作品集的實施-------------------------------- 259

第三節　作品集實施的檢討 --------------------------- 283

第四節　實施作品集歷程中的困惑與解答 ------------- 291

第五節　幼兒的作品實例 ----------------------------- 302

1

表現評量

第一節 評量的層面

一般說來，設計教育評量時有三個層面要考量：⑴學生的表現（performance），⑵評量項目或評量情境的真實性（authenticity），⑶與課程內容的相關性（alignment with curriculum）。

「學生的表現」指的是學生主動建構答案的程度。一個低表現的評量可能是要求學生塗滿著色圖或從幾個答案中圈選出正確的答案；而高表現的評量可能會要求學生在實驗室做一個研究或寫一篇研究報告，並在課堂上報告。高表現的評量需要學生：㈠統整技能：如，寫報告除了要知道詞彙外，還需要融會文法、詞義、段落的安排、了解讀者可能的感受等等；而在課堂上報告牽涉到口頭溝通的能力、重點摘要等等。㈡運用高層次的思考知能：如，分析研究現象、歸納研究的結果、揣度聽眾的程度與興趣等等。同時高表現的評量也能呈現出兒童的思考歷程，而且兒童在這樣的評量中是主動的。

「真實性」指的是與真實生活相近的程度。一個低真實性的評量可能會讓學生唸一個個無意義的單字或注音符號，或是寫一些教師口述的字詞；而高真實性的評量可能會要求學生唸一段報上的文章或想辦法寫一封別人能懂的信，或是用學生認為重要的詞彙寫一封信給朋友。評量之所以要考慮真實性是因為如果評量項目愈逼近真實生活，愈能引起學生的興趣，對學生的意義也愈大，學生主動想做或自己進行評量的動機也會因而提高。

「與課程內容的相關性」指的是評量內容與教學內容一致的程度。一個相關性低的評量有如教師在課堂上教授一些事實與概念，但考試時卻考學生如何應用；一個相關性高的評量則同時教授並評量如何應用事

實與概念。由於評量的英文「evaluate」的含意中有「value」的字根，意指要評量重要、重視的內涵，因此「與課程相關性」就隱含一項重要的條件，那就是：課程或教學的內容是重要而有意義的。

　　大部分的教育人員都希望評量能具有相當高程度的表現、真實性及與課程的相關性；也就是說，希望評量項目能逼近真實生活內的活動或工作，讓學生運用真實生活中會用的知能來主動建構答案，而評量的內容又能與教學課程有關聯。

　　如果以此三個層面來檢視目前學前教育領域所用的評量，可以發現雖然幼稚園或托兒所所用的或所設計的評量項目已頗強調讓幼兒操弄實物或觀察幼兒平常的表現，但仍存在不少問題。茲舉其中四項比較大的問題在此討論：

一、只重視評量結果

　　大部分的評量都在測試幼兒「已知道什麼」，無法透露幼兒「能做什麼」的訊息；再者，大部分的測驗只呈現幼兒已達到的程度，並未呈現幼兒為何或如何達到這個程度的資料。很多坊間的練習本或老師設計的學習單，常會讓幼兒從眾多的圖案或圖片中選出符合某項定義或特色者。例如：在「春天」或「昆蟲」單元中，讓幼兒從七、八個昆蟲與非昆蟲的圖案中圈出「昆蟲」，目的在評鑑幼兒會不會分辨昆蟲。但是這樣的評量結果只能告訴我們幼兒能（或不能）分辨昆蟲與非昆蟲，卻無法告訴我們他是如何學會（或為什麼不會），也沒有告訴我們他是如何分辨的（是知道昆蟲的特徵，還是用猜的、偷看的、與同學討論後寫的，還是有其他什麼策略等）。

二、僅能提供有限的訊息

　　類似「圈出正確昆蟲圖案」的評量，Meisels（1995）稱之為「無記錄的評量」（assessment without documentation），評量兒童時如果沒

有提供描述性的資料記載，就是盲目的評量，而記錄中沒有包含情境（context）的描述很可能會有誤導的情況產生。這樣的評量只能提供相當有限的資料，因為它只告訴我們幼兒表現的結果（表現優良、表現良好、表現尚可、尚需加強），但是並沒有告訴我們幼兒是如何學會的或為什麼學不會。學習結果固然重要，幼兒學習的過程更為重要；當我們了解他是為什麼會或不會、能力與困難所在時，才能幫助幼兒更進一步的成長（廖鳳瑞，民 84）。

　　同樣的，表 1.1 的評量是目前常在單元結束時使用的評量表。以表1.1 中「技能發展」的評量項目：「能利用素材做兩種昆蟲的造型」為例，若某位幼兒的評量結果為「尚需加強」，它所要傳達的訊息究竟是該位幼兒「不會利用素材做昆蟲造型」，或是他「只會做一種昆蟲造型而非兩種」？幼兒無法完成的原因是什麼（例如：情緒問題或不會使用材料或對昆蟲還不甚了解）？此項任務的目的為何（例如：了解幼兒對昆蟲特徵的認識）？教師要如何幫助他（增加材料或設計更多的活動讓孩子認識昆蟲）？幼兒無法完成此項任務所代表的意義是什麼（例如：就五歲幼兒而言，他的手眼協調能力尚未發展成熟）？缺乏這些資料，我們便無法了解他們發展與學習的過程。

三、要求學生回答既定的答案或從設定的答案中選擇，未提供學生主動建構的機會

　　再以要求幼兒從眾多圖片中選出符合昆蟲特性的圖片為例，就如前面所論，這樣的評量缺乏讓學生從實際生活中去辨認昆蟲，或以模塑性材料做出昆蟲、畫出昆蟲，或說明為什麼做某種選擇的資料，也就是缺乏提供讓學生表達他是如何建構及解釋「昆蟲」概念的機會。幼兒答對這些題目不表示在生活中他能認出昆蟲或分辨出昆蟲與其他動物的不同。

　　同樣的，表 1.1 中認知發展的第三項評量「能排出一種昆蟲的成長過程」，所要求的順序是教師教的順序（很可能那些成長的圖片還是教

師畫的），只要求幼兒排出一種昆蟲（很可能是教師上課時教的）。這項評量的問題同樣在於未提供幼兒主動建構答案或說明答案的機會，且會排這一種昆蟲不一定表示孩子真正了解昆蟲成長的過程；換句話說，這樣的評量項目僅能評量出幼兒對某些片段知識的記憶能力！

四、與教學或課程內容的相關性雖高，但內容狹隘

以表 1.1 為例，很多教師表示，這些評量項目大都是在一學期前就設計好的，有的甚至沿用多年；而為了讓幼兒在單元結束時能回答這些問題，他們在上課時一定會涵蓋這些評量內容。這是典型的「評量領導教學」，評量與教學間的相關性甚高。讓我們看看表 1.1 的評量內容：在「認知發展」方面，三項中有兩項要求幼兒「說出」答案，似乎把「說出」等於了「認知」！可是，認知所包含的層面比「說出」廣泛得太多，這樣的評量內容不僅狹隘了認知發展的範疇，甚至也狹隘了語言領域的內涵。即使教學與評量緊密配合，學習且會回答這些瑣碎、片段而不重要的東西，對幼兒的學習與成長有何意義呢？再說，幼兒會回答這個項目未必表示他在生活中能認出其他昆蟲或排出其他昆蟲的生長順序，而且，這種評量所得的結果很模糊，無法讓教師確實了解幼兒。

由上可見，目前國內幼教領域所用的評量工具缺乏讓幼兒建構答案或創作成品的表現，著重記誦教師教導的事實性知識，缺乏真實生活性；而評量雖然能配合教學內容（或說教學內容配合評量內容），卻因內容瑣碎、片段而降低其意義。再者，它們也不能確實評量幼兒的真正能力，或不能提供足夠的資訊讓教師了解幼兒的學習過程、學習特質，以及學習上的優點與困難。由此可見，我們實有必要改進目前的評量方式與工具。本書即在提供國內關心幼兒教育的人士另一種評量方式，一種能讓我們真正了解孩子的評量方式——表現評量。

□ 表 1.1

單元名稱：昆蟲世界　　　　　　　　　　　　　　適用年齡：中班

評量項目	綜合學習評量表	
	評　量　內　容	評量結果
認知發展	1. 能正確說出三種昆蟲的名稱。	
	2. 能說出一種昆蟲與人類的關係。	
	3. 能排出一種昆蟲的成長過程。	
情意發展	1. 能遵守參觀規則。	
	2. 能快樂的參與活動。	
	3. 能大方的介紹作品。	
技能發展	1. 能完整拼出一種昆蟲拼圖。	
	2. 能利用素材做兩種昆蟲的造型。	
	3. 能模仿昆蟲做肢體創作。	
	4. 能隨音樂敲擊樂器。	
備註	符號表示： （☆）表現優良　　（◎）表現良好 （○）表現尚可　　（△）尚需加強	

第二節 🚲 表現評量

壹、表現評量的興起

表現評量的興起主要有以下幾點原因：

一、來自對選擇題式測驗的不滿

以往大多用測驗的方式來評量兒童的學習，而測驗大部分是以選擇題方式呈現。這類測驗大多僅測量兒童事實形式及低層次的思考技能（如：記憶），比較無法測出兒童高層次的思考（如：綜合、分析、歸納和解決問題等之能力）；而且測驗內容也常與兒童的生活情境無關。另外，這類評量方式只能測出兒童「已經知道什麼」，但無法測量兒童「能做什麼」。

二、受到認知心理學的影響

表現評量的出現可以溯至「情境認知」（situated cognition）的觀點。「情境認知」理論認為知識是蘊含在真實情境中的，個體建構知識須在有意義的情境中進行；知識是文化和情境脈絡的產物，抽離了情境脈絡的學習和評量，難以對兒童產生意義（Brown, Collins, Duguid, 1989）；個體透過參與情境中的活動（activity）才能真正掌握知識，並能有效地運用知識。因此，兒童要學習的不是脫離情境的技能，或是抽離情境的概念，而是與情境融合成一片的知識（幸曼玲，民83）。由此可見「情境認知」對真實情境的強調。

這種將知識視為自我建構及知識蘊涵於真實情境中的觀點，讓教育人員重新省思傳統的選擇式測驗是否合宜。於是，強調在真實情境中評量兒童實際表現的評量方式因勢而起，表現評量即是其中之一。

三、傳統測驗對教學的不良影響

由於考試常是決定學生成就安置或教師績效的依據，影響兒童及教師的權益與發展甚鉅；因此，為了讓學生有好的測驗成績，常導致測驗領導教學的現象。但如前文所言，傳統的紙筆測驗較偏重兒童記憶的學習，導致教師的教學也因而偏向教導事實性的知識與要求低層次的思考，忽略對學生知能的真正了解。於是，需要一個更適切的評量方式，使老師能獲得兒童表現的實際資料，提供更多有助於教師有效教學的資訊。

貳、表現評量的特徵

表現評量，指的是由學生建構答案或創作成品以顯示其知識或技巧的評量方法（Elliot, 1995），強調學生的答案或反應是學生主動建構產出的，並強調學生的答案或反應可直接或間接地由成品中觀察到。為執行表現評量，評量者需要提供各種不同的活動讓兒童選擇，並允許兒童使用不同的材料或方法來表現，俾讓兒童能以最熟悉、對他最有意義的方式來解決問題、提出答案或創作成品。

表現評量要求的是：在真實情境中，透過觀察、記錄及有系統地蒐集兒童能做什麼和如何做的資料，以清楚地了解每一位兒童的需求、能力與興趣。表現評量強調教師直接從兒童生活中的實際表現來評量其真正的能力。因此，在學校的情境內，評量必須在教學活動的過程中進行，而不是等到教學完成後另闢時間來進行（Bergen, 1993/94; Puckett & Black, 1994）。

表現評量強調真實情境。所謂「真實情境」是指兒童的知識所要應

用的情境，並不一昧地追求與真實生活一模一樣的情境，因為這樣的標準並不容易達成，而兒童在學習將所學遷移到不同情境上也會受到阻礙（吳欣黛，民 87）。因此，教學中所進行的活動可以是生活世界中真實的活動（authentic activity），也可以是大人設計出來對兒童有意義的活動（structuring activity；Brown 等人，1989；引自幸曼玲，民 83）。真實的活動是融於社會情境中的（例如：實際至超級市場購買商品），而設計的活動則是類似真實生活的教學活動，以幫助兒童經驗生活（例如：角色扮演買賣活動）。幸曼玲（民 83）指出：「由於真實的活動在日常生活中發生，其中有人物、有事件、有情節，而設計的活動如能配合出現類似的特徵，則兒童容易轉換至日常生活的思考上」（p.175）。因此，不論是真實活動或設計的活動，對兒童而言都應是有意義的，兒童得以在活動過程中建構知識。

在此定義下，表現評量的一般特徵有三：(1)學生主動建構答案或回應，而非從既定的一些答案中選擇；(2)直接觀察學生工作或活動的行為，而這些工作或活動需要學生展現類似一般校外實際生活中所需的技能；(3)在學生建構答案的過程中顯現學生的學習與思考歷程。在學校與教室的情境下，表現評量可以說是讓兒童經由從事教室活動展現其所知所能的方法；也就是說，評量是在真實的學校或教室生活中進行，評量兒童在真實生活情境中的表現過程與結果（廖鳳瑞，民 84）。

為達到上述特徵，表現評量的設計有六個準則：

1. 評量統整的知能，而非分割的知能。
2. 強調高層次的思考知能，而非低層次的記憶。
3. 重點在於發現兒童的所知所能，而非兒童的不知不能。
4. 鼓勵兒童思考自己的思考與行為，即鼓勵兒童自我評鑑。
5. 評量存在於兒童自然的學習情境中，而不是脫離兒童經驗。
6. 是長期而持續的，而非一時一刻的。

　　綜合上述有關表現評量的理論與特徵，我們整理出表現評量的九項特徵，包括：

一、學生自己主動建構答案或創作成品

　　例如：一位幼稚園大班的教師在上「車子」的單元時，帶著班上的幼兒到路口去看來往的車子。幼兒很仔細的觀看來來往往的車子。不久後，有一位幼兒發問：「老師，為什麼有的摩托車的牌子是綠色的，有的是白色的？」另外一位幼兒則問：「老師，為什麼有些車子的號碼是兩個英文後面加三個阿拉伯數字，有的是兩個英文後面加四個阿拉伯數字？」老師便可以將此問題作為評量學生的項目，反問幼兒：「你覺得是為什麼呢？」或是「你再仔細看，然後告訴我為什麼會這樣。」這樣的反問便是讓幼兒自己去觀察，並從中分析、歸納出答案。

　　至於創作成品的例子，例如：一位幼稚園中班的教師在「恐龍」單元結束時，為了評量幼兒到底對恐龍了解多少，便要求幼兒畫出或做出他所知道的恐龍。從幼兒自己選擇材料與方法以及後來的成品中，教師便可以知道幼兒知道哪些恐龍，以及是否知道不同種類恐龍的特徵。

二、評量項目或評量情境具有真實生活性

　　真實性的評量是從與兒童息息相關的生活中取材，對兒童有其意義，自然引發兒童的興趣，能促使兒童盡其所能的表現，達到了解兒童最佳能力的目的。

　　例如：一家托兒所的門房在靠大門邊種了一些像蘭花的植物。有一位大班教師在上「植物」主題時，要求每位幼兒在園裡找一種植物做為好朋友，並設法找出它的名字。很多幼兒拿著一些介紹植物的書在植物前一一比對，大多能找出名稱。但是，有個幼兒跑來問教師：「老師，那個在大門旁的植物叫什麼名字？我查了好多書，都查不到。」該教師也試著從書上找，但仍找不到答案，葉子相似的植物實在很多，而這些

蘭花類的植物似乎要從它們的花來分辨，但是那時那株植物還未開花。教師於是利用這個機會告訴幼兒，等到花開了再說。到了五月花開了，幼兒很高興的跑來告訴教師，那個植物的名字叫「巴西鳶尾」。在這樣的教學情境中，評量自然的進行，而這樣的評量因為起於幼兒自己對真實世界中某事物的興趣，幼兒自己會主動的求知、主動的想辦法解決問題，即使暫時無法解決，也能持續這份興趣與解決問題的動力，一直到問題解決為止；然後，再應用分析、歸納、綜合、評鑑的思考能力來判斷植物的名稱，建構出自己的答案，而這樣出來的答案也是正確的。

三、要求統整之知能

　　一位大班的教師在上「郵局」單元時，為了讓幼兒了解「信」是一種用符號來表達想法並與人溝通的方法，便要求每位幼兒「寫一封信給他的好朋友」。當幼兒完成後，教師要幼兒把自己寫的信在團討時唸出來，結果很多幼兒看不懂自己寫的塗鴉。於是，教師要幼兒寫一封自己會唸的信。等到確定幼兒會唸自己寫的信時，教師說：「既然信是寫給好朋友的，我們讓好朋友來唸唸看。」結果大部分的好朋友因為看不懂紙上的符號，唸不出來。於是，教師再請幼兒寫一封好朋友也能唸的信。這樣的要求一出來，就看到幼兒馬上二或三人一組，吱吱喳喳討論著，最後寫成一封信。當然，在最後呈現成果時，有些幼兒能相互唸彼此的信，有些仍不行。這個「寫信」的工作就是要求學生在工作中統整所有語言與文學方面的知能，同時也要求學生應用高層次的思考技能。這種評量所得的資訊遠比要學生照著教師唸的字詞寫一些注音符號，或看看學生能不能認得一些國字豐富，而且不管是對學生或是對學習而言，都是比較有意義的，兒童會因為這種評量而對符號有更深的認識與喜好。

四、強調高層次之思考，重視學生所能

　　前面所描述的「寫信」活動便是強調學生應用及展現高層次思考的

例子,而照抄或照寫生字的活動便是要求學生應用背誦及簡單的小肌肉與手眼協調等低層次的技巧。低層次的技能本身並非不好,但是,如果所有的學習都只達到此程度,那就有問題了。

五、鼓勵學生創思及顯現學生思考的過程

在「寫信」的活動中,教師可以從幼兒如何寫信、使用什麼符號、怎麼辨識符號,以及與其他幼兒商量的過程中,了解兒童思考的重點、層次與轉折、困難等過程。

有些教師則會在做數學加或減的運算時,請幼兒說說他是怎麼算的,就能了解幼兒是怎麼想加法或減法、他的策略是什麼、障礙又是什麼等等。例如:一位幼稚園大班的教師發現團討時圍坐成圓圈,常有孩子看不到老師手上的書或材料的情形(因靠近老師者會往前靠)。於是和幼兒討論該怎麼辦,幼兒決定要改成方形,一邊 11 人。隔天早上團討時,一位幼兒隨即站起來大喊:「老師說:坐成方形!」當天有 28 人出席,在團討時座位排成的形狀是:

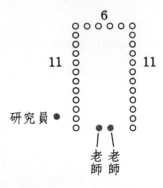

輝:「今天來了多少人?」

杰:「28 人,因為 10 + 10 是 20,剩下 2 人加 6 是 8,20 再加
8,就是 28。」

皓：「我也是算 28 人，我用 2，4，6……，18，19，20，21，
　　22……28。」

順：「我用的是 1，3，5，7，……答案是 31。」（因他加上二
　　位教師及一位在座的家長）

宗：「2，4……18，40，……」

翰：「我用的是 1，2，3……一直數到 28。」

從上面的例子中，教師不僅看到了大班幼兒對數的概念，更初窺了他們運算加減的方法，也了解了有些幼兒在數數上的「障礙」。讓幼兒說出他們思考的過程，可以幫助教師知道每位幼兒的已知、已能與困難，也才容易因每位幼兒的個別差異而做適當的因應。

六、促進學生自我評鑑

表現評量不僅希望教師能從評量中了解學生，也希望學生能從評量中了解自己的優缺點與進步的狀況。因此，評量強調提供機會讓學生進行自我的評鑑與追蹤。通常的做法是讓兒童在建構出答案或創作成品後，自己選擇「最佳的」或「最特別的」、「學得最多的」、「進步最多的」答案或作品，並說明為什麼。有時教師也可鼓勵學生瀏覽別人的作品，除了了解自己與別人的不同外，也可以了解自己還有什麼可以加強的，據以建構出自己未來的學習目標。這樣的評量方式重在讓學生也能掌握評量的主導權，從中引發學習的興趣與方向。

七、符合兒童之發展

如前文所提，表現評量希望了解兒童的所知所能以及最佳的能力，因此，首先在活動的設計與材料方法的使用上盡量求多樣化，以利學生充分展現其知能。在設計活動與提供材料時，需要考量兒童的發展特性與程度，提供足夠所有幼兒都能找到表達與展現知能的活動與工具。例

如：為大班幼兒所提供的拼圖就應該少至九或十片，多至二、三百片，才能回應發展稍微遲緩、一般發展及發展超前的幼兒，也能允許幼兒與同儕合作遊戲，從中評量幼兒的人際關係與技巧。而如目前常見幼教機構在幼兒三歲或四歲時，便要求幼兒寫注音符號或國字，並設計有練習單或評量表，就屬於超出兒童發展的教學活動與評量項目。

八、呈現學生發展與學習的模式，強調持續性

表現評量強調不能以兒童某一天或在某一個測驗上的結果來評斷兒童的能力，而是要在多重時間持續評量、用多種方式來看兒童在一段時間中的進展以及學習的特質。因此，表現評量是使用觀察、蒐集與評鑑作品、會談及測驗等多種方法來蒐集有關兒童學習與發展的資料，並定期的由教師綜合各種評量結果進行評斷或由學生自己進行評鑑。

九、評量與教學結合

評量能與教學相結合的方法有下列幾種：(1)慎選教學目標與教學內容：教師要在課程開始前，深入思考什麼是重要的知能，期望兒童學到什麼統整的知能，然後再依據兒童的發展程度，選擇重要的教學目標、設計教學內容，使得課程與教學所涵蓋的是重要而有意義的內容。(2)以課程裡的活動來評量學生：如此則能確保評量的是課程涵蓋的東西。(3)以評量的結果修改課程與教學：再以「寫信」的活動為例，教師首先考量「郵局」到底涵蓋什麼重要的概念，得出「以書面符號與遠方的人溝通」的概念。於是他便將教學目標設在「培養兒童以符號表達想法的能力」、「了解書面溝通所需要的條件」二項，並設計「寫信」的活動，計畫由兒童從事寫信與唸信的過程及結果中，評量兒童是否已達成教學目標。這樣的程序有別於一般所設計的「郵局」單元，通常是要求學生依據信封的格式將自己家的地址抄寫在信封上，然後將信投入郵筒，等待郵差將信送至家裡後，再拿到學校報告。這種課程的目標僅在於讓學

生了解送信最外層的流程、會抄寫字句而已，對於學生的知能並無多大的助益，而教師也無法從這樣的抄寫、寄信的過程中了解兒童到底對郵局了解多少。

　　本書所翻譯的「作品取樣系統」就是應用表現評量的一種評量工具，它由密西根大學教育學院的 Samuel J. Meisels 與其同事所研發而成，在美國已有相當多學區的學校與幼教機構使用這套評量系統。鑑於目前國內評量的弊端甚多，以及作品取樣系統在美國實施的良好成果，我們特翻譯此系統中的發展檢核表與作品蒐集兩部分，並提供一個國內幼稚園實施表現評量的實例作為有心人士的參考，希望能幫助表現評量在本土的研發及實施。

【中文部分】

吳欣黛（民 87）。實作評量在效度上的真實性與直接性。國立臺北師範學院國民教育研究所未出版碩士論文。

幸曼玲（民 83）。從情境認知看幼兒教育。初等教育學刊，第 3 期，頁165-188，臺北市立師範學院。

施婉菁（民 88）。卷宗評量中師生觀點的展露——以國小自然科為例。國立臺北師範學院國民教育研究所未出版碩士論文。

廖鳳瑞譯（民 84），Meisels, S. J. 著。工作取樣系統。家政教育，第13 卷，第二期，頁 24-42。

【英文部分】

Bergen, D. (1993/1994). Authentic performance assessment. *Childhood Education, 70*(2), pp.99-102.

Brown, J. S., Collions, A., & Duguid, P. (1989). Situated cognition and the culture of learning. *Educational Researcher, 18*(1), pp.32-42.

Elliot, S. N. (1995). *Creating meaningful performance assessments: Fundamental concepts.* Reston, Virginia: The Council for Exceptional Children.

Puckett, M. B. & Black, J. K (1994). *Authentic assessment of the young child: Celebrating development and learning.* New York: Macmillan College Publishing Company.

2

作品取樣系統

　　本章介紹作品取樣系統（Work Sampling System）給有意採用表現
評量之學校教師、行政主管及其他人員，內容包括作品取樣系統的理論
依據、作品取樣系統的三個系統（發展指引與檢核表、作品集、綜合報
告）、實施的一些議題（包括如何開始、與家庭合作的方法、教職員的
進修），並附有一些範例，說明在教室中可以使用哪些材料。

　　我們相信，作品取樣系統能改變現今學校的評量制度。因此，我們
希望本書能促進讀者對此評量方法的了解，也希望能以此增進兒童（學
前至小學）的教育經驗。

第一節 🧑 總論

　　幾十年來，美國學校一直都採用團體實施、選擇題式、常模參照的測驗。但是，晚近的研究與實務經驗已顯示這些測驗所帶來的壞處遠比好處多：它們窄化了課程、降低了學生的學習動機、讓低成就的學生感到羞愧、將教育的焦點從教室內教些什麼轉移到教師績效（學生成績好壞）的考核；對於家長而言，這些測驗幾乎沒有提供有關孩子成就的資訊。

　　上述傳統式準備度發展測驗（readiness tests）或成就測驗（achievement tests）所提供的資訊往往是誤導的、脫離生活情境的。作品取樣系統就是要取代這些測驗，改以豐富、動態（dynamic）而生活化的資料來顯現孩子如何在教室及生活中從事真實的工作、回應真實的問題。作品取樣系統是一種真實性表現評量（authentic performance assessment），它以教師在日常教室情境內觀察學生積極從事與創造作品的經驗為基礎，提供一套方法來檢視及監督（monitor）孩子在社會、情緒、體能及智性方面的進步與成長。

　　作品取樣系統的優點有：

◆ **增強學生的學習動機**：它強調學生所能做的，而不是學生所不能做的；它讓學生參與評量的過程。

◆ **增進教師對學生如何學的了解**：它要求教師要記錄與評鑑學生在多個領域上的成長與發展，以及學生多樣化的學習風格。

◆ **提供向家長報告學生進步情況的有效方法**：它所包含的資訊是個別化的，是專門針對每一個學生的。對家長而言，這種內容是他們熟

悉的，而且對他們也是有意義的。

◆ **適用各種學生**：適用的範圍包括一般學生、特殊學生或不同文化、經濟背景的學生。

◆ **提供溝通與合作機會**：它以美國三歲到五年級的課程標準為基準，以三種互有重疊的記錄方式，提供不同階段或前後年級的教師一個共通的評量語言及標準，也提供教師、行政主管與家庭一個合作的機會。

作品取樣系統適用於學前兒童至國小五年級兒童，它包含三個相互關聯的系統：

◆ **發展指引與檢核表**（Development Guidelines and Checklists）

◆ **學生作品的作品集**（Portfolios）

◆ **綜合報告**（Summary Reports）

上述三部分都是以教室為焦點、與教學相關的，且反映教師的教學目標。以往的測驗僅提供學生在某一個特定時間、某一個狹隘學科上所做的「快照」式（snapshot）表現，作品取樣系統的設計則不同，它是一種持續進行的過程，目的在改進教師的教與學生的學。

作品取樣系統的持續性有下列幾項優點：

1. 教師與家長可以了解孩子在八年當中（三歲到五年級）有關技能與成就上的發展。

2. 對於實施混齡教學、五～八歲的幼兒實驗學校，或想建立一個融合式小學課程的學校而言，作品取樣系統允許他們可以在學生整個幼稚園或小學生涯中，以同樣的評量方式與內容來貫穿。

3. 一些實驗性的課程可以運用作品取樣系統長期、縱貫性的設計，來呈現學生每一年的進步情況。

4. 作品取樣系統涵蓋非常廣泛的知能，各種不同的學生都能適用。

5.作品取樣系統可以消除評量的神秘性，它提供淺顯易懂的資訊給所有與教學及評鑑有關的人士（兒童、家庭、教師、行政主管），這個做法降低了評量結果被誤用的風險（如：能力分班、貼標籤、孤立或傷害孩子）。

壹、作品取樣的領域

作品取樣系統涵蓋七個領域（domains），每一個領域又各涵蓋數個功能分項（functional components）以及表現指標（performance indicators）。每一個領域在三個系統都出現。七個領域分別為：

一、個人與社會發展（Personal and Social Development）

此領域有兩個焦點：

㈠兒童對自己的感覺

教師可以透過觀察兒童、傾聽兒童說話、傾聽家庭成員談他們的小孩等來了解兒童對他自己的感覺。此焦點的指標包括：兒童對於「自己作為一個學習者」的看法、他們所知覺的對自己與對別人的責任。

㈡兒童的社會發展

涵蓋兒童與同儕及大人的互動，尤其重要的是兒童交朋友、解決衝突，或在團體內有效運作的技能。

二、語言與文學（Language and Literacy）

此領域強調能傳遞與解釋意義的語文技巧。我們相信，兒童學習讀寫的方法與學習說話的方法一樣，都是自然而緩慢，慢慢地逐漸趨近成人的模式。此領域內所有的項目都統整數種技能，而非單看單獨的技能。

三、數學思考（Mathematical Thinking）

　　數學是關於關係（relationships）與規律（patterns），以及對問題尋求多種解決方法的領域。此領域的焦點在於兒童對思考數學及解決問題所採用的策略，重點在於學生如何獲得與使用策略來察覺、了解與解決數學問題。因此，雖然此領域仍強調數學的「內容」（content），即數學的概念（concepts）與程序（procedures），但是，數學思考領域的重點在於了解（understanding）與應用（application）。換句話說，此領域強調的是，對數學內容的知與做的過程（knowing and doing）。

四、科學思考（Scientific Thinking）

　　此領域涵蓋對自然物理世界的思考與探究，強調科學探究的方法，因為科學方法是所有科學教育（instruction）與內容（content）的基礎。此領域的焦點在於兒童如何積極的透過觀察、記錄、描述、質問來形成解釋及做結論。

五、社會文化（Social Studies）

　　此領域強調對社會與文化的了解，兒童經由個人的經驗及別人的經驗中獲得這方面的了解。當兒童在研究過去與現在的主題時，他們逐漸了解人類之間的相互依存性以及人與環境之間的關係。

六、藝術（The Arts）

　　此領域的重點在於兒童在藝術方面主動或被動的表現，包括舞蹈、戲劇、音樂、美勞。項目涵蓋兒童如何運用藝術來表達、表現，及統合他們的經驗、想法與情緒，以及他們如何發展出對藝術的欣賞。此領域並不強調兒童要精熟某些特定的藝術技巧或形式，而是強調兒童如何應用及欣賞藝術，以展現他們所知及擴展他們的思考。

七、體能發展（Physical Development）

此領域強調體能發展是兒童全人發展及學習不可分的一部分。項目涵蓋粗動作技能、精細動作技能、個人的健康與安全。主要的焦點在於兒童能：⑴展現控制、平衡、協調的能力；⑵增強精細動作技能。小肌肉技能也很重要，因為它是藝術表達、寫字及自理方面很重要的基礎；⑶能逐漸了解及管理自己的健康與安全。

貳、觀察、蒐集、綜合評論

作品取樣系統的目的在於：在多個時間場合內，記錄與評量兒童在多種教室活動或學習領域上的技能、知識、行為與成就。它包含三個基本要素：⑴教師運用「發展指引與檢核表」觀察；⑵蒐集兒童的作品於「作品集」；⑶將前述兩項資料綜合於「綜合報告」。

作品取樣系統的優點之一就是它有一個系統性的架構，教師基於從多重來源蒐集到的大量而豐富的資訊，統整地運用所有的資訊來評斷孩子知道什麼、能做什麼。在作品取樣系統中，教師對學生的觀察、資料的蒐集、整體表現的評量，一年要做三次整理（上學期開學時、上學期結束時、一學年結束時），以此方法，作品取樣系統使評量的範疇既周延且深入，又是教師與學生可以處理的。觀察、資料蒐集、綜合評論的運作機制如下：

一、對學生的觀察

「發展指引」提供一個觀察的架構，提供教師一套觀察的指標，該套指標是依據國家的課程標準與兒童發展知識訂出來的。「發展指引」呈現對每個年齡層或每個年級兒童發展上合宜的期望；「發展指引」的使用可以讓不同地方的教師用同一種標準來執行專業的判斷，評鑑兒童

的行為、知識、成就。教師對學生的觀察就記錄在「發展檢核表」內。

二、資料的蒐集

「作品集」是有目的地蒐集可以展現兒童努力、進步與成就的作品，這些蒐集旨在呈現每位兒童作品的個人本質與品質以及進步的情況。作品取樣系統主張以結構性的方法來蒐集兩種作品：核心項目（Core Items）與個人項目（Individualized Items）。「核心項目」用來顯現兒童跨時間的成長以及兒童在不同課程領域的作品的品質；「個人項目」則用來展現兒童個人的獨特特質，以及用來反映兒童統整課程領域的作品。學生與教師共同參與作品集的設計、選擇及評量。

三、表現的總整理

「綜合報告」一年填寫三次，每次教師要結合「發展檢核表」及「作品集」的資訊，再加上兒童發展的知識，最後做出有關兒童表現與進步情況的結論。然後，教師在「綜合報告」勾選適當的表現等級，簡短描述學生的優點，並指出還需改進的地方。

作品取樣系統不僅提供教師清楚的評量標準，還結合了教師的專業知能與判斷；這個評量系統並不主導課程或教學方法，它的設計適用於各種不同的場所、各種不同的兒童。作品取樣系統是一個彈性的評量架構，可以協助教師有系統地組織他們的評量，也鼓勵教師設計一套能適合他們自己的風格、學生，以及教學情境的評量系統。

參、結語

作品取樣系統的三個系統形成一個統整的全部：「發展檢核表」以教師期望與國家標準為評量的標準，記錄學生的成長；「作品集」以視覺的方式呈現兒童作品的品質以及兒童跨時間的進步；「綜合報告」將

上述資料加以統整於一張精確的報告表，不僅學生的家長能了解，行政主管也能運用。

　　作品取樣系統引出教師對學生的看法，同時教導、擴展及架構教師的觀察；它在有意義的課程活動中評量學生的發展與成就，而不是評量學生的考試技巧；它促使教師了解與認知學生個人獨特的學習風格並加以照護，而不是以一些狹隘的評量方式來區分高成就與低成就；它促使兒童與家庭都能積極地參與評量的過程。最後，作品取樣系統客觀地記錄學生的學習與教師的教學，以提供有意義的評鑑與真正的績效考核。

　　本章的其他節次將提供更詳細的資訊：第二節呈現發展指引與發展檢核表；第三節說明作品集的蒐集過程；第四節討論綜合報告；第五節介紹如何開始使用作品取樣系統、如何向家長介紹作品取樣系統、如何滿足不同族群的需求，以及如何設計教職員進修。

第二節 發展指引與發展檢核表

　　發展指引與發展檢核表協助教師觀察、記錄與評鑑學生的技能、知識、行為與成就；它們提供一個系統化、周延、有目的的觀察架構。發展指引協助教師將焦點置於不同年齡或不同能力兒童所應具有的重要技能、知識與行為；發展檢核表協助教師在一年三個時段中，登錄對學生的觀察，並提供每個兒童成長與進步的概況圖（profile）。

　　作品取樣系統的觀察架構包括兒童在下列七個領域的成長與發展：

◆ 個人與社會發展

◆ 語言與文學

◆ 數學思考

◆ 科學思考

◆ 社會文化

◆ 藝術

◆ 體能發展

　　發展檢核表是以課程為基準（curriculum-embedded）的評量，它以評鑑學生在教室中自然發生的行為為準。所以，教師應該不需測驗學生就能填寫檢核表，雖然或許有些檢核表的項目會需要教師設計一些活動，以促使學生展現某些特定的技能，但是這些活動應該要盡量統整於平常的教室事件中。最重要的，教師的觀察技巧關鍵著此評量的適當使用。

壹、觀察

　　觀察是讓教師「知道、看見」的方法，是評鑑學生發展與成就的基

礎；也是教師設計教學計畫的依據，以符應學生的教育需求。

　　雖然教師在教室中所做的很多事都會用到觀察，但作品取樣系統協助教師系統化地記錄重要的觀察，以及持續一年進行這樣的觀察。將觀察結果記錄下來比依賴記憶好很多：書面的記錄可以提醒教師注意到兒童的優點與弱點，而這些他們本來可能忽略了；重複出現的行為可以促使教師看到學生的行為與學習風格，也可作為教師在檢核表上評等的佐證資料。

　　作品取樣系統中的觀察是在平常的教室活動中進行，而作品取樣系統提供一張表格，上面列有反映兒童全面性發展與成長的技能、知識與行為等項目，作為教師觀察的架構，協助教師規畫自己的觀察。架構內所列的活動是實施發展合宜課程的教室（developmentally appropriate classrooms）內所常見的，教師在使用這個觀察系統時，只要在教室的日常活動中觀察列在「發展檢核表與指引」內的項目或指標行為即可。當教師要填寫「發展檢核表」時，要依據在期間內所有的觀察做判斷；因此，老師在「發展檢核表」內每一指標所勾選的等第代表許多觀察的綜合。

　　持續性及系統化的觀察有很大的威力，但是，要知道如何在兒童工作時或與他人、材料互動時記錄他們的行為，則需要時間與練習。除了為評鑑學生而做觀察外，觀察也可協助教師反思他們的教學，使自己成為更敏銳的觀察者及更優秀的教師。

貳、發展指引

　　作品取樣系統的「發展指引」提供教師一個既周延、又配合發展的圖像，告訴教師可以在不同領域中期待兒童會知道什麼、能做些什麼；它提供了一個觀察的鏡頭，讓教師透過這個鏡頭仔細的觀察兒童、判斷他們的發展與成長。「發展指引」的內容是標準參照的（criteria-referenced），代表著每一個年齡層兒童的「最佳表現」狀況及國家的標準。

教師運用「發展指引」來確保自己觀察到兒童所有層面的發展與成長。「發展指引」也呈現每一個年齡層或每一個年級的兒童在發展上合宜的行為，這樣，教師就會依據一套專業的標準來觀察與判斷兒童，而不會僅依據自己個人的意見下判斷。下面呈現一個「發展指引」的範例：

(三)文學與閱讀

1. 喜歡聽人家說故事或唸書

喜歡聽人家唸故事，對六歲兒童發展閱讀的技能而言是很關鍵的；透過與書籍故事的接觸，兒童開始學習閱讀技能以及閱讀概念（如：封面、書名、從左讀到右、從上讀到下、一頁一頁讀、預測故事接下來要發生什麼、利用書裡的圖片來做預測）。六歲的兒童可能以下列的行為表現出他們對聽故事的興趣：

➡在團討時間，對所閱讀的書或故事表示意見或看法。

➡在別人唸完一本書後，要求要看那本書。

➡在教室的圖書角（區）中，尋找同一位作者寫的書。

➡會將自己的經驗與書中所描述的情節做連結。

摘自：一年級「語言與文學」領域的發展指引

「發展指引」是設計來增強觀察的過程及觀察的可靠性；它指出每一項表現指標的重要性，並提供一些行為的例子。因為在作品取樣系統中，從三歲到十歲的「發展指引」的架構都是一樣的，教師便能畫出兒童長期來的進步，並且依據此資料所反映出來有關兒童的發展與改變來規畫課程。

參、發展檢核表

作品取樣系統的「發展檢核表」是蒐集、組織及記錄教師觀察的工

具。指引內容包含七個領域，每一個領域的檢核表配合有該領域的「發展指引」，每個領域下有代表該領域的功能分項及所要評鑑的表現指標。一旦教師熟悉了「發展指引」，他們就可以使用「發展檢核表」來架構對兒童的觀察。由於「發展檢核表」是以國家的課程標準為基準建立的，它們傳達給教師有關國家對教學的看法與對課程的要求。以下是一年級「語言與文學」領域中，「文學與閱讀」功能分項的發展檢核表。

二、語言與文學

(三)文學與閱讀

		開學	學期末	學年末
1. 喜歡聽人家說故事或唸書。	尚未發展	☐	☐	☐
	發展中	☐	☐	☐
	熟練	☐	☐	☐
2. 在閱讀相關的活動中展現獨立的興趣。	尚未發展	☐	☐	☐
	發展中	☐	☐	☐
	熟練	☐	☐	☐
3. 運用策略從書上的字、圖來建構意義。	尚未發展	☐	☐	☐
	發展中	☐	☐	☐
	熟練	☐	☐	☐
4. 了解及解釋一個故事或其他文章。	尚未發展	☐	☐	☐
	發展中	☐	☐	☐
	熟練	☐	☐	☐

摘自：一年級的發展檢核表

教師要在一個學年的上學期剛開學時、學期結束時及該學年結束時評鑑兒童在「發展檢核表」表現指標上的表現，所用的評定等級分為三級，代表兒童對於該指標所要求的知識或技能所達到的程度。該三等級分別為：

(一)尚未發展

兒童尚未展現檢核表指標所列的技能、知識、行為或成就。

(二)發展中

兒童間歇性的展現或逐漸出現檢核表指標所列的技能、知識、行為或成就，但並非很穩定地出現。

(三)熟練

兒童能穩定地展現檢核表指標所列的技能、知識、行為或成就。

表現指標是依據發展合宜的活動訂定的，反映一般教室內的經驗與期望。但是，它們並不是要用來做兒童間的比較。我們並不期望每一位兒童在一學年結束時，在每一個指標上都能達到「熟練」的程度。相反的，檢核表是作品取樣系統的一部分，用來畫出每個兒童在技能的發展、知識的獲得、重要行為的熟練此三方面的個別進步狀況，因此我們期待著不同的兒童或同一位兒童在不同領域會有發展上的變異。

肆、結語

教師的工作之一，就是要在每日的教學過程中觀察學生。作品取樣系統的「發展指引」以標出合宜年齡的行為、知識、技能來替教師架構觀察；「發展檢核表」協助教師在一年三個時段中掌握每位兒童的所知所能，並於一年三次將他們對兒童觀察的結果做總結與記錄。透過運用「發展指引」與「發展檢核表」，教師能以合理的期望來看待兒童的發展，也能以正確、穩定且具有教育意義的方式來評鑑學生的成就。

第三節　作品集的蒐集

　　作品集是有目的地蒐集兒童的作品，以顯現兒童所投注的努力、進步與成就。作品集捕捉了兒童知能的演進過程、詳細記錄了一年中兒童在教室內的經歷。不同於「發展檢核表」的系統化記錄兒童在各方面的學習，作品集對兒童的作品及作品的特性與品質，提供了深入的描繪。作品集是作品取樣系統的主要要素。

壹、目的

　　作品集有下列幾個目的：

◆ 捕捉兒童思考與作品的品質。

◆ 顯現兒童的進步。

◆ 讓兒童參與評鑑自己的作品。

◆ 反映出教室內兒童所有的經驗型態。

◆ 協助教師規畫課程。

◆ 提供教師機會去反思他們對學生作品的期望。

◆ 提供學生、教師、家庭、行政主管及其他決策人士有關學生進步與教室活動的重要資訊。

　　要達成上述目的，作品集必須成為教與學過程中不可分的一部分：在教師與學生共同編纂作品集時，學生所完成的作品可以引發師生討論有關學生的興趣與進步；而這樣的師生互動不僅可以協助教師評鑑學生的作品，也可協助教師重新規畫適宜的教室活動。

貳、學生參與

　　作品取樣系統中的作品集是一項同時牽涉學生與教師的活動，在教師與學生共同編輯學生的作品集並討論其內容的過程中，教師與學生同時參與了課程的決策。作品集的內容應配合教室活動，同時從教師與學生對學生進步和興趣的共同評量中，發展出新的教室活動。當學生有機會參與作品集的過程時，他們通常會精進做決定的能力，也開始學習如何評斷自己作品的品質。在過程中，學生可以參與的部分包括：回顧與選擇作品、管理所有的蒐集品、評鑑自己的作品。在每個蒐集期屆滿時，學生可以回顧他們所蒐集的作品，同時對作品集的內容進行反省；他們可以將自己對作品集的看法，寫在下列的表格中或口述請人寫下來。

姓名：_____　　　年級：_____

我對作品集的想法　　　　　開學□　學期末□　學年末□

❏ 兒童對作品集的想法

作品集並沒有分數或等第，教師也不用其他傳統方式來評鑑作品：不強調學生的作品有多好。相反地，教師鼓勵學生去描述他們做作品的過程，並思考他們在過程中所投注的努力、所得到的成就與他們的目標。

參、作品集的特性

作品集是一個有結構、有組織地蒐集兒童作品的方法，為使蒐集有效用，作品集內的作品必須能提供訊息（informative）、容易蒐集、能反映有意義的教室活動。

所謂「能提供訊息」，指的是作品能透露出學生在學習、思考與表現上的多個層面，例如：「日誌」的撰寫能提供有關學生表達想法、使用描述性語言、組織文章、運用傳統書寫技能（如：空格、大小寫、標點符號）、拼音、使用詞彙的能力；日誌也能提供一個視窗，從兒童所透露的每日生活事件、興趣、態度與知識中，透視兒童的個人與社會發展。相反的，傳統的學習單或測驗要求兒童讀一段文章並應用大小寫的規則，只呈現了兒童對大小寫的能力。

作品集內的項目是要「容易蒐集的」。在很多教室內，兒童每天寫「日誌」，這就提供了很多可蒐集的書寫作品。作品集內蒐集的作品應該是在教室內經常會出現或產生的，而不應是為了作品集而特別做的。

所謂「有意義的」，指的是作品集內的項目是在日常教室活動中產生的，是對學生有意義的。當學生的作品融於日常進行的學習情境中，以及當學生了解作品的目的時，學生會更投注精力於創作更高品質的作品。例如：對兒童而言，寫一封信給筆友遠比背課文有意義；同樣地，兒童以海報的方式寫一篇讀書心得來宣傳一本他所喜愛的書，會比傳統上被要求讀一本指定的書之後寫心得報告來得更有熱忱。

肆、作品集基本要項

作品集包含兩種項目：

◆ 核心項目（Core Items）

◆ 個人項目（Individualized Items）

「核心項目」反映兒童在某特定領域內的作品；整體來看，核心項目顯示兒童在課程各領域的品質，以及兒童一年來的進步情況。核心項目收錄學生在下列五個領域的作品：

◆ 語言與文學

◆ 數學思考

◆ 科學思考

◆ 社會文化

◆ 藝術

核心項目的作品是用來反映每個領域內某一特定的「學習指標」（area of learning），教師要事先決定這些學習指標，且一整年中都不能隨意更改，經由如此，核心項目允許師生共同檢視學生的進步情況。雖然教師所選擇的學習指標適用每一位兒童，但在每位兒童的作品集中所收錄的作品應該要能展現變異性及個別性。我們認為一個領域無法僅由一個學習指標來涵蓋，所以，我們要求教師在每次蒐集期間，每一領域選擇兩個核心項目，並從學生的作品中選出呈現該表現的作品。依這樣的方式編輯作品集，可以提供完整而多面向的兒童概況，而不會讓作品集擠滿了兒童的作品。

作品集還包括「個人項目」，個人項目呈現個別學生獨特的特性、學習風格、優點，以及對各領域知能的統整程度。每次蒐集期間，至少要蒐集五個個人項目。個人項目可以選擇重大事件後的作品，例如：一向避免弄髒身體的兒童，第一次嘗試手指畫；或兒童特別用心寫的讀書

報告。

　　個人項目不一定是限於單一領域的，可以是反映多重領域的表現。例如：在一份科學報告中，兒童不僅描述一項科學研究，還配以圖畫、計算、摘要，就是一份很好的個人項目。當兒童選擇個人項目，這些作品就在描繪他們自己的學習。

伍、評鑑作品集

　　作品集的評鑑對評量兒童一學年的發展是很重要的，因此是作品取樣系統中很關鍵的部分。評鑑係以教師的課程及發展期望所衍生出來的標準為準。教師應經常且持續地與同事討論，以建立及釐清自己的標準，教師間的合作能協助教師確保他們的期望合於現今對兒童的看法，也使教同樣年級的教師對他們的學生有相同或相似的期望。

陸、家庭參與

　　一旦作品集成為教室生活中的一部分後，可以成為教師與家庭分享教室經驗的重要工具。學校可以舉辦「作品之夜」或「作品展」，邀請家庭成員及學生到學校，一起檢閱學生的作品集。

　　對許多教師而言，作品集提供了親師會談的焦點，學生也可參與親師會談；他們可以利用作品集來顯示自己的進步，討論他們的成就。這樣的會談促使教師與家庭共同指出學生發展良好的地方以及未來還需加強的地方。如此，作品集也成為教師對學生教學計畫的證據。

柒、作品集在年級銜接中的角色

　　作品集可以在學生進入另一個年級時協助學生與教師。年級銜接中

有兩件要緊的事：一是學生上學年的學習結果，學年結束時，學生可以在教師的指引下，檢視自己的整個作品集，觀察自己的發展與成長。另一是讓新教師能熟悉學生，不像以往用看學生的成績來認識學生；新教師可以在下一年級剛開學時，與學生一起翻看他的作品集，藉此認識該學生。當新老師與學生結束作品集會談後，學生便可將其作品集帶回家。

捌、結語

作品集是一種新的評量方法，它全然不同於以往狹隘、單層面的傳統式評量。相反的，它提供了豐富而有意義的學生活動記錄：作品集提供了孩子在教室情境中的面貌，它也促使教師、其他專業人員、家庭能監督個別孩子的改變與發展，而不再依賴一些常模參照的團體測驗。作品集與「發展指引與檢核表」結合使用可以將評量蛻變成教學中關鍵的一部分；藉由作品集，教師透過研究兒童如何學來教學。

第四節　綜合報告

　　評量包括兩個互補的過程：記錄與評鑑。在作品取樣系統中，教師蒐集及記錄能顯示學生在七個領域表現的證據，在每次蒐集期間，教師在教室的學習活動中觀察學生，並將觀察結果記錄下來；教師在協助學生選擇作品集的作品時，也同時檢視學生的作品。這種持續進行的記錄成為作品取樣系統評量的重要基礎。

　　與前述記錄過程息息相關的是評鑑或做決定。在每次蒐集期間結束時，教師要統整發展檢核表、作品集，以及他們自己對兒童發展的了解與期望，以便判斷學生在七個領域上的表現與進步。教師綜合他們對兒童的知識、評判兒童的表現等級、簡短描述兒童的優點與待加強之處，這就是綜合報告。

　　綜合報告是作品取樣系統的第三個系統，它周延而深入地描繪了每一位學生在每一個領域上的表現與進步。綜合報告一年填寫三次，每次有三聯，一聯給家庭、一聯給學校、第三聯由教師保存。

壹、目的

　　綜合報告有四個目的：

一、提供有關學生在各領域成就的周延摘要

　　詳細描述學生在平常表現與作品中所顯現的長處與弱點，取代舊有的成績單。從很多角度而言，綜合報告是教師對學生看法的精華。

二、提供實用的課程與教學規畫資訊

在填寫綜合報告時，教師有機會去思考學生已學到什麼、已具足夠知能學習什麼，這些可以幫助教師重新思考他的教學計畫，更能符應學生的需求。另外一項好處是，填完全班學生的綜合報告後，教師便會對班上學生的需求有較廣泛的了解，這可促使教師調整他的課程與教學，以適應每位學生的需求。

三、告知兒童與家庭有關兒童的進步與表現

綜合報告傳遞了周延而豐富的、有關兒童在蒐集期間的知識、技能、成就方面的訊息。綜合報告也告知家長：教師接下來要為他們的孩子做些什麼、孩子是否達到期望中的進步；如果孩子的表現不如期望，報告中會簡述教師將來如何協助孩子的計畫。有些教師會在報告中含括一些對家庭的建議，具體建議家庭可以如何幫助他們的孩子。

四、提供有關學生成就的一般性資訊給學校行政主管及其他關心人士

藉由檢視全班的表現與進步等級，校長可以概括性地了解學生已學會的、他們的長處與困難之處、一年內進步了多少，以及要為他們設計哪些教學策略。這樣的記錄與評鑑才是真正的績效考核。

貳、填寫綜合報告

綜合報告有四部分：在表格左邊的二部分是表現等級欄、進步等級欄，緊靠著的是備註欄，學生資料擺在最右邊（見下表）。

領域及功能分項	表現		進步	備註： 說明「需要發展」的理由、註明每一領域上特殊的長處。如果進步是「異於期望」，請說明。描述幫助兒童發展的計畫
	檢核表 需要發展	作品集 需要發展	異於期望	
一 個人與社會發展 　自我概念 　自我控制 　學習方式 　與他人的互動 　衝突解決				
二 語言與文學 　聽 　說 　文學與閱讀 　寫 　拼音 　（一～三年級）				
三 數學思考 　數學思考的方式 　規律與關係 　數概念與運算 　幾何與空間關係 　測量 　機率與統計 　（大班～五年級）				
四 科學思考 　觀察與研究 　質疑與預測 　解釋與形成結論 　（大班～五年級）				
五 社會文化 　人類的異與同 　人類的相互依存性 　權利與責任 　人類與居住的地方 　人類與歷史 　（一～三年級）				
六 藝術 　表達與表徵 　藝術欣賞				
七 體能發展 　粗動作發展 　精細動作發展 　個人的健康與安全				

姓名：
教師：
學校：
年級：
日期：

作品取樣系統綜合報告
開學□
學期末□
學年末□

　　最左邊兩欄是用來摘述發展檢核表與作品集所評量的表現，以兩個等級來評鑑：「達到期望」、「需要發展」。第三欄（標為「進步」）有兩個等級：「達到期望」、「異於期望」。最後，備註欄提供空間讓教師書寫學生在每一領域上的表現與進步。

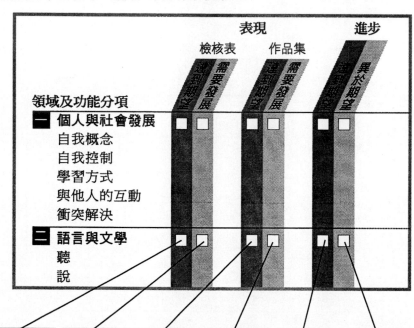

達到期望	需要發展	達到期望	需要發展	達到期望	異於期望
兒童目前表現的程度符合（或超過）該年齡或年級的期望。在檢核表中的等第屬於「熟練」及「發展中」者為多，非常少「尚未發展」。	兒童目前表現的程度不符合該年齡或年級的期望。在檢核表中的等第主要是「尚未發展」，一些「發展中」，及非常少「熟練」。	與教室的期望對照，核心項目與個人項目顯示兒童已獲得適當技能、知識以及成就。	與教室的期望對照，核心項目與個人項目顯示兒童尚未獲得適當技能、知識以及成就。	對此兒童而言，從進入此年級後，在技能、行為及知識的成長與發展是適當的。	對此兒童而言，從進入此年級後，在技能、行為及知識的成長與發展是低於或高於期望的。

在填寫綜合報告時，教師要檢視有關學生的所有可取到的資訊（包括檢核表、作品集、觀察），然後評定學生表現及進步的等級。接下來，教師將這些資訊統整於備註欄內，敘述每一位學生的長處與需要改進之處，這些評語雖然是依據表現與進步的評等而來，但是要強調對學生而言重要而獨特的地方。

另外一種敘述式的綜合報告也發展出來了，提供很大的空間讓教師寫評語，省略了表現與進步的等級欄，是為一些不喜歡做等級評鑑的學校或幼稚園而設計的。

參、學生與家長參與

在綜合報告的過程中，應盡可能的讓學生參與。如此，學生不會再將評量看做是自己無法控制、與自己無關的，學生的參與反而可以將評量轉換成為學習過程的一部分，且讓學生覺得有控制權，也可以協助學生了解到他們在教室的表現對他們的教師及家庭都是重要的。

作品取樣系統有一個很重要的前提是：評鑑是學習過程的一部分，學生應該參與此過程。綜合報告及親師座談提供學生、家庭及教師共同討論學生學習與成長的機會。為使綜合報告的功能發揮到最大，綜合報告不應用郵寄到家的方式處理，而應安排時間與學生及家庭成員討論報告內容；如此，學生與家長比較可能了解報告的內容與意義，同時，所有參與的人也都能有機會問問題、提供資訊、分享彼此的擔憂。

肆、結語

綜合報告是將發展檢核表與作品集中豐富的資訊轉換為家庭、教師及行政主管較易了解、較易解釋的文件，雖然綜合報告是用來取代成績單──一般的成績單上充滿一些類似下列的評量項目：「能認寫字母」、

「能數到 20」、「能做分數的運算」，然後寄給家長。相反的，在填寫
「綜合報告」時，教師依據發展檢核表與作品集所累積的證據，同時注
重學生的表現與進步狀況，思考學生在各個領域上的發展是「達到期望」
還是「需要發展」，在各個領域上的進步狀況是「達到期望」還是「異
於期望」。這種做法可以讓所有參與的人員確認學生的成就、注意還需
要加強的部分，以及形成能回應學生需求的教學計畫。

第五節　其他議題

壹、如何開始

　　以下的步驟可以協助教師開始實施作品取樣系統：

1. 獲得校長及其他行政主管的支持與同意。

2. 安排教師在職進修，教師進修內容應包括：

　(1)教師應思考作品取樣系統可以如何幫助他們的教室，且應如何與其他同事討論。

　(2)閱讀教師指引或教師進修指引；教師應讓自己熟悉作品取樣系統的三個系統（發展指引與檢核表、作品集、綜合報告）。

3. 讓家長了解作品取樣系統。

4. 逐漸實施作品取樣系統，剛開始時只執行一、兩個領域。

5. 教師應定期與其他同事聚會，討論他們的經歷。

　　雖然作品取樣系統對於傳統評量而言是一大改變，但是它所依據的觀察、蒐集與記錄資料及綜觀學生的表現，原本就是優秀教學的根本。雖然教師要花一段時間來熟練發展指引及學會檢核表上的指標、發展核心項目及有效管理作品集的方法，以及學習如何在綜合報告時綜合各種資訊，但所花的時間是值得的，因為透過教師努力地經營自己的教室及關注學生的需求，作品取樣系統大大地促進了教與學。

貳、讓社區了解

　　考慮使用作品取樣系統的學校應該要計畫如何獲得家長的支持，且需要讓家長了解為何要實施作品取樣系統，以及表現評量如何取代測驗所帶來的侷限與破壞。由孩子的教師及學校行政主管說出來的優點，家長通常比較容易接受；對於習慣收到成績單的家長，可能需要告訴他們，雖然他們的孩子不再有成績，但是作品取樣系統所提供的等第是依據明確的國家標準而定的。在第一次發綜合報告時（剛開學時），家長可能也會需要教師的協助來解釋其內容及意義。

　　我們在一本「給家長的話」冊子中，提供了一些家長可能會需要的資訊（譯者註：此冊子本書中未翻譯）。但是，書面資料再加上與家長面對面會談會得到更好的效果。學校、班級、家長應該設計一些讓家長了解作品取樣系統的策略，可行的方法有：⑴由學生帶「給家長的話」冊子回家，並附上如果家長有任何疑問可以諮詢的管道；⑵由家長會組織一個作品取樣系統聯絡小組來推動與回應；⑶舉辦「家長之夜」，邀請家長與社區人士到學校，在其中介紹作品取樣系統，家長與社區人士可以與教師討論並且檢閱作品取樣系統的資料。

參、多元化的學生背景

　　作品取樣系統可以用於各種不同背景的學生。例如：發展指引所使用的語言就融入了不同種族、文化、語言、社會及經濟背景的兒童所使用的語言；也特別針對特殊兒童舉了一些例子。這些例子指出許多兒童展現他們所知所能的方式，但還可能有其他的方式；有些兒童會以非常個人的方式來呈現，反映出他獨特的背景與興趣。

　　作品取樣系統的每一個要素都尊重每位學生的獨特性，尤其是作品

集，提供了許多方法來發掘與讚許個人的獨特性；檢核表也可用來設計個別化的教學，尤其對特殊兒童而言，選擇適合他們發展程度的檢核表，而不是依他們的實際年齡選擇檢核表，可能更能幫助他們。最後，綜合報告是用來作為兒童的剖面圖（profile），沒有一個兒童被期待在每一個領域上有相同程度的表現，作品取樣系統期待兒童在不同領域各有一些優點與弱點，在設計上也能配合。作品取樣系統是一個動態性的評量系統，我們鼓勵教師將它視為一個與學生互動的架構。

肆、教師進修

學習使用作品取樣系統需要時間、練習，及與同事合作，因為作品取樣系統要求教師改變他們記錄學生表現、管理教室時間、向家長與行政主管報告資訊的方法，所以如果認為不需要任何事前的準備、進修與支持，這些改變就會發生，實在是非常不實際的。

如果教師有作品取樣系統的書籍，教師可以自修，但是如果要提高成功的機率，最好是教師以小組的方式研讀，以及與一位資深的指導人員互動。如果能讓學校各層級的人員都能參與作品取樣系統的訓練，對整個系統的執行會非常有利：若不同職位的人員都熟悉此系統，教師就能從許多地方得到支持，家庭也可以跟許多人員討論他們的疑慮，而作品取樣系統也因此更融入學校的生活。

伍、結論

任何人都知道，沒有哪一個測驗是周全的、是能決定一個人的一切的。測驗之所以會有威力，是因為我們以它來做重要的決定，而放棄相信我們自己的信念與判斷。有些測驗沒有提供什麼訊息，有些則非常偏頗、狹隘或不實際，但是，任何測驗都可能被誤用，就像任何想法都有

可能被人扭曲一樣。

　　作品取樣系統不是測驗，它是用來取代團體化測驗一個很有用的評量，它以教學為基礎，對學生在學校內的進步做持續的評量。作品取樣系統採用教師對學生在實際的教室情境中的看法，同時了解、擴充、組織那些看法；它邀請學生與家庭參與學習及評量的過程，而不是採用一些脫離教室及家庭情境的測量。它有系統地記錄學生學到什麼以及教師如何教以提供真正的績效考核。最重要的是，它強調觀察兒童在教室的表現、蒐集他們的作品、綜合並評鑑他們的表現。沒有其他的評量方法可以像作品取樣系統一樣，如此確定地將焦點放在了解兒童與學習情境之間的相互作用。

　　作品取樣系統將評量的權力回歸到它的本源——教室。不過，跟隨這個權力而來的是一些責任：教師必須讓自己成為更佳的觀察者，他們必須教導自己注意每一位學生、注意自己對學生的反應是否僅是基於個人的看法而非學生的實際表現。最重要的，教師必須學習運用觀察來改變課程，讓課程是發展合宜的，可以引發兒童的最佳表現。

　　教育領導者及政策決策者也有責任：放棄依賴一些簡單的量化資料來考核績效，改以檢視兒童在情境中的表現來看績效。這表示，以實際的成就取代成就測驗分數、以觀察取代臆測，以評量來發現「兒童知道什麼與能做什麼」取代「以測驗來發現兒童不會什麼」。這並不是說量化資料不再適當（事實上，工作取樣系統的資料也曾經被量化過，以研究其信度與效度，而研究顯示，工作取樣系統具有良好的信度與效度），而是說，這個方法的啟示是：我們必須改變我們所用的標準，從簡單的提高年度測驗的分數，改為長時間、持續地記錄多重學習行為。

　　這種評量方法讓家庭也成為評量過程中的一份子。學校可以讓他們了解，比起持續地仔細看孩子的作品及進步狀況，團體測驗與成績單是多麼微不足道。家長可以學習如何去解釋孩子的表現，雖然大部分的家長知道手足間相互比較是無益的，但是，他們卻還需要一段時間才能放

棄把孩子跟其他的孩子比，所以他們還需要一段時間來適應沒有成績的
評量。他們必須學習一套新的看的方法，而作品取樣系統就能讓家長運
用他們天性上對自己孩子的重視，也讓他們能接受這些看法的重要性。

　　作品取樣系統的評量允許兒童向我們顯示他們的技能，它是一種「真
實性評量」（authentic assessment），因為它在兒童的經驗情境中進
行。當兒童的經驗豐富而多元，並展現他們的主動性及探索他們的好奇
時，我們就能從看兒童如何去了解他們的世界中了解兒童。

3

發展指引與
發展檢核表

第一節 導論

本章呈現作品取樣系統中三～五歲幼兒的發展指引；發展指引是用來增強教師觀察的過程以及確保教師觀察的可靠性及一致性。指引融入了美國數學教師學會、英語教師學會、科學促進會有關課程發展與教學實務方面的標準。除此之外，發展指引的內容也配合美國國家教育目標委員會所提出的教育方案，以及美國幼兒教育協會所提出的發展合宜教學。另外，發展指引還融入了許多其他的考量，包括：地方的課程標準、兒童發展的研究、資深教師的經驗等。

壹、如何閱讀發展指引

發展指引將每一特定的技能、行為或成就以一個單句的「表現指標」（performance indicator）來呈現，在每一表現指標之後，接著陳述該指標的重要性（rationale），並列出幾個表現或行為的例子（examples）。指標的重要性說明該指標的意義與重要性，並簡短地列出我們期待此年齡兒童會出現的行為；行為的例子舉一些兒童可能會展現該指標技能、知識，或成就的方式。由於不同的教師對同一指標的解讀可能不一樣，發展指引因而增進兒童、教師與學校在解讀指標與評鑑上的一致性。

雖然我們提供了一些兒童可能表現某指標的行為例子，但是我們所舉的例子並不代表兒童所能表現的全部。在不同教室的兒童可能會因為學生獨特的背景、興趣或教室所提供的機會，而以其他的方式來展現他們所知所能。我們希望所提供的例子能促進教師去思考、設計能讓兒童展現特定技能與知識的情境，促進教師在教室的情境中了解及評鑑學生

的表現。教師可以自行增加一些其他更適合自己課程的例子。

在發展指引中，我們試著提供一些特殊兒童的行為例子，讓融合教室的教師能有個參考；但是我們並沒有為特殊的文化或語言背景的兒童特別舉例子，我們試著用較一般性的語言來包容不同的文化、語言、經濟及社會背景。

作品取樣系統是一個動態性的評量，旨在呈現及反映最佳的教學，我們鼓勵教師能運用它做為一個架構，來滿足與評估所有學生的需求。

貳、發展檢核表

為促進發展指引在教室中的使用，作品取樣系統設計了「發展檢核表」，列出了所有的表現指標及提供一年三次評量兒童表現等第的表格。

參、我們的理念

每一種評量都奠基於某一套教學以及兒童發展與成長的理念。作品取樣系統是以兒童運作良好的特性為基礎，亦即所有的兒童都能：

◆ 學習相信自己及他人。

◆ 學習自我約束與管理。

◆ 知覺到別人，並能同理他人。

◆ 自然地表達感情。

◆ 獨立、主動。

◆ 逐漸地為自己的行為與安全負責。

◆ 發展幽默感。

◆ 形成有創意的想法。

◆ 增強基本的動作、操作，與溝通技能。

◆ 專注的聽。

◆ 獲得事實的資訊，並能將想法概念化及呈現。

◆ 有多種興趣及資源。

◆ 在過程與結果中都得到快樂。

◆ 願意嘗試，有接受失敗的勇氣，能繼續堅持。

　　我們希望上述理念能讓教師感受到多一點的專業滿意度，以及增加兒童學習的機會。

第二節 三歲幼兒的發展指引
（三～四歲；幼稚園小班）

一、個人與社會發展

　　這個領域有兩個焦點：⑴兒童對自己的感覺：教師可以從觀察兒童、聽他們說話、與家人談論來了解兒童對他們自己的感覺。此焦點包含的指標有：對自己作為一個學習者的看法、他們對自己與對別人的責任感。⑵兒童的社會發展：包括兒童與同儕、成人、家人的互動，尤其重要的是，兒童交朋友、解決衝突及在團體中運作等技能的發展。

(一) 自我概念

1. 對自己正在發展的技能有信心

　　三歲的幼兒通常覺得自己很能幹，有能力做熟悉的事情，也帶著這樣的感覺到學校。但是，學校並不是一個熟悉的場所，幼兒可能對於進入這樣一個陌生的地方感到猶豫。三歲幼兒展現對於學校感到熟悉舒適的例子包括：

➡加入在娃娃家遊戲的小朋友（通常進行平行遊戲）。

➡坐下來吃點心，並與其他人交談。

➡選擇個人的活動，如畫畫、拼圖，或幫忙餵教室的小動物。

➡逐漸增加參與活動的種類與層次。

2. 開始在行動中展現獨立性

　　三歲的幼兒常表現得比他們實際情況還要獨立，因為他們常常拒絕人家的要求，或是自我中心地做某些事情。他們展現真正獨立的例子為：

➠很快樂的進行單獨遊戲。

➠遵守教室常規，如：在畫畫前找到塑膠圍裙穿上。

➠會掛好自己的毛衣或外套。

➠有目的地在沙區或水區觀察及實驗。

➠吃東西前會洗手。

➠會把午餐盒放到冰箱內。

(二) 自 我 控 制

1. 遵守教室常規及從事教室例行性活動

　　三歲的幼兒仍然在他們自己的世界裡運作，他們才剛開始對於環境的規矩及例行性活動有所反應。他們需要很多提醒與支持來學習教師的期望及適當的學校行為。他們初步展現遵守活動與規則的例子有：

➠遵守簡單的教室規則，如：不准打人，或要上廁所時會告訴老師。

➠知道吃完點心後，要收拾紙杯及紙巾，丟到垃圾桶裡。

➠在收拾時，告訴同學積木要放在哪裡。

➠在鞦韆旁排隊等待輪到自己。

2. 有目的地使用材料，並尊重材料

　　在三歲時，幼兒仍然正在發展照顧教室材料及維持教室秩序的技巧。對於他們合理的期望包括：

➠仔細照顧書本、小心的翻書、看完後會放回書架上。

➠彩色筆只畫在紙上，而不會畫在別的地方。

➠會把彩色筆的蓋子蓋好。

➡正向且小心地對待教室內的小動物。

3.能適應活動上的轉換

　　三歲的幼兒仍然在學習如何順利地接受改變，而不會太痛苦。他們可能仍很難接受從家到學校的轉換，但是他們可以學習教室內的一些例行性轉換，也能開始接受一些改變。幼兒顯現出接受轉變的例子有：

➡能順利且有意地結束自由活動，開始收拾。

➡在一天結束時向老師說再見，知道自己很快就會再回來。

➡當自己的時間到時，會把玩具卡車或其他玩具給下一個同學玩。

➡對於活動轉換的信號有正向的反應。

(三)學習方式

1.對學習有熱忱及好奇

　　三歲的幼兒對於什麼事情都很好奇，對於所觀察的事情也開始有反應。他們表現好奇的例子包括：

➡每天檢查天竺鼠的籠子，看看天竺鼠躲在哪裡。

➡嘗試各種不同的美勞經驗與拼圖，或聽新的故事。

➡以注視或與其他兒童互動來表示他知覺到其他兒童的存在。

➡注意到教室科學角內的新東西。

➡對於教室內很多不同的活動表現興趣。

2.能從別人建議的活動中選擇

　　在三歲時，要兒童從眾多的活動中選擇是很困難的事（例如：玩沙或是扮家家酒）。兒童顯現他們萌發的選擇能力的例子有：

➡在兩項活動中選擇一項參與。

➡從幾本書中選擇一本。

➡從美勞角眾多的材料中，選擇特殊的材料來做撕貼畫。

3.做事有彈性及創意

　　三歲的幼兒仍在學習如何依照傳統的方法使用材料及達到教師的期望,但同時他們也開始展現一些彈性與創意,例如:

➡建議把麵糰放進娃娃家做麵包的小容器內,開始做麵包。

➡從操作性玩具櫃中拿出彩色珠珠,串成項鍊打扮自己。

➡看到黃色跟藍色混合後變成綠色時,很興奮。

➡建議把烹飪活動所剩下的胡蘿蔔屑拿去餵兔子。

➡用幾種不同方式完成同一件事情。

4.遇到問題時會尋求協助

　　三歲的幼兒在解決問題方面通常需要很具體的協助,在執行別人的建議時,也常需要清楚的肢體指引。例子包括:

➡當拼一個很難的拼圖時,尋求協助。

➡穿外出服時,尋求協助。

➡要掛一張還濕漉漉的畫時,會找別人幫忙。

➡當無法決定要參加哪一個活動或當某一個活動已有太多孩子時,會
　接受教師的建議。

(四)與他人的互動

1.與一位或一位以上的兒童互動

　　三歲的兒童才正開始學習社會技巧及與同儕互動,他們需要很多的支持與練習。他們的遊戲通常是平行遊戲及探索性的(探索學習材料與設備的特質)。兒童展現此項萌發的社會技巧的例子包括:

➡參與教室的例行性活動,如:幫忙掃沙區周圍的地,或與其他同學
　一起餵魚。

➡幫助同學擺放點心用的餐具。

➡在團討時，注意到今天誰沒來。

➡與其他兒童一起玩黏土。

➡在點心或午餐時，加入談話。

2.與熟悉的大人互動

不同的三歲幼兒與大人互動的情形有很大的差異，有些人能自在自發地與大人互動，但有些人就需要一些時間才能自在地與大人相處或感到安全。兒童顯現逐漸增加的自在感的例子有：

➡早上進教室時，會跟教師說「早」。

➡跟教師或其他大人談論他今天所穿的衣服。

➡向大人講述家裡的事情，如：今天是我哥哥的生日。

➡與學校的職員或門房分享教室裡發生的事情。

3.能參與教室內的團體生活

三歲的幼兒還很自我中心。對大部分的三歲幼兒而言，學校還是新的經驗，要他們做為團體的一份子並且達成團體的期望在此時是很困難的，他們需要教師的支持來學習這些事情。他們顯現這份逐漸發展的能力的例子有：

➡參與短時間的團討或其他團體活動。

➡與同學一起吃點心，學習如何倒果汁、要拿多少餅乾，及吃完時要如何收拾等事情。

➡會依據班級的作息時間期待活動。

➡表現出了解「畫畫及玩水前要穿上圍兜」的規則。

➡會把外出服吊在自己的掛勾上。

➡會注意教師所發的收拾訊號或聆聽教師說的話。

4.能參與並遵守簡單的團體活動規則

三歲的幼兒對於合作性遊戲還不熟練。他們在小組活動的反應比在

團體時好，但是他們很喜歡一些很快就會輪到自己且不計輸贏的簡單動作性遊戲。參與小組遊戲與活動的技能的例子包括：

➡能在大人的協助下玩圍圈圈的團體遊戲，如「倫敦鐵橋垮下來」、「撿手帕」。

➡與一位大人及數位兒童玩「請你跟我這樣做」的遊戲。

➡能玩簡單的賓果遊戲（一張卡上只有四或六個圖片）。

➡參與為時很短（約五分鐘）的團討。

➡與幾位同學一起在學校周圍散步。

➡加入唱兒歌的團體。

5.對他人表現同情與關心

即使是三歲的幼兒也會對周遭的人表現出關懷。兒童的同情需要由具體的事件引發，而無法由抽象的概念或事件去聯想。兒童展現關懷的例子有：

➡關心跌倒刮傷膝蓋的同學。

➡當同學的畫破掉時，會想去幫忙。

➡朋友哭時，用手環抱著他。

➡當同學的積木建物倒塌或同學穿不上鞋子時，會找大人幫忙。

㈤衝突解決

1.需要解決衝突時，會尋求大人的協助

三歲的幼兒無法自己解決衝突。他們透過參與團體活動及教師或大人的幫忙中逐漸學習如何解決衝突。三歲的幼兒仍然需要學習辨認衝突及尋求協助。例子包括：

➡當別人在自己的畫上塗鴉或弄倒自己的積木時，會找大人幫忙。

➡當別的兒童搶走卡車或玩具時，會找大人幫忙。

➡當有人踢人或推人時，會尋求協助。

➡開始了解何時需要大人的協助來解決衝突。

二、語言與文學

此領域的功能分項與指標強調傳達及解釋意義的語言技能，所有的分項都融合多重技能，而非單獨的技能。兒童就像他們學會說話一樣，以自然而緩慢地、逐漸趨近大人的方式學會讀和寫。

(一)聽

1.聽懂指示或一般會話

三歲的兒童比較容易在一對一的情況下聆聽，在團體情境中聆聽的能力則需要透過練習而逐漸形成。聽力有障礙的兒童可以用肢體動作、手勢、符號、點頭搖頭、用手指點及其他肢體的方法來表達懂了沒有。兒童展現他們理解的例子有：

➡能在團體說故事時間有反應，而不需要在小組時才能有反應。

➡了解教師對班上所說的簡單指示（如：穿上出去外面玩的衣服），不需個別的指導。

➡簡短地聆聽別人的談話，並能了解其內容。

➡聆聽短時間而熟悉的錄音帶或 CD，並且以肢體語言（如：拍手或點頭）或面部表情（如：微笑或大笑）表達了解。

➡聆聽一位訪客說明其工作，然後在扮演遊戲時使用有關該工作的詞彙與內容。

2.能依從二個步驟的指示行事

三歲的幼兒仍然需要很多支持、教導及具體的指引才能執行指令。三歲幼兒能聽從指示的例子有：

➡遵照教師對他個人的指示，如：「把那個玩具撿起來放到櫃子。」

➡等到教師叫自己的名字時才去掛自己的外套。

➡遵從團體的指令：「去拿書，然後坐到位子上。」

(二) 說

1. 說話清楚，可被大部分的人了解

　　三歲幼兒說的話通常很短，發音可能有一些錯誤，但是說話應該還夠清楚，而不需要依賴情境或手勢。這個指標也可適用於其他的溝通系統，如：手勢、身體姿態、溝通板。三歲幼兒說話清楚的例子有：

➡問別人事情，且被人了解。

➡報告一件發生的事情時，別人能了解。

➡找教師幫忙拉拉鍊，老師能聽懂。

➡用其他方式溝通時，別人能了解。

➡回答問題時，別人能懂他的回答。

2. 能運用語言來達到不同的目的

　　這個年紀的兒童對於語言及語言結構很著迷，有時會花幾個小時的時間在實驗一些聲音與表達方式。他們逐漸了解字的威力，且沈醉於掌控這項溝通工具。這個新技能的例子包括：

➡告訴別人一件最近發生的事。

➡重複唸短的兒歌或押韻的詩。

➡操弄娃娃或布偶來說故事。

➡在娃娃家扮演家庭角色或社區內的工作人員，並且創造對話。

➡不需要大人指示就會向人打招呼，如：說「嗨」、「謝謝」。

➡能與別人就某個特定的話題聊幾分鐘。

(三)文學與閱讀

1.有興趣地聆聽故事

三歲的幼兒對於書本通常很興奮，尤其如果他們在學前就曾接觸文學。興趣是使他們能靜靜坐下來聽故事的很重要因素；聽故事時的人數是另一個影響他們專注的因素。兒童顯現對書籍有興趣的例子包括：

➡ 在小組時，能專注於聆聽故事，且能回答有關該故事的問題。

➡ 能對在團體時唸的故事有反應，不需個別唸。

➡ 透過面部表情或肢體語言來表現對故事的興趣及參與。

➡ 對於剛讀的故事提出相關的問題。

➡ 要求別人唸他喜愛的故事。

➡ 指著書上的字，表示了解故事內容。

2.對閱讀有關的活動有興趣

三歲幼兒通常是以非常具體的方式展現他們對於故事與書本的興趣，其中一個方式是演出熟悉的故事。但是，他們在故事的順序及情節腳本方面還需要大人的協助。兒童顯示對書與故事有興趣的例子包括：

➡ 當教師講述故事時，演出其中的角色。

➡ 藉著看書中的圖畫來回憶故事的細節。

➡ 自由遊戲時間時，常常大聲的討論書本的內容，或是講一個故事（故事可能是真的，也可能是假的）。

➡ 用絨布板與道具演出一個聽過的或自己編造的故事。

(四)寫

1.以塗鴉或非傳統的形狀假裝寫字

三歲幼兒的書寫並不依照傳統規則，但是他們了解書寫可以用來溝

通。兒童展現初步書寫的例子有：

➡在紙上塗鴉，同時說明這些塗鴉所代表的想法。

➡要求教師示範一些字或特別的注音，好讓他們照著寫。

➡在紙上畫或寫一些像字的東西，然後說那是他的名字。

➡在紙上塗鴉，並賦予意義。

三、數學思考

　　此領域是有關兒童數學思考與解決問題的方法，重點在於學生如何獲得及使用策略以了解及解決數學問題。數學是關於規律（patterns）與關係（relationships）及為問題尋求多種解決方案的領域。此領域強調數學的內容（概念與程序），但重點在於了解與應用內容。

(一) 數學思考的方式

1. 對量與數有興趣

　　三歲幼兒以各種不同的方式進入數的世界，如：他們看到大人數錢；聽到大人說到二雙鞋、二隻眼睛；大人常常問他們幾歲等等。他們顯現對數的初步了解的例子有：

➡能回答自己有幾隻眼睛、耳朵或手的問題。

➡當人家問他幾歲時，會比三隻手指頭。

➡在遊戲中使用數目。

➡會拿「剛好二罐」的顏料放在畫架上。

➡說：「今天店裡有好多好多人，有幾百萬人。」

(二)規律與關係

1.能將物品依據一種屬性分類

　　三歲幼兒很著迷於將環境弄得井然有序。當他們開始發現物品可以依某種特性歸在一起時，他們覺得控制了一個新領域。他們顯現此萌發分類能力的例子有：

➠用餐時將兒童分為兩組，一邊是男孩，一邊是女孩。

➠從盒子裡挑出所有的紅色蠟筆，並說：「這是所有的紅色蠟筆。」

➠挑出所有的大鈕釦放到一個盒子裡，再挑出所有的小鈕釦放到另一個盒子裡。

➠遊戲時將物品分類。

➠注意到一種常見的特性並加以評論。

(三)數概念與運算

1.對算及數有興趣

　　三歲的幼兒才剛開始顯出對數目及算有興趣。他們可能會問「有多少？」的問題，開始依序說數目，朗誦數到三或五。算及數對他們是一項新的挑戰，他們要花好幾個月探索及研究，但仍不是真正地了解數的意義。他們通常可以數數，但是還不能做一對一的數與物品對應。他們顯現對數開始探索的例子有：

➠依序朗誦數字一到五。

➠邊活動邊數。

➠不用數，就注意到盤子裡剩下二塊餅乾。

➠在點心時間，與同學討論有多少人坐在這一桌（如：很多人；一個人、二個人）。

➠唱數目歌。

㈣幾何與空間關係

1. 能辨認幾種不同形狀

當教師將環境內的形狀加以標記並教兒童辨識時，三歲的幼兒就可以注意到環境內的形狀，他們開始以新的焦點去看一般的事物。當被鼓勵去觀察及標明形狀名稱時，他們開始掌握形狀。他們展現這項新能力的例子有：

➡指出教室內所有像圓形的物品。

➡在黏貼畫時，能找到相配對的圖形。

➡開始在環境中找出形狀並命名。

2. 了解幾個位置詞

三歲的幼兒在描述物品的位置時，傾向以該物品與自己的相對位置來描述。但是他們可以了解一般的位置詞；當別人要他們把東西放在某個東西的上面或下面，或是要他們用手指向某個東西的底部或用手指出上與下，他們都可以了解。他們對位置知覺的例子有：

➡把動物模型放到盒子上面。

➡在扮演遊戲或藝術活動中使用位置詞。

➡把椅子擺在桌子後面。

➡注意到排隊時他是站在某個同學的前面，或是在圍圓圈時他是在某個同學的旁邊。

➡在工作、遊戲及進行例行活動時正確地使用位置詞。

㈤測量

1. 了解一些比較詞

在三歲幼兒的日常會話中，常出現形容大小尺寸的詞彙（如：大、

小、高、矮、長、短）。三歲的幼兒在形容人與物時開始實驗測量的概念，例子如：

➡注意到科學角桌上的貝殼非常大。

➡站在某位同學旁邊，觀察到同學比自己高。

➡把積木排成一行，說道：這是世界上最長的道路。

➡用量詞向同儕或教師描述東西，如：串珠項鍊有多長、宣布他們所蓋的積木建築是最大的。

2. 參與測量的活動

三歲的幼兒喜歡在娃娃家使用杯子、湯匙，開始了解教師在烹飪活動時使用量杯的用途。對測量活動有知覺的例子包括：

➡確定一次只放一小搓魚飼料到魚缸內。

➡用杯子量一杯麵粉以製作麵糰。

➡用捲尺量積木道路的長度。

➡在不同遊戲角中使用測量工具。

四、科學思考

此領域是有關對於自然及物理世界的思考與探詢的方法，強調科學探究的過程，因為探究的過程是所有科學教育及科學內容的基礎。此領域的焦點在於兒童如何主動的透過觀察、記錄、描述、質疑、形成解釋與達成結論來從事科學探究。

(一)觀察與研究

1. 能以感官探究教室內的材料與自然現象

三歲的幼兒非常好奇，他們很自然地探索及研究最平常的物品與活

的東西。他們會研究在地上爬的螞蟻或地上的樹枝。他們對科學產生好
奇心的例子包括：

➠聆聽鳥叫聲，並叫教師或朋友一起聽。

➠觸摸濕濕的沙，並評論沙感覺起來有多冷。

➠觀察天竺鼠，並評論牠吃東西時嘴巴看起來好好玩。

➠聆聽一捲錄有聲音的錄音帶，猜測那是什麼聲音（如：流水聲、飛
　機的聲音）。

➠看一隻在地上爬的螞蟻，觀察牠如何走，好奇牠嘴巴裡含的是什麼。

➠在建築工地附近傾聽不同機器與工具所發出的聲音。

2.能運用工具去探究

　　三歲的幼兒仍然不太能專注於物品的一些特性。工具（如：顯微鏡、
各種玻璃鏡片、點滴器）能幫助他們聚焦於物品一些特別的地方。兒童
需要別人教他如何使用工具以及運用詞彙來描述所觀察到的。顯示他們
使用工具從事研究的例子有：

➠用有三腳架支柱的放大鏡看各種不同的東西。

➠用滴眼藥水的點滴器把食物色素滴到水裡。

➠用打蛋器把水打出泡泡。

➠從洗髮精的瓶子內壓水出來。

3.能對觀察的物品做比較

　　在教師的支持與指引下，三歲的幼兒很喜歡注意東西的細節，並探
索東西相同與相異的地方。兒童顯現他們有能力比較的例子有：

➠檢視教室內的貝殼，注意到這些貝殼怎樣相似及怎樣不同。

➠翻看一本昆蟲書，觀察到有些昆蟲有翅膀，有些沒有。

➠在水中放一些會浮及會沈的物品。

➠觀察遊戲場上（或餵食器附近）的鳥所發出的聲音有何不同。

➠傾聽不同節奏樂器所發出的聲音。

(二)質疑與預測

1. 表達對自然世界的好奇

三歲的幼兒比較能説出他們所觀察的，但還不太會問有意義的問題。如果他們問問題，大部分是為了跟別人説話，而不是為了蒐集資訊。但是，世界對三歲幼兒來説，是歡悦的來源，他們會對普通的事情非常熱中。兒童顯現對世界好奇的例子有：

➡當搖晃罐裡或管子裡的水時，對於那些泡泡從哪裡來感到好奇。

➡把手電筒拆開，看看裡面是甚麼樣子。

➡注意到一株球莖每天都長高一些，並好奇那些「胖胖的球」會變成什麼。

➡觀察教室內的東西，如：動物、盆栽、科學角的東西。

五、社會文化

此領域強調對社會與文化的了解，兒童從個人經驗及從別人的經驗中學習獲得這些領悟。當兒童研究人類過去與現在的一些主題，他們會了解有關人類相互依存以及人與環境間的關係。

(一)人類的異與同

1. 開始辨認自己與別人的特點

三歲的幼兒會融合自己正在發展的語言能力與對周遭的人的觀察，他們開始辨識自己外表上的特徵，且常常大聲而清晰地指出別人的特徵。兒童開始知覺外表特徵的例子有：

➡注意到一般的外表特徵，如：二隻眼睛、一個鼻子、二隻耳朵。

➡️模仿聾童的手語,也實際學了一些手語的手勢。

➡️談論到一些相似與相異的細節,如:頭髮顏色、髮型。

➡️在說故事或事件時,會問班上說不同語言的同學如何用不同的語言
說某些詞彙。

➡️與其他兒童討論對食物的喜好,且能接受別人的口味或喜好。

(二)人類的相互依存性

1. 開始了解家庭結構與角色

三歲的幼兒透過戲劇性的角色扮演開始了解他們自己的生活經驗,
也學習有關家庭成員的角色。這份了解主要是透過在戲劇扮演、積木遊
戲、非正式的會話及嘗試事情中的探索而形成。他們探索角色的例子包
括:

➡️餵洋娃娃、對著洋娃娃說話,假裝在餵寶寶。

➡️與其他兒童在扮演角遊戲時,扮演不同的家庭成員角色。

➡️告訴別人家裡的一些例行事情,如:我叔叔在晚飯後帶我去散步。

➡️從家裡帶來全家福照片,在班上介紹每一位家庭成員。

2. 能描述一些人的工作

就業及家人所從事的工作角色對於大部分三歲的幼兒而言是相當抽
象的概念。但是,去參觀服飾店或圖書館,或觀看工人修橋等事情是在
他們可以理解的範圍之內。他們顯現對社區有知覺的例子包括:

➡️在扮演角假裝是醫生。

➡️向教師要一頂頭盔或硬帽子,好裝扮成修路工人。

➡️閱讀逛街或上麵包店的圖畫書。

➡️描述自己到爸媽工作場所的情形。

➡️以戲劇演出他們的照顧者在家裡所做的事情。

(三)權利與責任

1.開始了解為何要有規則

要三歲的幼兒遵守規則是很困難的事，更不用說要他們了解規則。他們的思考仍侷限於他們所看到及所經驗到的。兒童對於規則有初步了解的例子有：

➡參與一些有規則的文字或歌曲的遊戲（如：字的接龍遊戲）。

➡口頭說明在教室內不能打人，因為會痛。

➡表現出他們了解為什麼要等大家都弄好了，才能出去外面玩。

➡積極地參與教室的清潔與打掃。

(四)人類與居住的地方

1.對人類如何影響環境有興趣

即使很小的兒童也能知道如果把玩具散落在地上，大家就很難坐在地上唱歌，或是美勞作品還沒收拾好，點心就不能放在桌上。但是沒有大人的指引，三歲幼兒很難產生這樣的知覺，而此知覺也能透過大人對特定的選擇及活動所做的反思來加強。兒童顯現這個逐漸產生的知覺的例子有：

➡向同學說明必須要撿起地上的廢紙，丟到垃圾桶。

➡在美勞活動後協助清潔桌子，讓桌子很乾淨。

➡協助把玩具從外面收到教室內，以免下雨淋濕了。

➡討論家庭如何維護社區的清潔與安全。

六、藝術

此領域是有關兒童主動或被動地對於藝術的活動（舞蹈、戲劇、音

樂、美術）的表現。其功能分項主要在看兒童如何運用藝術來表達、表徵，及統整他們的經驗、想法與情緒，以及兒童如何發展他們對藝術的欣賞。此領域並不強調精熟某種藝術形式技巧，相反的，是在看提供兒童運用及欣賞藝術的機會後，兒童如何展現他們的所知所思。

(一)表達與表徵

1. 運用不同的藝術材料來探索材質

三歲的幼兒很喜歡從使用教室內各種藝術材料中獲得彈性與控制，很多三歲的兒童喜歡在要求清潔的情境下，弄得亂七八糟。在此年紀，他們對藝術的主要目的是探索、享受與發現，而不是製作出產品。例子包括：

➡嘗試使用不同的繪畫材料（如：彩色筆、麥克筆、鉛筆、粉筆、蠟筆）。

➡多次嘗試同一種藝術媒介以深入體驗它的特性，如：一連好幾天用水彩作畫，嘗試使用不同的顏色，或用顏料把圖畫紙塗滿。

➡把玩麵糰，捶它、滾它、拍它、擠它，或把它壓平。

➡把膠水滴到紙上，看著膠水滴、流動、散開。

2. 能參與團體的音樂活動

三歲的幼兒喜愛音樂，雖然他們不見得喜歡在團體中聽故事，但可以接受在團體中進行音樂活動。他們能唱簡單的曲子，能背部分的歌曲及手指謠。他們喜歡參與團體性的節奏樂隊，但是比較無法同時進行多種活動（如：一邊彈奏樂器，一邊唱歌）。他們參與音樂活動的例子有：

➡參與一個唱歌的小組，做出一首歌的帶動唱動作，記得一些常唱歌曲的歌詞。

➡在改一首歌的歌詞時，能建議歌詞。如：建議在「王老先生有塊地」

中王老先生所飼養的動物。

➡用不同方式敲打三角鐵或鈸，製造出不同的聲音。

➡會配合音樂的節拍敲打節奏棒、鼓或鈴鼓。

➡隨著音樂跳或走，且會隨著節奏的改變而減速或加速。

3.能參與創造性韻律與舞蹈

　　三歲的幼兒已能活動他們的身體，用他們的身體來遊戲與創作。很多三歲的幼兒很喜歡自由移動身體，也很喜歡能控制自己的身體。他們已可以使用舞蹈與其他的動作來表示感受，而這些感受他們很難以言語表達。他們會嘗試用創意的方法來移動他們的身體。例子包括：

➡自由地舞動圍巾，有時在頭上搖晃，有時則繞著身體轉。

➡隨著音樂做出跳、轉動、彎、伸展等動作。

➡隨著不同情緒或不同節奏的音樂做出肢體、面部及手部的動作。

➡隨音樂做出爬、「飛」、用腳尖走或其他任何想像的動作。

➡模仿動物，如：蝴蝶、大象。

(二)藝術欣賞

1.對別人的作品感興趣

　　三歲的幼兒開始能欣賞別人的藝術作品，雖然仍需要大人的示範與鼓勵。兒童表達他們萌發的欣賞能力的例子有：

➡崇拜某位同學所做的積木或樂高作品。

➡在創意肢體活動時，模仿同學的舞步。

➡告訴別人他很喜歡另一位同學用黏土做的蛇或用沙做的蛋糕。

➡在靜息時間時，隨著錄音帶音樂的節奏哼唱或擺動身體。

➡觀看同學演出的故事或詩歌朗誦。

➡對於布偶劇團或音樂家的表演顯示極大的興趣。

七、體能發展

　　此領域強調體能發展是兒童全人發展及學習不可分的一部分。項目涵蓋大肌肉技能、小肌肉技能、個人的健康與安全。主要的焦點在於兒童能：(1)展現控制、平衡、協調的能力。(2)增強精細動作技能；精細動作技能是很重要的，因為它是藝術表達、寫字及自理方面很重要的基礎。(3)能逐漸了解及管理自己的健康與安全。

(一)粗動作發展

1.能平衡及控制簡單的大肌肉活動

　　三歲的幼兒非常專注在練習剛獲得的大肌肉技巧。對他們而言，跑、跳、舞、上下樓梯都是很快樂的事。他們顯現逐漸控制身體的例子有：

➡能在離地很近、長十公分、寬五公分的平衡木上保持平衡。

➡能在跑的時候立即停止、轉彎而不撞到別人。

➡能沿著地上的線走。

➡能在爬籠內或桌下爬。

➡從樓梯的最下面一個階梯或從一個大空心積木上跳下來。

➡在教室中走動不會撞到桌椅及設備。

2.能協調動作以執行較複雜的活動

　　當三歲的幼兒正在學著控制自己的身體之際，他們可以結合幾個個別的肢體技能來做出比較複雜的動作，如：丟球所需要的不僅牽涉到丟的動作，還需要能在適當的時刻把球丟出去，且丟到正確的方向。他們顯現正在發展協調能力的例子包括：

➡爬滑梯的樓梯時，會用手抓著欄杆移動。

➡把球丟進籃子內。

➡丟沙包讓別人接。

➡不需別人協助，坐上鞦韆座。

➡上樓梯時會兩腳交換著上（下樓時，可能還會以一隻腳下而沒有交換腳）。

➡向前跑跳時很順也很輕鬆。

➡爬上矮攀爬架的一邊。

➡很輕易地跑跳。

(二)精細動作發展

1. 能使力及控制來完成簡單的小肌肉活動

三歲的幼兒才開始發展足夠的精細動作技巧以做出簡單的事情。他們很喜歡使用教室內的新材料及工具，他們也喜歡一直重複地做某件事以熟練及加強技能。他們顯示獲得精細動作技巧的例子包括：

➡能拼裝及拆開樂高、雪花片等小型建構性玩具。

➡實驗剪刀的使用。

➡用膠帶上的尖角弄斷膠帶（但在過程中常常把膠帶纏在一起）。

➡轉開麥克筆上的蓋子並能套回去。

➡能把環圈套在一起及拔開。

2. 能協調手眼以執行精細動作

手眼協調對三歲的幼兒而言是個挑戰。他們透過把玩及操弄操作性玩具來開始發展精細動作及視覺能力。例子包括：

➡用八到十個積木建造一個高塔。

➡嘗試建造「橋」、「房子」及其他生活中的建築物。

➡拼圖時，會放掉不合的圖片而不是硬塞進去。

➡轉動拼圖圖片的方向試著拼進去。

➠在沙上以手指畫出圖案或用玩具卡車畫出軌道。

➠將木頭積木排列成行，作為道路。

3.探索不同繪畫及藝術工具的使用

三歲是兒童開始實驗繪畫及藝術工具的年紀，他們由此發展出書寫所需要的控制。他們練習使用工具時會用各種不同的抓法，有時用兩隻手，甚至用整隻手臂。例子包括：

➠在這一年中，使用不同的繪畫工具，如：蠟筆、麥克筆、粉筆。

➠實驗使用海綿、水彩筆、刷子、棉花棒，及其他工具來畫直線及形狀。

➠在畫板上用水彩畫圖，嘗試使用大小水彩筆、不同的筆觸，同時注意自己手及手臂的動作。

➠用麥克筆或蠟筆在紙上寫一些彎彎曲曲的線，並說他們在寫字。

(三)個人的健康與安全

1.能獨立自理一些事情

三歲的幼兒正在學習如何照顧及管理自己，他們仍然需要大人的支持與指引，但是他們很愛自己做一些日常的事情。這是兒童變得很在乎清潔與秩序的年紀。自理能力的例子有：

➠上廁所後會拉起褲子。

➠會自己穿上外出服。

➠在口頭提醒及支持下，能自己洗手、把手擦乾。

➠能把果汁從小瓶子倒到杯子裡。

➠能用刀子把奶油塗在麵包上。

➠能扣上及解開大釦子。

2.遵守基本的健康與安全規則

三歲的幼兒開始學習健康與安全的規則。他們可以記住廁後洗手、打噴嚏或咳嗽時要掩口、不要跑出園外等規則，但是，他們可能不很了解這些規則的用意。兒童顯現正在學習基本規則的例子有：

➡ 只有在得到允許時才離開教室。

➡ 在大人提醒下，會在吃點心或進行烹飪活動前洗手。

➡ 知道一些已被討論過的安全規則。

➡ 會避開危險，如：開著火的爐子、尖刀。

作品取樣系統發展檢核表（三歲）

一、個人與社會發展

㈠自我概念

	開學	學期末	學年末
1.對自己正在發展的技能有信心。 尚未發展	☐	☐	☐
發展中	☐	☐	☐
熟練	☐	☐	☐
2.開始在行動中展現獨立性。 尚未發展	☐	☐	☐
發展中	☐	☐	☐
熟練	☐	☐	☐

㈡自我控制

	開學	學期末	學年末
1.遵守教室常規及從事教室例行性活動。 尚未發展	☐	☐	☐
發展中	☐	☐	☐
熟練	☐	☐	☐
2.有目的地使用材料，並尊重材料。 尚未發展	☐	☐	☐
發展中	☐	☐	☐
熟練	☐	☐	☐
3.能適應活動上的轉換。 尚未發展	☐	☐	☐
發展中	☐	☐	☐
熟練	☐	☐	☐

㈢學習方式

	開學	學期末	學年末
1.對學習有熱忱及好奇。 尚未發展	☐	☐	☐
發展中	☐	☐	☐
熟練	☐	☐	☐
2.能從別人建議的活動中選擇。 尚未發展	☐	☐	☐
發展中	☐	☐	☐
熟練	☐	☐	☐

		開學	學期末	學年末
3. 做事有彈性及創意。	尚未發展	☐	☐	☐
	發展中	☐	☐	☐
	熟　練	☐	☐	☐
4. 遇到問題時會尋求協助。	尚未發展	☐	☐	☐
	發展中	☐	☐	☐
	熟　練	☐	☐	☐

(四)與他人的互動		開學	學期末	學年末
1. 與一位或一位以上的兒童互動。	尚未發展	☐	☐	☐
	發展中	☐	☐	☐
	熟　練	☐	☐	☐
2. 與熟悉的大人互動。	尚未發展	☐	☐	☐
	發展中	☐	☐	☐
	熟　練	☐	☐	☐
3. 能參與教室內的團體生活。	尚未發展	☐	☐	☐
	發展中	☐	☐	☐
	熟　練	☐	☐	☐
4. 能參與並遵守簡單的團體活動規則。	尚未發展	☐	☐	☐
	發展中	☐	☐	☐
	熟　練	☐	☐	☐
5. 對他人表現同情與關心。	尚未發展	☐	☐	☐
	發展中	☐	☐	☐
	熟　練	☐	☐	☐

(五)衝突解決		開學	學期末	學年末
1. 需要解決衝突時，會尋求大人的協助。	尚未發展	☐	☐	☐
	發展中	☐	☐	☐
	熟　練	☐	☐	☐

二、語言與文學

(一)聽		開學	學期末	學年末
1.聽懂指示或一般會話。	尚未發展	☐	☐	☐
	發展中	☐	☐	☐
	熟　練	☐	☐	☐
2.能依從二個步驟的指示行事。	尚未發展	☐	☐	☐
	發展中	☐	☐	☐
	熟　練	☐	☐	☐

(二)說		開學	學期末	學年末
1.說話清楚,可被大部分的人了解。	尚未發展	☐	☐	☐
	發展中	☐	☐	☐
	熟　練	☐	☐	☐
2.能運用語言來達到不同的目的。	尚未發展	☐	☐	☐
	發展中	☐	☐	☐
	熟　練	☐	☐	☐

(三)文學與閱讀		開學	學期末	學年末
1.有興趣地聆聽故事。	尚未發展	☐	☐	☐
	發展中	☐	☐	☐
	熟　練	☐	☐	☐
2.對閱讀有關的活動有興趣。	尚未發展	☐	☐	☐
	發展中	☐	☐	☐
	熟　練	☐	☐	☐

(四)寫		開學	學期末	學年末
1.以塗鴉或非傳統的形狀假裝寫字。	尚未發展	☐	☐	☐
	發展中	☐	☐	☐
	熟　練	☐	☐	☐

三、數學思考

(一)數學思考的方式　　開學　學期末　學年末

1. 對量與數有興趣。
　尚未發展　☐　☐　☐
　發展中　☐　☐　☐
　熟　練　☐　☐　☐

(二)規律與關係　　開學　學期末　學年末

1. 能將物品依據一種屬性分類。
　尚未發展　☐　☐　☐
　發展中　☐　☐　☐
　熟　練　☐　☐　☐

(三)數概念與運算　　開學　學期末　學年末

1. 對算及數有興趣。
　尚未發展　☐　☐　☐
　發展中　☐　☐　☐
　熟　練　☐　☐　☐

(四)幾何與空間關係　　開學　學期末　學年末

1. 能辨認幾種不同形狀。
　尚未發展　☐　☐　☐
　發展中　☐　☐　☐
　熟　練　☐　☐　☐

2. 了解幾個位置詞。
　尚未發展　☐　☐　☐
　發展中　☐　☐　☐
　熟　練　☐　☐　☐

(五)測量　　開學　學期末　學年末

1. 了解一些比較詞。
　尚未發展　☐　☐　☐
　發展中　☐　☐　☐
　熟　練　☐　☐　☐

2. 參與測量的活動。　　　　　尚未發展　☐　☐　☐

發　展　中　☐　☐　☐

熟　　　練　☐　☐　☐

四、科學思考

(一)觀察與研究	開學	學期末	學年末
1. 能以感官探究教室內的材料與自然現象。 尚未發展	☐	☐	☐
發展中	☐	☐	☐
熟練	☐	☐	☐
2. 能運用工具去探究。 尚未發展	☐	☐	☐
發展中	☐	☐	☐
熟練	☐	☐	☐
3. 能對觀察的物品做比較。 尚未發展	☐	☐	☐
發展中	☐	☐	☐
熟練	☐	☐	☐

(二)質疑與預測	開學	學期末	學年末
1. 表達對自然世界的好奇。 尚未發展	☐	☐	☐
發展中	☐	☐	☐
熟練	☐	☐	☐

五、社會文化

(一)人類的異與同	開學	學期末	學年末
1. 開始辨認自己與別人的特點。 尚未發展	☐	☐	☐
發展中	☐	☐	☐
熟練	☐	☐	☐

(二)人類的相互依存性		開學	學期末	學年末
1. 開始了解家庭結構與角色。	尚未發展	☐	☐	☐
	發 展 中	☐	☐	☐
	熟 練	☐	☐	☐
2. 能描述一些人的工作。	尚未發展	☐	☐	☐
	發 展 中	☐	☐	☐
	熟 練	☐	☐	☐

(三)權利與責任		開學	學期末	學年末
1. 開始了解為何要有規則。	尚未發展	☐	☐	☐
	發 展 中	☐	☐	☐
	熟 練	☐	☐	☐

(四)人類與居住的地方		開學	學期末	學年末
1. 對人類如何影響環境有興趣。	尚未發展	☐	☐	☐
	發 展 中	☐	☐	☐
	熟 練	☐	☐	☐

六、藝術

(一)表達與表徵		開學	學期末	學年末
1. 運用不同的藝術材料來探索材質。	尚未發展	☐	☐	☐
	發 展 中	☐	☐	☐
	熟 練	☐	☐	☐
2. 能參與團體的音樂活動。	尚未發展	☐	☐	☐
	發 展 中	☐	☐	☐
	熟 練	☐	☐	☐

3. 能參與創造性韻律與舞蹈。　尚未發展　☐　☐　☐
　　　　　　　　　　　　　　　發展中　☐　☐　☐
　　　　　　　　　　　　　　　熟　練　☐　☐　☐

(二)藝術欣賞	開學	學期末	學年末

1. 對別人的作品感興趣。　尚未發展　☐　☐　☐
　　　　　　　　　　　　　發展中　☐　☐　☐
　　　　　　　　　　　　　熟　練　☐　☐　☐

七、體能發展

(一)粗動作發展	開學	學期末	學年末

1. 能平衡及控制簡單的大肌肉
活動。　尚未發展　☐　☐　☐
　　　　發展中　☐　☐　☐
　　　　熟　練　☐　☐　☐

2. 能協調動作以執行較複雜的
活動。　尚未發展　☐　☐　☐
　　　　發展中　☐　☐　☐
　　　　熟　練　☐　☐　☐

(二)精細動作發展	開學	學期末	學年末

1. 能使力及控制來完成簡單的
小肌肉活動。　尚未發展　☐　☐　☐
　　　　　　　發展中　☐　☐　☐
　　　　　　　熟　練　☐　☐　☐

2. 能協調手眼以執行精細動
作。　尚未發展　☐　☐　☐
　　　發展中　☐　☐　☐
　　　熟　練　☐　☐　☐

3. 探索不同繪畫及藝術工具的
使用。　尚未發展　☐　☐　☐
　　　　發展中　☐　☐　☐
　　　　熟　練　☐　☐　☐

(二)個人的健康與安全		開學	學期末	學年末
1. 能獨立自理一些事情。	尚未發展	☐	☐	☐
	發展中	☐	☐	☐
	熟練	☐	☐	☐
2. 遵守基本的健康與安全規則。	尚未發展	☐	☐	☐
	發展中	☐	☐	☐
	熟練	☐	☐	☐

樣張

尚未發展：兒童無法展現指標行為。

發展中：兒童間歇性地展現指標行為。

熟練：兒童穩定地展現指標行為。

開學：上學期開學六至八週左右。

學期末：上學期學期結束時。

學年末：一學年結束時。

第三節　四歲幼兒的發展指引
（四～五歲；幼稚園中班）

一、個人與社會發展

這個領域有兩個焦點：(1)兒童對自己的感覺：教師可以從觀察兒童、聽他們說話、與家人談論來了解兒童對他們自己的感覺。此焦點包含的指標有：對自己作為一個學習者的看法、他們對自己與對別人的責任感。(2)兒童的社會發展：包括兒童與同儕、成人、家人的互動，尤其重要的是，兒童交朋友、解決衝突及在團體中運作等技能的發展。

(一)自我概念

1.對自己正在發展的技能有信心

很多學前幼兒帶著正向的自我形象來到學校，相當確定別人會喜歡自己。有些幼兒就比較害羞、不確定，這些幼兒需要更多的時間及機會來觀察與學習如何在團體中遊玩，以及如何成為團體的一份子。四歲幼兒展現正向自我形象的例子包括：

➡進入扮演角，選一個適合戲劇情節的角色。

➡教同學以手語表示一個字。

➡適應遊戲場的規則，並成為場上活動的一份子。

➡在美勞角，與同學交換意見，即使所討論的內容與當時正在進行的

美勞工作無關。

2.獨立從事活動

四歲的幼兒常看起來很獨立的樣子，因為他們似乎很想每件事都自己做。但是，在某些情境下，他們仍然需要大人的鼓勵才能獨立運作。一些獨立行為的例子有：

➡能找材料（如：剪刀、膠帶、麥克筆）來完成自己的想法（如：做一個假照相機來照相）。

➡到戶外活動前，會找到並自己穿上外套、戴上手套。

➡會從數個活動中選擇一個活動並專心投入。

➡決定要用積木蓋一個機場，會形成一個計畫，然後與在積木角的其他兒童一起執行。

(二)自我控制

1.遵守教室常規及從事教室例行性活動

四歲的幼兒對於教室的例行性活動與規則感到很自在。當規則清楚且一貫地執行時，他們感到比較安全也比較能參與。他們展現了解與接受例行性活動及規則的例子有：

➡知道他們要等到有人離開工作角才可以進去玩，因為工作角規定一次只能有四個人。

➡吃完點心，不需要太多的提醒，就會把自己的地方擦乾淨，把杯子放到指定的地方，把餐巾紙及沒吃完的東西丟掉。

➡當十字路口沒有紅綠燈或警衛時，會手牽手或拉著繩子過街。

➡吃點心前會洗手。

➡把畫完的作品從畫架上拿下來，知道要掛在哪裡晾乾。

➡聽完故事錄音帶後，會關掉錄音機。

➡知道收拾完後要到團體討論區。

2.有目的地使用材料，並尊重材料

在學校裡，兒童被鼓勵要照顧他們所使用的材料，並且保持教室的整潔。兒童顯現他們對材料尊重的方式有：

➡幫忙打掃沙箱的周圍。

➡把積木放到指定的地方。

➡小心的看書，看完後，放到圖書櫃上。

➡很小心的操弄科學角的物品。

➡很輕、很小心地探索教師的吉他。

3.能適應活動上的轉換

四歲的兒童很適應固定的行事程序，對他們而言，活動上的改變或是用不同的方法做事是相當難受的。兒童顯現出接受轉變的例子有：

➡來園時，與父母或照顧者的分離逐漸平順。

➡當收拾訊號出來時，把自由活動時間所用的材料收起來。

➡沒有抗議地接受活動的轉換。

➡幫助教師發出收拾的訊號。

➡在活動結束前就把東西收拾好，因為稍後會有客人來帶領一個特殊的團體活動。

(三)學習方式

1.對學習有熱忱及好奇

四歲的幼兒是天生的好奇者，什麼事情都要問。他們逐漸成長，對於別人的回答，會加上一些想法或再提問題以獲得更多的訊息，而不是一直問：「為什麼？」、「為什麼？」例子包括：

➡與其他兒童討論為什麼水彩筆在沾過幾種顏色以後，混合出來的顏色就變成咖啡色。

➡️問：「為什麼毛毛蟲可以不吃不喝地住在繭裡頭？」

➡️吃點心時，找出同桌的人誰年紀比較大，並說出是怎麼知道的。

➡️提出相關的問題或意見來持續討論的話題。

➡️好奇水是如何推動水車的輪子。

2. 能選擇新的及多種熟悉的教室活動

重複及熟悉仍然是四歲兒童學習過程裡很重要的因素，但是，很多小孩會固著在某些事物上，需要大人的協助去嘗試新的、具挑戰性或困難的事物。兒童展現他們能嘗試不同活動的例子有：

➡️正向地回應別人要他嘗試新事物的建議。

➡️投入一個新的活動（如：肥皂畫或烹飪），並持續一段時間。

➡️與不同的孩子玩，而不是老跟同一個孩子玩。

➡️選擇與幾個孩子一起去散步，看看附近正在施工的道路或去參觀圖書館。

3. 做事有彈性及創意

幼兒通常不了解使用材料或解決問題的方法不只一種，他們可能需要別人的建議來知道有別的可能，或讓他們覺得其他的方法也很可行。富彈性及願意嘗試新想法的例子有：

➡️執行別人的建議（例如：在扮演角扮演一個與平常不一樣的角色）。

➡️運用上一次的經驗思考目前要如何做比較好。

➡️在成功地以膠帶將幾張紙黏在一起後，試著用訂書機把它們訂起來。

➡️實驗各種水彩筆的用法，好讓水彩不會滴下來。

4. 能持續專注做一件事，在遭遇到問題時會尋求協助

四歲的幼兒通常需要教師的支持以持續一項工作或解決問題。持續工作直到工作完成對這個年紀的兒童而言是相當困難的。兒童展現對工作的堅持與願意接受協助以解決問題的例子有：

➡拼拼圖時，接受教師的協助。

➡嘗試一遍又一遍地拉外套的拉鍊，一直到可以自己拉好。

➡接受教師或同儕對問題的建議（如：再放一塊積木在塔的底部會使塔更穩固）。

➡嘗試幾種不同的方法將麵糰弄成某些特殊的物品，如：生日蛋糕。

（四）與他人的互動

1. 易與其他兒童互動，開始與人一起遊戲或合作

四歲兒童的遊戲開始從平行遊戲轉換到合作性遊戲，他們開始發展特別的友誼，也開始了解同時可以有多位朋友。例子包括：

➡與一位兒童討論（或用其他的溝通方式）、計畫建造一個積木架構。

➡跟一個朋友將玩具從沙箱中拿出來，好開始另一項活動。

➡不管誰在扮演角，能與他（們）一起玩，而不是一定要自己玩或與固定的人玩。

➡與一位兒童在畫架的同一邊畫畫，並結合兩人的努力作畫。

➡與幾位兒童共同玩節奏樂器。

➡與一位兒童決定等一下誰要擺杯子和餐巾紙，以及需要的數量有多少。

2. 容易與熟悉的大人互動

很多幼兒需要教師教導有關如何與別人打招呼、回應大人的問題或意見，或獲得大人的注意。兒童展現這方面技能的例子有：

➡當大人說「早」時，會適當的回應。

➡能回答教師的問題，說出他剛剛跟誰在遊戲場玩。

➡以話語要求教師的注意，而沒有失去耐心、拉教師的衣服，或跳上跳下。

➡如果是以非口頭的方式要求教師注意，會用舉手、輕碰教師的手，

或其他合理的方式。

➡會聽大人說話及跟大人說話。

3.能參與教室內的團體生活

四歲的幼兒通常還不明瞭團體的經驗及團體對他們的期望，他們通常需要人家提醒該遵守的規則及活動。如果能夠與他們討論團體規則（例如：在玩水區每次只能有幾位小孩），且他們也共同參與建立規則，就能幫助他們了解規則。他們顯現出對參與教室團體生活的能力，例子包括：

➡好整以暇地參與團體討論、收拾，及吃點心。

➡注意到一位同學需要幫忙收拾積木，即走過去幫忙。

➡知道吃點心的程序：把點心傳給每一位小孩、倒果汁、吃完後丟餐巾紙及杯子。

➡結束一項活動、進行另一項新活動之前，將積木、拼圖或其他材料收起來。

➡知道要離開教室到廁所或其他地方的規矩。

4.能參與教室的活動並遵守簡單的規則

四歲幼兒還不了解遊戲的競爭性，也不太了解「輸」、「贏」的概念，但是他們很喜歡玩團體遊戲。四歲的幼兒顯現參與團體遊戲能力的例子有：

➡喜歡玩且會玩一些圍圈圈的團體遊戲，如「倫敦鐵橋垮下來」、「撿手帕」。

➡能遵守「老師說」遊戲的簡單規則。

➡參與一些「比手劃腳」的團體遊戲。

➡玩一些簡單的棋子或擲骰子遊戲。

➡唱兒歌。

➡接兒歌或接歌時，提出一些好笑的詞或句，或是唱「王老先生有塊

地」時，建議一些動物。

5.對他人表現同情與關心

有些四歲的幼兒自然地知道同學的感受，而有些則需要教師的教導才能注意到別人的感受並與自己的經驗相連。四歲的幼兒一般來說比較容易關懷具體的事件，而非抽象的想法。例子有：

➠當同學跌倒時，走過去安慰他。

➠當同學沒辦法穿上靴子或找不到自己的畫時，會給與協助。

➠對班上有行為問題或肢體殘障的同學表現接受與支持。

➠當同學失去寵物時，向他表達難過。

（五）衝突解決

1.需要解決衝突時，會尋求大人的協助

四歲的幼兒需要很多大人的支持與指引來學習如何解決衝突。他們自然的反應是肢體反應，如：打、踢、丟。他們顯現逐漸知道有其他解決方法的例子有：

➠使用大人建議的話（如：「你這樣做我很生氣！」）來表示憤怒。

➠當其他孩子也想玩同一輛卡車或娃娃時，會找大人幫忙。

➠當一位同學在戲劇角不願合作時，要求大人幫忙。

➠知道事情需不需要大人的幫忙。

2.會以語言解決衝突

四歲的兒童正在學習如何以話語及妥協來解決衝突，他們需要學習除了打、哭之外的方法。他們可以遵照一些簡單的方法，如：

➠要求教師用計時器計時，決定每一位小朋友騎腳踏車的時間。

➠告訴同學解決的辦法，例如：我玩這些，你玩那些。

➠使用話語來表達感受，例如：我不喜歡你推我。

➡️會使用面部表情或手勢來溝通需求或解決衝突。

➡️與另一位兒童協商以解決衝突。

二、語言與文學

此領域的功能分項與指標強調傳達及解釋意義的語言技能，所有的分項都融合多重技能，而非單獨的技能。兒童就像他們學會說話一樣，以自然而緩慢地、逐漸趨近大人的方式學會讀和寫。

(一) 聽

1. 聽懂指示或一般會話

四歲的兒童已能在團體中聽話，而不需對他們一對一說話了。聽懂的能力隨著他們聽教師說故事及參與團體唱歌或唱遊而增強。兒童展現他們此項新技能的例子有：

➡️能在團體說故事時間對故事有反應，而不需要在小組時才能有反應。

➡️了解教師所說的早上作息時間的改變。

➡️一位同學早先對班上同學發表他的想法，事後與這個兒童繼續剛剛的話題。

➡️聽錄音帶或 CD，並且以肢體語言表達了解。

2. 能依從二個或三個步驟的指示行事

四歲的幼兒開始可以相當輕易地依從二個或三個步驟的指示行事。他們也可以聽從在團體中所給與的指示，而不需個別的指示。四歲幼兒能聽從指示的例子有：

➡️遵照教師對團體所做的指示：「去拿外套，穿好後，跟你的好朋友坐在一起。」

➡複述一個指令給同學。

➡能做到團體中的指示：「把這張通知單帶回家，告訴爸爸媽媽要看，
　看完要簽名，然後帶回來。」

➡做到教師對團體的指示：「去洗手，然後坐回位子。」

(二)說

1.說話清楚，不需靠情境中的線索就能了解

　　到四歲，兒童應該可以說得相當清楚，而不需要依賴情境或手勢。
這個指標也可在觀察兒童使用其他溝通系統時評量，如：手勢、身體姿
態、溝通板。例子有：

➡說話夠清楚，一位來班上參觀的客人能了解他說的話。

➡其他孩子能了解他在說什麼，而不需一直問：「你說什麼？」

➡會重複剛剛說的話，以溝通得更清楚。

➡用其他方式溝通時，別人能了解。

➡傳話給教師時，教師能了解。

2.能運用語言來達到不同的目的

　　四歲幼兒的語言能力已足夠讓他們能很有創意及好玩地探索字的運
作與字的發音。這個新技能的例子有：

➡念一些押韻的音，如：吃飽、很好、大小、快跑。

➡雖然他們不了解在笑話及雙關語中字與字的關係，卻笑得很厲害。

➡為一首歌或手指謠想出新的押韻字。

➡將別人的感受用話說出來。

➡用另一種語言押韻。

➡提出與目前討論的主題相關的問題。

(三)文學與閱讀

1.喜歡聽人家說故事

因著兒童在家裡或在其他場合聽人家唸故事書機會的多寡，他們對於書寫的文字有著不同的喜好、統整與了解。聽及了解故事是學前兒童很重要的一個目標。兒童顯示對書及聽人家唸書的興趣的例子有：

➡注意聆聽他人說故事，沒有分心。

➡能對團體時唸的故事有反應，不需個別唸時才有反應。

➡透過面部表情或肢體語言來表現對故事的興趣與參與。

➡提出有關剛讀過的故事的問題。

➡要求大人在故事時間或自由遊戲時間，唸他喜愛的故事。

2.對閱讀有關的活動有興趣

看書、閱讀、對書寫文字有反應是要鼓勵四歲幼兒發展的三項重要興趣。兒童顯示興趣的行為包括：

➡以有順序的方式看書，一次翻一頁，從前面看到後面。

➡當他們在背書的內容時，邊讀邊以手指指著字，假裝在讀書。

➡在扮演角即興為演出的故事編對話。

➡以看插圖並猜測故事大概在講什麼來「讀」一本熟悉的書。

3.能運用圖片或內容來預測故事的下一步

四歲的幼兒很投入熟悉的故事，他們會開始問「為什麼」。例子包括：

➡看下一頁的圖片猜測接下來會發生什麼。

➡對故事內的一些行為發表看法（如：猜測「賣帽子」故事中，為什麼猴子要把帽子從樹上扔下來）。

➡為熟悉或新故事編新奇或有創意的結局。

4.複述故事中的資訊

　　聽同一個故事好幾遍以後，兒童開始以各種方式來重述故事，如：看圖編故事、演出故事的部分內容、用絨布板説故事。兒童顯示他們能複述故事的例子有：

➠複述教師剛講過的故事的主要情節。

➠説出前幾天所聽的故事中的主要內容。

➠演出熟悉的故事，如：「三隻小豬」。

➠用絨布板及圖形複述故事。

➠依據教師在團體中説的故事，演出一齣布偶戲。

5.能了解話與字之間的關係

　　當兒童開始知覺到字與寫的威力，他們便開始要求大人替他們寫標示及字。兒童表現出他們知覺到寫是一種溝通工具的例子有：

➠要求教師幫他們在扮演區寫一些標示，如：消防局、醫院、請保留這個積木橋、請勿打擾。

➠要求教師寫下他們為圖畫所口述的故事。

➠要求教師寫一封他要寄給朋友的信。

➠能從環境中認得字（如：商標名、商店名、街名）。

四寫

1.使用塗鴉、形狀及像字的符號來寫出字或想法

　　兒童看著教師列單子及在他們的作品上寫名字，常常會想自己來做這些事。但是，對四歲的幼兒而言，有關字在紙上的位置、前後的順序還不是他們所了解的。兒童書寫的例子包括：

➠要求教師示範一些字，好讓他們抄寫。

➠開始認得一些字，因此只要教師説出那些字，他們就可以寫出來，

而不需要看到教師寫才會寫。

➡在紙上寫一些形狀，然後讀給別人聽。

➡在紙上畫一些彎彎曲曲的東西，然後說那是字。

➡用單字的橡皮章排出一些字，然後對別人唸出所排的意思。

2.能抄或寫自己的名字

有些四歲的幼兒開始對寫自己的名字及一些有意義的字很有興趣，但是還有一些孩子則繼續要求別人幫他們寫。兒童顯示他們這方面能力的例子有：

➡在作品上靠記憶寫下自己的名字。

➡抄教師所寫的標示，如：「卡車」。

➡抄寫在教室內的字，但不一定了解它們的意義。

➡用單字的橡皮章組成自己的名字或自創詞句。

三、數學思考

此領域是有關兒童數學思考與解決問題的方法，重點在於學生如何獲得及使用策略以了解及解決數學問題。數學是關於規律（patterns）與關係（relationships）及為問題尋求多種解決方案的領域。此領域強調數學的內容（概念與程序），但重點在於了解與應用內容。

㈠數學思考的方式

1.對量與數有興趣

四歲時，兒童開始了解數與算是決定量的一種方法。他們知道有些問題可以藉由數目來解決。他們顯現這項萌發的技能的例子有：

➡問他的好朋友：「你家的人多，還是我家的人多？」

➡猜測已有足夠的杯子給每一個人，結果發現其中一個人沒有。

➡在遊戲時，實驗數字。

(二) 規律與關係

1. 能認出簡單的規律，並能複製

四歲的幼兒是天生的探索者，既好奇又愛問問題。他們的好奇可以導向對規律的辨認。看、辨認及創出規律可以讓兒童了解次序的概念。兒童顯現知覺規律的例子有：

➡注意到幾位同學都穿紅襯衫。

➡能重複某種拍手的節奏（如：快拍兩下、停一下、慢拍兩下、停一下）。

➡看到黑板上「○×○×」的形狀，用蠟筆把這規律抄在紙上。

➡在紙上以重複的規律作點畫（如：綠、藍、綠、藍）。

➡依據顏色、形狀或大小的規律來串珠。

➡手指畫時，畫一些有規律的圖案。

2. 能依據一或兩種屬性將物品分類

這個年紀的幼兒很喜歡分類，喜歡靠把物品排次序來掌握他們的世界。跟規律一樣，分類可以向孩子介紹數學思考的次序。當兒童遊戲時，他們顯現萌發的次序概念，例如：

➡以顏色將物品分類。

➡將卡片依人及動物分開。

➡把彩色筆放一盒，鉛筆放一盒。

➡把鈕釦、珠子，或圖釘放到空的蛋盒裡，每一格放一種顏色。

➡說明物品依據某種屬性來分類。

3. 能依一種屬性將物品依序排列

四歲的幼兒開始將物品依一個屬性作比較與分類。這些技能是數學思考與數、量、關係的前身。排序的例子有：

➡在桌上排三根蠟筆，從最短到最長，或最胖到最瘦。

➡把物品依某種次序擺整齊。

➡把從外面撿來的葉子從最大排到最小。

➡把三個孩子依身高高矮排列。

➡用桌上型積木做出一長一短兩列。

(三)數概念與運算

1. 對算與數有興趣

四歲幼兒通常可以數數，但是還不太能做一對一的數與物品對應。四歲幼兒通常可以有意義的數到五個物品。他們顯現對數萌發的了解的例子有：

➡邊數邊指，每一個物品給一個適當的數。

➡在卡車箱中，數出有四輛黃色卡車。

➡會數數，數到不能數為止。

➡為三個要吃點心的娃娃數出三根湯匙。

➡重複唱數的兒歌或歌曲，或在遊戲時重複數數。

➡在團體時間或等點心時，隨意數。

➡算自己走幾步、跳幾下或重複做了幾次運動。

(四)幾何與空間關係

1. 能辨認並說出幾種不同形狀的名稱

四歲的幼兒能說出不同形狀的名稱。如果把他們的注意力擺到教室

與環境裡的形狀，他們會開始替周遭環境內常見的形狀命名。對幾何形狀熟悉的例子有：

➡能辨認哪一個形狀是正方形、哪一個是長方形。

➡以感覺來辨認形狀，而不是用看的（如：在「神秘箱」中，用手摸，說出摸到東西的形狀）。

➡指出三角形，並算它有幾個邊。

➡畫出幾個不同的形狀，並說出名稱，如：圓形、十字形、方形、兩個圓圈。

➡能在環境中找出形狀並命名正確。

2. 了解並能使用幾個位置詞

四歲時，幼兒應該了解幾個位置詞，如上面、下面、旁邊、後面等。對位置的知覺及位置的詞彙是學習空間關係的必要條件。他們的了解可從下列的例子顯現出來：

➡當被要求站到某個同學後面時，知道要站在哪裡。

➡會把球放在椅子下面。

➡會把旗子放在頭上。

➡去坐在同學的旁邊或前面。

➡遊戲或工作時，說出他們的位置。

➡在搭積木或玩音樂遊戲時，自發地使用位置詞。

(五) 測量

1. 了解並能使用比較詞

四歲的幼兒很喜歡探究事物的特性並做比較，決定哪一個比較大、比較長、比較短。這些比較的技能包括：

➡注意到班上哪些孩子比較高，哪些比較矮。

➡決定車子或腳踏車哪一個走得比較快。

➡與一位同學比較誰的餅乾大。

➡與一位同學測量，看誰串的珠子比較長。

➡在搭建積木或玩沙、水時，會使用與測量有關的比較詞。

➡在學校時，會使用比較性質的測量用語。

2.參與測量的活動

雖然四歲的幼兒對了解重量的概念還有些困難，但是他們可以被指導以長度、高度、重量來思考。四歲的幼兒對大人所使用的測量器具很好奇、很有興趣，很期盼能使用它們。測量的例子包括：

➡依照食譜，用杯子量做麵糰所需要的麵粉量。

➡用積木量桌子的長度，發現它是四個積木長。

➡測量一條積木道路有多長或積木塔有多高。

➡在木工區或水區使用測量工具。

➡在天秤的兩邊放不同的東西，並試著使它平衡。

➡依照食譜，用茶匙量做麵糰所需要的色素量。

3.對時間有初步的了解

四歲的幼兒開始形成時間的概念，雖然他們仍然很難了解小時與天數。他們可以說出四季及月份的名稱，即使他們並不知道這個月的名字。他們較容易以「要睡幾次才會到某個重要事件」（如：到外婆家）來算時間，而不是以天數來算。他們顯現對時間概念的例子有：

➡知道現在是冬天或夏天，因為天氣是冷或熱。

➡如果是不能說話的兒童，當他被問到：「你今天早上做了什麼？」時，會在溝通板上指出適當的圖片。

➡知道校車會在他們玩完後來接他們。

➡使用自己的「時間」詞彙來說明重要的事什麼時候發生。

四、科學思考

　　此領域是有關對於自然及物理世界的思考與探詢的方法，強調科學探究的過程，因為探究的過程是所有科學教育及科學內容的基礎。此領域的焦點在於兒童如何主動的透過觀察、記錄、描述、質疑、形成解釋與達成結論來從事科學探究。

(一) 觀察與研究

1. 能以感官去探究教室內的材料與自然現象

　　探究是四歲兒童的動脈，看、摸、舉、滾，及實驗是這個年齡最自然不過的事，雖然他們還需要教師幫忙把他們的經驗組織成有意義的想法。他們顯現正從觀察中學習的例子有：

➡在沙區或水區玩，讓沙或水流過手指，發表沙或水在手中的感覺，並注意到它們流得快還是慢。

➡探索不同鋼琴鍵所發出的不同聲音，並實驗手指的壓力與聲音大小的關係。

➡把玩具卡車放在地磚上滑動，然後在地毯上滑，再換到沙上去滑，並注意到不同的表面如何影響卡車的速度。

➡傾聽外面的聲音，並辨認出聲音的來源，如：那是卡車、那是飛機、那是狗在叫。

2. 能運用工具探究

　　四歲的幼兒才開始以有組織的方式說出他們對世界的觀察。在教師的支持下，他們可以對自己的觀察做出結論。他們很喜歡使用工具來幫他們聚焦在一件物品上、定義所要描述的東西。兒童顯示使用工具從事

科學探究的例子有：

➡用放大鏡看蚯蚓身上的環結。

➡用一個篩子來篩各種不同的東西，看看什麼會通過，什麼不會。

➡向水管吹氣，觀看在水管裡所製造的泡泡。

➡用鐵絲在一碗水中打出泡沫。

➡先用手掌形放大鏡看東西，然後用顯微鏡看。

3.能對觀察的物品做比較

在鼓勵與指引之下，幼兒可以比較所觀察的事物。在觀察環境後，他們對於雪地裡所發現的不同掌印或是沙裡不同的足印很好奇。他們很喜歡發現事情的相同與不同。兒童顯現他們有能力比較的例子有：

➡把沙或水倒進不同管徑的管子裡，比較在不同的管子裡，同量的沙或水各花多少時間流過。

➡比較在水中會浮及會沈的物品。

➡探索不同的鋼琴鍵所發出的聲音，有時同時按好幾個鍵，有時按一個鍵。

➡注意到卡車玩具在走過磁磚跟地毯時速度的不同。

➡比較科學角內的物品。

4.能主動的研究以尋求問題的答案

在遊戲的過程中，兒童的經驗常引導他們問：「如果……，會怎樣？」在教師的指引下，兒童可以透過更進一步的觀察、做圖表，或用其他方式把他們觀察的資料組織成自己可以了解的方法來找到答案。他們顯現這份知覺的方式有：

➡灑水在水車的輪子上，試著讓水車轉。

➡觀察冰塊或雪在室溫下所發生的情況。

➡把手電筒拆開，看看裡面有什麼。

➡觀察一些現象，並對「為什麼」、「什麼」的問題猜測答案。

➡用磁鐵去吸各種不同的東西，測試磁力。

➡把顏色混合（混合幾種水彩、混合不同麥克筆顏色、把食用顏料倒在水裡），看看會發生什麼事。

➡吹氣至不同長度的卡紙管子，發出聲音。

(二)質疑與預測

1. 表達對自然世界的好奇，並能尋找資訊

當被鼓勵去觀察與比較時，四歲兒童對於他們的世界會感到驚奇與欣賞。他們深受教師對於世界的興趣所影響。兒童顯現對世界好奇的例子包括：

➡好奇在寒冷的夜後窗上的霜從哪裡來。

➡喜歡感覺在美勞角內不同材質的材料（如：天鵝絨、紗、麻、燈芯絨）。

➡當他們在手上搓揉泥土時，很詫異泥土擠過手指的那種感覺。

➡在瓶子裡打泡沫奶油，當它變成奶油時，發出讚歎聲。

➡觀察教室內的東西，如：動物、盆栽、科學角的東西。

➡溝通所觀察到的自然世界。

五、社會文化

此領域強調對社會與文化的了解，兒童從個人經驗及從別人的經驗中學習獲得這些領悟。當兒童研究人類過去與現在的一些主題，他們會了解有關人類相互依存以及人與環境間的關係。

(一)人類的異與同

1. 開始辨認自己與別人的特點

四歲的幼兒還是自我中心的，他們主要還是只能與自己本身的經驗做關聯。他們注意到自己與別人的相同與相異處，並有興趣去探索。兒童開始知覺人類異同處的例子有：

➡描或畫自己身體的輪廓（如：在紙上描身體的輪廓），然後畫上與自己五官（如：眼睛、頭髮、衣服）一樣的顏色。

➡看看每一個人的皮膚，研究皮膚不同的顏色及深淺。

➡注意到有些人說的話不太一樣，幫助教師做表，列出不同語言對同一件物品的不同說法。

➡想一想祖父母跟小孩子在長相上有什麼不同。

➡很喜歡聽有關不同民族的詩歌與故事。

(二)人類的相互依存性

1. 開始了解家庭結構與角色

四歲的幼兒對於自己在家裡與學校裡的角色和身分很有興趣。透過戲劇遊戲及與別人的會話，他們積極的研究家庭成員的角色。當他們發現同學的家庭結構跟他的不一樣時，他會很想去探索其間的不同。例子包括：

➡在扮演角，以話語或行為角色扮演不同的家庭成員。

➡與教師或同學討論媽媽與祖父上班的情況。

➡從家裡帶來家庭成員上班的工具，如：頭盔、公事包、吉他，並在扮演角中使用。

➡在團體討論中，提出問題及表達意見與想法（例如：對於性別、膚色、宗教、做事情的不同方法等方面）。

2.能描述一些人的工作及所需的知能

除了對家庭成員有興趣之外，四歲的幼兒對社區內一些他們生活中常碰到的人也有興趣。在鼓勵之下，他們可以把興趣擴展到警察、消防人員以外的人，如：商店的店員、郵差、護士、醫生、清潔隊員、築路工人及其他。例子包括：

➡在扮演角研究且實驗收銀機、郵局的磅秤、聽筒，或其他職業所用的工具。

➡以戲劇演出鞋店裡的店員如何幫助客人的情形。

➡用絨布板演出如何在果園裡採摘及包裝蘋果。

➡看書指認築路所用的機器。

➡要求教師提供道具以扮演社區內不同行業的人員，如：消防隊員的帽子、警察的哨子及手套。

3.開始知覺到科技及科技對生活的影響

四歲的幼兒對於他們周遭世界的科技很有知覺，因為他們被電視、烤箱、電腦、飛機，及自動化機器所包圍。透過與教師的討論，他們可以開始了解科技如何影響他們的生活。並且開始了解如果沒有收音機與電視，他們沒辦法知道世界其他地區的事情；如果沒有汽車或飛機，他們沒有辦法這麼容易地拜訪親戚。兒童顯現他們知覺科技的例子有：

➡在語文角，使用錄音機聽故事。

➡與同學討論剛剛在電視上看到的節目。

➡在團體討論時間，說：「阿嬤從波多黎各打電話來祝我生日快樂。」

➡在扮演角，看著充當牙科或醫院道具的 X 光片。

➡使用電腦裡的多元媒體效果。

(三)權利與責任

1.開始了解為何要有規則

　　四歲的幼兒可能會堅守規則。他們喜歡有清楚的規則，而且樂於遵從規則。在指引下，他們可以開始了解規則對於群居的重要性。兒童對此了解的例子有：

➡協助制訂自由遊戲時間的規則，並決定遵守的具體方法（如：每次只能有四個人在沙區）。

➡制訂遊戲場的規則，如：騎腳踏車時不能碰撞別人，否則騎車權就要被取消。

➡了解自己今天不能畫水彩畫，因為畫架都被佔滿了。

➡向一位同學解釋為何不能把天竺鼠放到籠子外。

➡在某個角落擺上自己的符號或名牌，為自己留位子，顯示出對教室規則的了解。

2.知道成為領導的原因

　　領導的角色是一個抽象的概念。很多四歲的幼兒只能了解他們所經驗到的一些具體的領導人物，如：教師、校長或園所長。有時他們也可以知覺到父母或保母所展現的領導品質。兒童顯現他們對領袖的興趣的例子有：

➡在扮演遊戲中扮演教師。

➡在扮演遊戲中假裝是爸爸、媽媽或保母，顯示出一些領導行為。

➡在積木搭建活動中，選出一位領導者，並在做的過程中討論領導者的意義。

➡在參觀消防局或警察局後，試著猜測誰是長官。

➡與校長或園長談論他們的工作。

（四）人類與居住的地方

1. 對人類如何影響環境有興趣

四歲幼兒對人類如何影響環境很有興趣。他們透過教室、自己的庭園及鄰居的經驗，開始了解這個概念。兒童顯現這個才開始的知覺的例子有：

➡了解自己收垃圾、收拾灑出去的沙是很重要的。

➡與同學及教師分享自家外面的道路上，誰亂丟垃圾、誰清掃街道等等。

➡討論不摘路旁的花的理由。

➡協助維護教室的整潔。

➡向一位同學解釋為何走道不可以堆東西，因為這樣視覺或身體有障礙的同學才能順利通過。

2. 表達初淺的地理思考

地理思考從能把熟悉的物品放在環境中相對的位置開始。四歲的幼兒很愛把物品與其平常的地理位置配對，如廚房裡的烤麵包機、臥室裡的床、公園裡的樹。他們可以開始思考畫一幅房間、道路、人行道的地圖。例子有：

➡把一般家庭用品適當地放在一張代表家庭的平面圖上，並解釋為何這些東西擺在那裡。

➡談論所參觀的商店以及裡面有什麼。

➡依照一張簡單的尋寶圖在教室內尋寶。

六、藝術

此領域是有關兒童主動或被動地對於藝術的活動（舞蹈、戲劇、音

樂、美術）的表現。其功能分項主要在看兒童如何運用藝術來表達、表徵，及統整他們的經驗、想法與情緒，以及兒童如何發展他們對藝術的欣賞。此領域並不強調要精熟某種藝術形式技巧，相反的，是在看提供給與兒童運用及欣賞藝術的機會後，兒童如何展現他們的所知所思。

(一)表達與表徵

1.運用不同的藝術材料來探索材質

四歲的幼兒很活潑，通常很少長時間從事一件事情，他們沒有什麼慾望要製作出產品。這個特性讓他們能自由的探索不同的媒介。探索藝術材料的例子有：

➡嘗試使用不同的材料及使用方法（如：用大水彩筆畫粗線條、畫幾條方向不同的線、混合顏色）。

➡把玩麵糰，滾、拍、用塑膠刀切、塞東西進去；有時做出東西，有時只是把玩。

➡用郵票或其他物品塗上水彩或墨水來拓印。

➡畫或製作布偶戲的背景，或製作積木建物的標示牌。

➡創新材料的用法，如用棉花棒或吸管畫一張圖。

➡用粉筆在黑板或紙上畫。

2.能參與團體的音樂活動

四歲的幼兒喜愛唱歌、手指遊戲、樂器，及隨音樂走步，他們常不自覺地參與音樂活動。在不預期成果的情況下，他們可以獲得精熟感。例子有：

➡透過音樂來表達想法或感受。

➡參與手指遊戲或音樂遊戲。

➡自由遊戲時，到音樂角聽音樂錄音帶。

➡當鋼琴聲開始或停止時，會開始或停止他們的樂器。

➡知道常唱歌曲的歌詞，在活動時哼或唱。

➡使用節奏棒或其他器具來調整節拍。

➡聽歌或聽 CD 時，隨著音樂用手打拍子，或跟隨教師打拍子。

3.能參與創造性韻律與舞蹈

四歲的幼兒可以很恣意地參與舞蹈與創造性動作。他們的想像力豐富，充滿想法與意象，而且他們可以用動作表達。例子包括：

➡隨錄音帶或團體的歌唱，創造新奇的舞步。

➡使用圍巾、絲帶，或其他材料創造特殊的舞步或舞蹈。

➡用動作來詮釋或模仿感受、動作、現象，如：成長的植物、暴風雨。

➡隨著不同種類的音樂跳舞，如：爵士樂、搖滾樂、民謠、古典音樂。

➡隨著音樂做出跳躍、翻轉、飛或其他想像動作。

(二)藝術欣賞

1.對別人的作品感興趣

很多小孩對於藝術的興趣是屬於旁觀者，而非創作者。在教師的支持下，四歲的幼兒能開始對別人的作品表示意見、詢問所用的方法、對於別人所表達的感受感到有興趣，或注意到一些細節。在教師的指引下，相互之間的回應可以變成正向且有幫助的。兒童表達他們欣賞的例子有：

➡在自由遊戲時間聽音樂錄音帶，並以肢體語言或面部表情顯現對音樂的欣賞。

➡觀看同學表演的創造性動作活動。

➡對於同學在畫畫、黏土造型，或樂高建構所用的技巧表示驚歎。

➡很喜歡到班上來表演的魔術師或音樂家的演出。

七、體能發展

　　此領域強調體能發展是兒童全人發展及學習不可分的一部分。項目涵蓋大肌肉技能、小肌肉技能、個人的健康與安全。主要的焦點在於兒童能(1)展現控制、平衡、協調的能力。(2)增強精細動作技能；精細動作技能是很重要的，因為它是藝術表達、寫字及自理方面很重要的基礎。(3)能逐漸了解及管理自己的健康與安全。

(一)粗動作發展

1.能平衡及控制簡單的大肌肉活動

　　四歲的幼兒很積極地在學習控制大肌肉，他們很喜歡練習一些技巧、挑戰自己以跳得更遠或跑得比別人快。四歲幼兒顯現這些萌發技能的例子有：

➡不用扶欄杆就能上下樓梯。

➡跑的技巧很熟練，如：立即停止、轉圈圈、180度轉、加速、減速。

➡坐在椅子上不會摔下來。

➡向前跑跳時很順也很輕鬆。

➡輕易地爬上滑梯邊的樓梯。

➡攀爬繩索或輪胎樓梯。

2.能協調動作以執行較複雜的活動

　　雖然四歲的幼兒在大人的參與下，會試著結合一些技巧，如：丟球與接球，但是，結合不同的動作對四歲幼兒而言仍是相當困難的。他們喜歡玩遊戲，也喜歡有同伴。他們顯現協調的一些方法包括：

➡對一個固定的目標丟球。

➠能對準方向丟球，如：頗準確地把球丟到別人的手套裡。

➠能跑兩步後踢一個大球。

➠拍球，然後接住。

➠向前跑跳時很順也很輕鬆。

➠能依球來的方向調整手臂與身體的位置去接球。

➠跑時會轉彎。

➠使用滑梯、翹翹板，或鞦韆。

(二)精細動作發展

1.能使力及控制來完成簡單的小肌肉活動

　　四歲的幼兒繼續透過參與教室的活動來發展他們的精細動作技巧。他們透過使用各種不同的教室材料（如：藝術材料、工具、操作性玩具、木工），改善手及手指的力量與控制。例子包括：

➠使用打洞機在紙上打洞。

➠用力壓訂書機，讓訂書針出來。

➠轉開漿糊罐的蓋子。

➠用剪刀剪斷膠帶，或利用膠帶上的尖角弄斷膠帶。

➠將樂高玩具做成的作品很輕易的解開。

➠轉開麥克筆上的蓋子並能套回去。

➠用槌子把鐵釘釘進軟木裡。

2.能協調手眼以執行精細動作

　　當四歲的幼兒開始使用積木、樂高來建構、拼拼圖，或在沙水區實驗時，他們展現逐漸成熟的手眼協調技巧。當他們使用新獲得的技巧來製造作品時，他們的作品會比較複雜。例子有：

➠用黏土做一些比較細緻的物品，如：先是把黏土搓成像蛇的長條狀，然後捲成線圈。

➡拼成大型拼圖。

➡用剪刀大略地剪一直線或沿著圖片周圍剪。

➡隨著模型蓋積木或桌上型積木。

➡開始用積木建造建築物及道路。

➡替洋娃娃穿衣服時，會扣衣服上的按釦及鈕釦。

3.對書寫或繪畫工具有初步的控制

　　四歲的幼兒對於寫與畫的過程很有興趣，對他們而言，完成作品沒有比創造過程來得重要。在此年紀，兒童開始使用較傳統的手法，甚至會練習寫幾個字來代表名字或標示。兒童展現對書寫與繪畫工具的興趣的例子有：

➡用麥克筆畫圖，並決定所畫的是「狗」、「怪物」，或「我」。

➡用粉筆在黑板假裝寫字或數字。

➡以寫字的姿勢握筆。

➡以不同的方式在畫板上畫水彩。

(三)個人的健康與安全

1.能獨立自理一些事情

　　四歲的幼兒很愛自己做一些日常的事情，有時他們需要別人的指導，以避免做得過頭或是忘記原來在做什麼。當他們忙著其他的事時，會很容易忘記規矩，但通常可以在口頭的提醒後達到期望。顯現能力的例子有：

➡能自己上廁所。

➡能自己洗手、把手擦乾，不太需要別人提醒。

➡能自己穿衣服（如穿外套、穿褲子、穿鞋子）。

➡能從小瓶子中倒果汁到杯子內而不灑出來。

➡能拉拉鍊、扣釦子及按釦，但還不會綁鞋帶。

➠用衛生紙擦鼻涕，擦完後會將衛生紙丟到垃圾桶。

2.遵守基本的健康與安全規則

　　四歲的幼兒開始知覺到一些有關健康與安全的議題。他們可以開始學習有關自己對食物、水、保護、安全的需求。他們很喜歡聽有關身體與其他健康議題的故事，也會與朋友討論這些議題。兒童顯現對健康與安全萌發的知覺的例子有：

➠上完廁所或吃點心、午餐前，會先洗手。

➠打噴嚏或咳嗽時，會以手掩口。

➠會試著吃教師所介紹的不同的營養食物，並會與同學討論「有營養」的意思。

➠討論醫生、牙醫、護士在確保病人健康方面所扮演的角色。

➠拿剪刀或鉛筆時，會把剪刀的刀口或筆頭朝下。

➠站在離正在使用的鞦韆一段距離，避免受到傷害。

作品取樣系統發展檢核表（四歲）

一、個人與社會發展

(一)自我概念

		開學	學期末	學年末
1.對自己正在發展的技能有信心。	尚未發展	☐	☐	☐
	發展中	☐	☐	☐
	熟　練	☐	☐	☐
2.獨立從事活動。	尚未發展	☐	☐	☐
	發展中	☐	☐	☐
	熟　練	☐	☐	☐

(二)自我控制

		開學	學期末	學年末
1.遵守教室常規及從事教室例行性活動。	尚未發展	☐	☐	☐
	發展中	☐	☐	☐
	熟　練	☐	☐	☐
2.有目的地使用材料，並尊重材料。	尚未發展	☐	☐	☐
	發展中	☐	☐	☐
	熟　練	☐	☐	☐
3.能適應活動上的轉換。	尚未發展	☐	☐	☐
	發展中	☐	☐	☐
	熟　練	☐	☐	☐

(三)學習方式

		開學	學期末	學年末
1.對學習有熱忱及好奇。	尚未發展	☐	☐	☐
	發展中	☐	☐	☐
	熟　練	☐	☐	☐
2.能選擇新的及多種熟悉的教室活動。	尚未發展	☐	☐	☐
	發展中	☐	☐	☐
	熟　練	☐	☐	☐

3. 做事有彈性及創意。

	開學	學期末	學年末
尚未發展	☐	☐	☐
發展中	☐	☐	☐
熟練	☐	☐	☐

4. 能持續專注做一件事，在遭遇到問題時會尋求協助。

	開學	學期末	學年末
尚未發展	☐	☐	☐
發展中	☐	☐	☐
熟練	☐	☐	☐

(四)與他人的互動

	開學	學期末	學年末

1. 易與其他兒童互動，開始與人一起遊戲或合作。

	開學	學期末	學年末
尚未發展	☐	☐	☐
發展中	☐	☐	☐
熟練	☐	☐	☐

2. 容易與熟悉的大人互動。

	開學	學期末	學年末
尚未發展	☐	☐	☐
發展中	☐	☐	☐
熟練	☐	☐	☐

3. 能參與教室內的團體生活。

	開學	學期末	學年末
尚未發展	☐	☐	☐
發展中	☐	☐	☐
熟練	☐	☐	☐

4. 能參與教室的活動並遵守簡單的規則。

	開學	學期末	學年末
尚未發展	☐	☐	☐
發展中	☐	☐	☐
熟練	☐	☐	☐

5. 對他人表現同情與關心。

	開學	學期末	學年末
尚未發展	☐	☐	☐
發展中	☐	☐	☐
熟練	☐	☐	☐

(五)衝突解決

	開學	學期末	學年末

1. 需要解決衝突時，會尋求大人的協助。

	開學	學期末	學年末
尚未發展	☐	☐	☐
發展中	☐	☐	☐
熟練	☐	☐	☐

2. 會以語言解決衝突。

	開學	學期末	學年末
尚未發展	☐	☐	☐
發展中	☐	☐	☐
熟練	☐	☐	☐

二、語言與文學

(一)聽		開學	學期末	學年末
1.聽懂指示或一般會話。	尚未發展	☐	☐	☐
	發 展 中	☐	☐	☐
	熟　練	☐	☐	☐
2.能依從二個或三個步驟的指示行事。	尚未發展	☐	☐	☐
	發 展 中	☐	☐	☐
	熟　練	☐	☐	☐

(二)說		開學	學期末	學年末
1.說話清楚，不需靠情境中的線索就能了解。	尚未發展	☐	☐	☐
	發 展 中	☐	☐	☐
	熟　練	☐	☐	☐
2.能運用語言來達到不同的目的。	尚未發展	☐	☐	☐
	發 展 中	☐	☐	☐
	熟　練	☐	☐	☐

(三)文學與閱讀		開學	學期末	學年末
1.喜歡聽人家說故事。	尚未發展	☐	☐	☐
	發 展 中	☐	☐	☐
	熟　練	☐	☐	☐
2.對閱讀有關的活動有興趣。	尚未發展	☐	☐	☐
	發 展 中	☐	☐	☐
	熟　練	☐	☐	☐
3.能運用圖片或內容來預測故事的下一步。	尚未發展	☐	☐	☐
	發 展 中	☐	☐	☐
	熟　練	☐	☐	☐
4.複述故事中的資訊。	尚未發展	☐	☐	☐
	發 展 中	☐	☐	☐
	熟　練	☐	☐	☐

5.能了解話與字之間的關係。 尚未發展 ☐ ☐ ☐

發 展 中 ☐ ☐ ☐

熟　　練 ☐ ☐ ☐

㈣寫	開學	學期末	學年末

1.使用塗鴉、形狀及像字的 尚未發展 ☐ ☐ ☐

符號來寫出字或想法。 發 展 中 ☐ ☐ ☐

熟　　練 ☐ ☐ ☐

2.能抄或寫自己的名字。 尚未發展 ☐ ☐ ☐

發 展 中 ☐ ☐ ☐

熟　　練 ☐ ☐ ☐

三、數學思考

㈠數學思考的方式	開學	學期末	學年末

1.對量與數有興趣。 尚未發展 ☐ ☐ ☐

發 展 中 ☐ ☐ ☐

熟　　練 ☐ ☐ ☐

㈡規律與關係	開學	學期末	學年末

1.能認出簡單的規律,並能複 尚未發展 ☐ ☐ ☐

製。 發 展 中 ☐ ☐ ☐

熟　　練 ☐ ☐ ☐

2.能依據一或兩種屬性將物品 尚未發展 ☐ ☐ ☐

分類。 發 展 中 ☐ ☐ ☐

熟　　練 ☐ ☐ ☐

3.能依一種屬性將物品依序排 尚未發展 ☐ ☐ ☐

列。 發 展 中 ☐ ☐ ☐

熟　　練 ☐ ☐ ☐

(三)數概念與運算		開學	學期末	學年末
1. 對算與數有興趣。	尚未發展	☐	☐	☐
	發 展 中	☐	☐	☐
	熟　練	☐	☐	☐

(四)幾何與空間關係		開學	學期末	學年末
1. 能辨認並說出幾種不同形狀的名稱。	尚未發展	☐	☐	☐
	發 展 中	☐	☐	☐
	熟　練	☐	☐	☐
2. 了解並能使用幾個位置詞。	尚未發展	☐	☐	☐
	發 展 中	☐	☐	☐
	熟　練	☐	☐	☐

(五)測量		開學	學期末	學年末
1. 了解並能使用比較詞。	尚未發展	☐	☐	☐
	發 展 中	☐	☐	☐
	熟　練	☐	☐	☐
2. 參與測量的活動。	尚未發展	☐	☐	☐
	發 展 中	☐	☐	☐
	熟　練	☐	☐	☐
3. 對時間有初步的了解。	尚未發展	☐	☐	☐
	發 展 中	☐	☐	☐
	熟　練	☐	☐	☐

四、科學思考

(一)觀察與研究		開學	學期末	學年末
1. 能以感官去探究教室內的材料與自然現象。	尚未發展	☐	☐	☐
	發 展 中	☐	☐	☐
	熟　練	☐	☐	☐

		開學	學期末	學年末
2. 能運用工具探究。	尚未發展	☐	☐	☐
	發展中	☐	☐	☐
	熟　練	☐	☐	☐
3. 能對觀察的物品做比較。	尚未發展	☐	☐	☐
	發展中	☐	☐	☐
	熟　練	☐	☐	☐
4. 能主動的研究以尋求問題的答案。	尚未發展	☐	☐	☐
	發展中	☐	☐	☐
	熟　練	☐	☐	☐

(二)質疑與預測		開學	學期末	學年末
1. 表達對自然世界的好奇，並能尋找資訊。	尚未發展	☐	☐	☐
	發展中	☐	☐	☐
	熟　練	☐	☐	☐

五、社會文化

(一)人類的異與同		開學	學期末	學年末
1. 開始辨認自己與別人的特點。	尚未發展	☐	☐	☐
	發展中	☐	☐	☐
	熟　練	☐	☐	☐

(二)人類的相互依存性		開學	學期末	學年末
1. 開始了解家庭結構與角色。	尚未發展	☐	☐	☐
	發展中	☐	☐	☐
	熟　練	☐	☐	☐
2. 能描述一些人的工作及所需的知能。	尚未發展	☐	☐	☐
	發展中	☐	☐	☐
	熟　練	☐	☐	☐

3.開始知覺到科技及科技對生活的影響。

	開學	學期末	學年末
尚未發展	☐	☐	☐
發展中	☐	☐	☐
熟　練	☐	☐	☐

㈢權利與責任	開學	學期末	學年末

1.開始了解為何要有規則。

	開學	學期末	學年末
尚未發展	☐	☐	☐
發展中	☐	☐	☐
熟　練	☐	☐	☐

2.知道成為領導的原因。

	開學	學期末	學年末
尚未發展	☐	☐	☐
發展中	☐	☐	☐
熟　練	☐	☐	☐

㈣人類與居住的地方	開學	學期末	學年末

1.對人類如何影響環境有興趣。

	開學	學期末	學年末
尚未發展	☐	☐	☐
發展中	☐	☐	☐
熟　練	☐	☐	☐

2.表達初淺的地理思考。

	開學	學期末	學年末
尚未發展	☐	☐	☐
發展中	☐	☐	☐
熟　練	☐	☐	☐

六、藝術

㈠表達與表徵

	開學	學期末	學年末

1.運用不同的藝術材料來探索材質。

	開學	學期末	學年末
尚未發展	☐	☐	☐
發展中	☐	☐	☐
熟　練	☐	☐	☐

2.能參與團體的音樂活動。

	開學	學期末	學年末
尚未發展	☐	☐	☐
發展中	☐	☐	☐
熟　練	☐	☐	☐

3.能參與創造性韻律與舞蹈。　尚未發展　☐　☐　☐
　　　　　　　　　　　　　　　發展中　☐　☐　☐
　　　　　　　　　　　　　　　熟　練　☐　☐　☐

(二)藝術欣賞	開學	學期末	學年末

1.對別人的作品感興趣。　尚未發展　☐　☐　☐
　　　　　　　　　　　　發展中　☐　☐　☐
　　　　　　　　　　　　熟　練　☐　☐　☐

七、體能發展

(一)粗動作發展	開學	學期末	學年末

1.能平衡及控制簡單的大肌肉活動。　尚未發展　☐　☐　☐
　　　　　　　　　　　　　　　　　發展中　☐　☐　☐
　　　　　　　　　　　　　　　　　熟　練　☐　☐　☐

2.能協調動作以執行較複雜的活動。　尚未發展　☐　☐　☐
　　　　　　　　　　　　　　　　　發展中　☐　☐　☐
　　　　　　　　　　　　　　　　　熟　練　☐　☐　☐

(二)精細動作發展	開學	學期末	學年末

1.能使力及控制來完成簡單的小肌肉活動。　尚未發展　☐　☐　☐
　　　　　　　　　　　　　　　　　　　發展中　☐　☐　☐
　　　　　　　　　　　　　　　　　　　熟　練　☐　☐　☐

2.能協調手眼以執行精細動作。　尚未發展　☐　☐　☐
　　　　　　　　　　　　　　　　發展中　☐　☐　☐
　　　　　　　　　　　　　　　　熟　練　☐　☐　☐

3.對書寫或繪畫工具有初步的控制。　尚未發展　☐　☐　☐
　　　　　　　　　　　　　　　　　發展中　☐　☐　☐
　　　　　　　　　　　　　　　　　熟　練　☐　☐　☐

(二)個人的健康與安全		開學	學期末	學年末
1.能獨立自理一些事情。	尚未發展	☐	☐	☐
	發展中	☐	☐	☐
	熟　練	☐	☐	☐
2.遵守基本的健康與安全規則。	尚未發展	☐	☐	☐
	發展中	☐	☐	☐
	熟　練	☐	☐	☐

樣張

尚未發展：兒童無法展現指標行為。

發展中：兒童間歇性地展現指標行為。

熟　　練：兒童穩定地展現指標行為。

開　　學：上學期開學六至八週左右。

學期末：上學期學期結束時。

學年末：一學年結束時。

第四節 五歲幼兒的發展指引
（五～六歲；幼稚園大班）

一、個人與社會發展

這個領域有兩個焦點：(1)兒童對自己的感覺：教師可以從觀察兒童、聽他們說話、與家人談論來了解兒童對他們自己的感覺。此焦點包含的指標有：對自己作為一個學習者的看法、他們對自己與對別人的責任感。(2)兒童的社會發展：包括兒童與同儕、成人、家人的互動；尤其重要的是，兒童交朋友、解決衝突及在團體中運作等技能的發展。

(一)自我概念

1. 對自己有自信

自我知覺與正向的自我形象是透過與別人的互動及自己有能力的經驗而建立。具有正向自我感覺的五歲兒童會有下列的行為：

➡有信心地進入一個已存在的團體，認為他會被接受。

➡在戲劇性扮演或積木活動時，會指定自己要扮演的角色。

➡當嘗試新事情時，能接受自己的笨拙或錯誤。

➡享受創造的過程，也期待別人欣賞自己的成就。

➡向一些正常的兒童解釋自己的殘障或特殊的地方以及自己如何因應。

2.主動尋求及從事活動

獨立思考及活動的能力使兒童能在生活中創造及為自己的生活負責任。兒童在開始擴展他們的獨立能力時，常需要大人的協助。一些獨立行為的例子為：

➡能自行開始方案，並能在不需教師很多指示的情況下完成。

➡能自行尋找方案所需的材料，如：想要蓋一棟房子時，會找紙箱、剪刀、膠帶來建造。

➡能自己找到戶外活動的衣服，穿衣時不需教師太多的幫忙。

➡會自行幫忙做教室內的雜事（如：掃地板上的沙、澆花、幫忙擦拭灑出來的果汁）。

➡收拾時，會把積木依類別疊好。

(二)自我控制

1.遵守教室常規及從事教室例行性活動

在團體中運作良好的兒童知道且接受該團體的規則。五歲的兒童正在學習這個技能，有時還一板一眼地要求同儕要完全遵守規則。當他們知道教室內的一些例行性活動時，他們通常比較放鬆，會再依照教室的作息規畫自己的活動。一些代表這個能力的例子為：

➡知道工作角規定一次只能有三個人，會先去做其他的事，等到有空缺時再去。

➡了解點心時間快到了，沒有時間再拿一件玩具出來玩或再蓋一個東西。

➡戶外活動時間到了，等大家都穿好外套時，才出去外面玩。

➡開始另一項活動前，會先把拼圖放好；或離開語文角（或視聽角）前，會先關掉錄音機。

2.有目的地使用材料，並尊重材料

　　五歲兒童在學校所面臨的重大挑戰之一是如何照料材料。在學校裡，兒童要學會細心的使用及收拾材料，這樣，別人才能繼續使用或容易找到它們。例如：

➡使用材料時，沒有毀壞或破壞材料。

➡有目的地使用材料，如：彈鋼琴時是彈曲子，而不是亂彈。

➡將扮演角的衣服掛在適當的鉤上。

➡適當地使用剪刀剪東西，用完後擺回固定的位置。

➡玩沙箱時，會注意不把沙子灑到外面。

➡把積木從櫃子裡拿出來蓋東西，而不只是把櫃子掏空而已。

3.能適應活動上的轉換及變化

　　對幼兒而言，適應或接受活動上的改變通常是相當困難的。不過，改變是成長不可或缺的一部分。五歲的兒童開始適應改變，並學到不同的場合需要有不同的行為。兒童顯現出這種彈性的例子有：

➡順利地從一個活動轉換到另一個活動（例如：從自由活動轉換到收拾；從說故事時間轉換到準備回家）。

➡從家裡到學校沒有太多或長時間的焦慮。

➡對來校訪問的客人表示歡迎之意後，能繼續先前的工作。

➡在圖書館內，記得小聲說話。

㈢學習方式

1.對學習有熱忱及好奇

　　五歲幼兒是個積極的學習者，對周遭的環境感到好奇與興奮。他們在遊戲中展現好奇，有時當他們有一些想法時，會很堅持自己的想法。例子包括：

➡對於教室內的新東西（例如：一堆落葉，或從海邊撿來的貝殼）感到興奮與好奇。

➡提出有意義及適當的問題。

➡對其他兒童所說的故事及事件有興趣。

➡看著一張城堡的圖片，試著用積木蓋城堡。

2.會選擇新的及多種熟悉的教室活動

雖然有些兒童會重複地選擇熟悉的活動，但有些兒童卻不願去嘗試新事物或冒一些風險。能獨立選擇的例子為：

➡在自由活動時間選擇新的活動，例如：第一次嘗試木工角或電腦區。

➡對教師提出的新機會或經驗感到興奮，例如：教師介紹的大拼圖。

➡因為遊戲或工作的吸引而選擇某項活動，並不是因為跟隨朋友。

3.做事有彈性及創意

在嘗試不同的方式來完成事情時，五歲的幼兒通常需要協助與鼓勵。許多兒童不願意嘗試新事物，因為如果他們失敗了，隨之而來的通常是一些負面的解釋。嘗試錯誤能培養與鼓勵創造力。當兒童嘗試解決問題失敗後，他們需要知道何時及向誰尋求協助。願意冒風險及富彈性的例子有：

➡嘗試以幾種不同的方法來解決一個問題（例如：用不同種類的積木嘗試蓋一個建築物的屋頂）。

➡以幾種不同的方法摺紙或剪紙來製造飛機或風箏。

➡失敗時，會以可接受的方式表達挫折。

➡以幾種熟悉的材料創造出新東西（如：以牛奶紙盒及膠帶造出一台相機）。

4.能持續專注做一件事（即使遭遇到問題）

當事情超越他們的能力時，五歲的幼兒通常很挫折，他們可能需要

鼓勵以繼續嘗試及培養堅持性。他們也可能需要支持，以了解在剛開始時犯一些錯誤或失敗幾次是學習與獲得技能中很重要的一部分。一些例子如：

➠嘗試好幾次以解決一個問題（例如：組合一個拼圖、以膠水黏貼一個立體的撕紙畫）。

➠對一個長期性的工作每天持續（如：定期替播下的種子澆水、每天記錄豆子成長的情況、定期讀溫度計上的溫度並記錄下來）。

➠每天繼續同一工作直到完成（如：連續幾天雕塑黏土）。

四 與 他 人 的 互 動

1. 易與其他兒童遊戲或合作

五歲的兒童開始學習如何與其他兒童合作、聽同儕說話、以合作的方式解決問題。有些五歲的幼兒仍難與不熟悉的同學互動，他們通常需要教師的鼓勵去嘗試與新的同伴一起活動。兒童正在發展互動技能的例子有：

➠順從同學的建議來進行遊戲（例如：聽了一位同學的建議，決定以大空心積木來搭建火車站）。

➠協助正在解決某問題的同學（例如：協助同學拉外套的拉鍊或繫鞋帶、幫忙把樂高積木分成三份）。

➠選擇與新的玩伴一起活動。

➠協助同學擺設點心要用的餐巾紙與杯子。

2. 容易與大人互動

很多五歲的幼兒比較容易與大人互動和交談，他們自在地與大人互動的例子有：

➠到校時，與教師或其他大人打招呼。

➠輕鬆自在地向教師敘述事情或發生的事。

➡與學校中的其他大人（如：監護人員、餐廳的管理員、警衛）互動良好。

3.能參與教室內的團體生活

　　如果曾有學校經驗，五歲的幼兒會很容易順從團體的期望。他們對友誼的意義很感興趣：「什麼叫做『好朋友』？」、「友誼是怎麼一回事？」這個興趣協助他們參與團體，因為他們想要跟朋友在一起。五歲的幼兒也很希望在生命中建立秩序，也堅持要有一致性的活動程序，這個「秩序」給與他們一種控制感。五歲的幼兒顯現這種對團體生活了解的例子有：

➡參與團體性的活動（如：團體討論、音樂或說故事時間）。

➡知道教室的作息（如：收拾之後是點心時間，點心之後是安靜閱讀時間）。

➡記得在烹飪活動之前洗手。

➡結束一項活動、進行另一項新活動之前，將玩具及操作性玩具收回到適當的位置。

➡協助一位同學尋找不見了的玩具。

➡在討論時傾聽，並能提供想法或規劃活動。

4.能參與教室的活動並遵守規則

　　對五歲幼兒而言，在遊戲中「贏」還不如運用及學習遊戲所需的技能來得重要。他們比較在意自己能玩得多好，而不在得第一。五歲的幼兒顯現合作遊戲能力的例子有：

➡參與簡單而不具競爭性的遊戲。

➡能等待輪到自己。

➡在遊戲開始後才訂立規則的情境下，能適應且與別人合作地玩。

➡玩簡單的撲克牌遊戲，如：抓烏龜、配對。

➡玩猜謎遊戲。

➠加入小組，到圖書館去。

➠在團體活動中，是觀眾，但也是積極的參與者。

5.對他人表現同情與關心

有些兒童會自然地表達對別人的關懷與了解，而有些兒童則需要教師的指引及支持來獲得這些技能。兒童表現同情與了解的例子有：

➠當同學失去寵物時，會顯得難過。

➠當一位同學跌倒受傷時，會很關心且想去幫助他。

➠當一位同學的積木建構物倒塌時，會試著幫忙。

➠幫助同學撿起灑落一地的蠟筆。

➠幫沒辦法拿東西的孩子拿東西。

(五)衝突解決

1.需要解決衝突時，會尋求大人的協助

這個年紀的兒童仍然需要大人的指引來解決衝突。兒童正在學習這些技能的例子有：

➠當有另一位孩子也想玩同一個積木時，會尋求協助。

➠使用大人建議的話語去解決衝突。

➠活動中斷或被打擾時，會妥協，例如：當遊戲進行到一半時，有一個孩子想加入，會在適當的時機讓他加入。

2.會以言語解決衝突

使用話語及策略來解決衝突，例如：彼此同意的公平交易或輪流是五歲兒童正在發展的技能。他們仍然需要大人的支持與示範來使用話語解決衝突及妥協。兒童顯現正在獲得這項技能的例子有：

➠以協商、說出自己的權利及考慮另一位兒童的需求等方法來解決與同儕的爭議，例如：「我用漿糊黏完這兩張紙，就給你。」

➡能輪流而不推擠或引發其他衝突。

➡能分享而不強取。

➡使用話語來表達感受，例如：「我不喜歡你推我。」

二、語言與文學

此領域的功能分項與指標強調傳達及解釋意義的語言技能，所有的分項都融合多重技能，而非單獨的技能。兒童就像他們學會說話一樣，以自然而緩慢地、逐漸趨近大人的方式學會讀和寫。

㈠聽

1. 在討論及會話中，能傾聽以了解意義

五歲的兒童已能注意不是專對他個人而發的話語或指示。有些兒童很難在團體教學或團體討論中傾聽。聽力障礙的兒童可以使用肢體語言、手勢、點頭搖頭、用手指點，或其他肢體方式來表達他們的了解。兒童展現他們正發展此技能的例子有：

➡了解教師對全班學生所說的指示，而不需立即問教師要自己做什麼。

➡能知道同儕話語後面的意圖，例如：惹禍之後的道歉。

➡在團體討論中，以肢體語言（例如：身體向前傾）或面部表情（如：皺眉或微笑）表達了解。

➡了解故事或錄影帶所傳遞的訊息。

2. 能依從一系列的指示行事

兒童常常會忘記指示或常在完成工作前分心。專心及記憶的能力對於邏輯思考的發展很重要，它們能讓兒童連結想法、達成結論。兒童展現此技能的例子有：

➡能不需提醒而依從一套指令（例如：能順利完成到戶外活動所需做的所有程序）。

➡在同學離開教室前早一步離開，去傳話給學校的秘書，然後再到遊戲場上加入同學。

➡記得稍早的指示（如：吃完點心後不到平常去的圖書區，而要去團討區）。

➡複述一套指令給同學。

(二) 說

1. 說話清楚，能在討論及會話中表達意思

雖然清楚的發音對某些五歲幼兒還是相當困難，但大部分時候，他們的語言應該清楚且可以了解。這個指標也可在觀察兒童使用其他溝通系統（如：手勢、身體姿態、溝通板）時評量。要注意的是，很多大班的兒童還沒有很多會話或說長一點話語的機會。兒童顯示正在萌發此技能的例子有：

➡能以非短句複述早上發生的事。

➡能依順序說故事。

➡以句子的形式問問題，而非以幾個字問問題。

➡以互動方式參與會話。

➡能將教師的訊息傳遞給學校的秘書。

2. 能運用語言來達到不同的目的

五歲幼兒常會對字及其發音感到好奇與興奮，例如：押韻的字、創新詞、試說笑話、創造雙關語。這個興趣顯現在下列的行為裡：

➡寫出一串押韻的字、詞，包括自己發明的。

➡嘗試在句子中使用新的字、詞。

➡告訴同學一個笑話，或自己創造笑話。

➠針對其他兒童所報告的事件能提出相關的問題。

➠向全班同學解釋特別文化內的用語。

(三)文學與閱讀

1.喜歡聽人家說故事

「興趣」是兒童傾聽技能的關鍵，他們可以坐很長一段時間傾聽一個好聽的故事，但如果被要求坐正、聽一些沒有興趣的東西，他們很快就會坐立不安，扭來扭去。顯現他們正發展此技能的例子有：

➠以很期待、愉悅的態度加入團體說故事時間。

➠了解在團體中所聽到的故事，並能討論故事中人物行為的意義。

➠要求大人在故事時間或自由遊戲時間，唸他喜愛的故事。

➠到語文角去聽故事錄音帶。

2.對閱讀有關的活動有興趣

當兒童開始熟悉書本後，他們會開始獨立的探索書中豐富的資訊。這個興趣與探索對於學習閱讀是很基本的。兒童顯示開始對書本感興趣的例子有：

➠在自由遊戲時間看書。

➠以圖片或記憶作為線索，假裝在閱讀一本書。

➠聽故事錄音帶，並同步翻閱該故事書。

➠看書以尋找有關造路機器的資訊，或找出某一種恐龍的名稱。

➠要求大人讀新的書或不同的書。

3.能運用圖片或內容來預測故事的下一步

當兒童更投入故事的內容時，他們常常或希望把自己的想法放進故事內。五歲的幼兒參與閱讀過程的例子有：

➠看著圖片猜測接下來會發生什麼事。

➡基於故事到目前為止的發展，預測故事主角接下來會發生的事。

➡看一本書的封面，猜測書的內容是什麼。

➡從書的標題或名稱，猜測書或故事的內容或情節。

4.複述故事內容

　　能依序複述故事且了解故事的內容對閱讀技巧而言是很重要的。兒童顯示他們能複述故事的例子有：

➡依序複述故事。

➡與同學一起演出布偶戲，表演一個最近才讀給他們聽的故事。

➡參與一個故事的遊戲。

➡記得一個故事的主要事件。

➡討論為何故事以這樣的結局結束。

➡思考一個故事人物的意圖。

5.能了解話與字之間的關係

　　早期的閱讀技能包括了解書寫符號所代表的字詞永遠都是一樣的（如：「出口」的標誌、教室內每樣物品上所貼的名稱）。兒童開始了解這些字、詞是用來傳遞某些特定的訊息、想法。兒童表現出有這種知覺的例子有：

➡能從教室的名單中找出自己的名字，而且也可以認出朋友的名字。

➡開始認得最喜歡的書裡某些熟悉的字詞。

➡有一系列一看就認得的字。

➡詢問在教室內所使用符號的意義（如：「出口」，或是教師貼在魚缸上的「魚」）。

➡玩電腦遊戲時，能開始認得關鍵字或符號。

(四)寫

1.能以像字的形狀或字來寫詞彙或想法

　　一旦兒童開始了解書寫可以把他們的想法傳遞給其他人時，即使他們不具備傳統的書寫與拼音技能，他們也會投入於寫字的工作中。這個年紀的兒童喜歡：

➡指認在鍵盤上的注音符號。

➡唸出他們寫在日誌上的故事，即使他們所用的書寫符號或拼音非常獨特，只有他一個人懂。

➡寫一些像字的符號來實驗書寫符號或捕捉一個想法。

➡在電腦上輸入自己的名字或其他字。

➡寫一些熟悉的字，有時會尋求拼音或寫字方面的協助。

2.當工作或遊戲需要時，能抄寫或自己寫字

　　當兒童發現在一個積木作品前所放置的類似「請保留」的標示有作用時，他們開始了解寫字的威力。兒童顯示他們了解書面文字威力的例子有：

➡抄寫一些字來傳達訊息，如：抄寫「停」、「開始」。

➡了解在一項作品上寫上他們的名字，可以表示這是他做的。

➡了解到為一幅圖畫或一個故事創造標題可以傳達這幅圖畫的故事。

➡抄寫當天要帶回家的通知。

➡為扮演遊戲區做標示，如：「醫院」、「鞋店」。

➡抄寫教室四周的標語。

➡用鍵盤打出自己的名字或一段話。

三、數學思考

此領域是有關兒童數學思考與解決問題的方法，重點在於學生如何獲得及使用策略以了解及解決數學問題。數學是關於規律（patterns）與關係（relationships）及為問題尋求多種解決方案的領域。此領域強調數學的內容（概念與程序），但重點在於了解與應用內容。

(一)數學思考的方式

1. 對解決數學問題有興趣

數學思考牽涉到程序性思考，需要運用所知的資訊去推出結論、提問題及應用策略找尋答案。五歲的幼兒已可學習有關的問題，也發展了一些簡單的解決問題的策略。當他們遊戲或與人互動時，顯現這項萌發技能的例子有：

➡提問題以澄清問題，例如：「新的兔籠夠不夠裝所有的兔寶寶？」

➡運用具體的物品做猜測與檢查以解決問題，例如：想出如果每個小朋友吃半個蘋果當作點心，那麼全班總共需要多少顆蘋果？

➡非正式的預估，例如：從這邊蓋一條道路到那邊需要多少積木，然後，實際蓋道路來檢查這個猜測正確與否。

➡玩解決問題或小學數學概念的電腦遊戲。

2. 能運用語言來描述數學想法

當教師詢問學生他們如何知道吃點心時每一張桌子需要多少塊餅乾？他們如何組合一幅拼圖？或他們為什麼這樣設計一個積木建築？教師是在鼓勵兒童在數學與幾何思考上附加語言。兒童說出思考的例子有：

➡解釋他們之所以選某一塊拼圖的原因，是因為它的形狀與另一塊相

合。

➡告訴一位同學或教師，他們剛剛蓋了一個全校最大的積木建築。

➡解釋他們把所有的長積木放在一箱，所有的短積木放在另一箱。

➡在角落內玩的時候，使用不同的量詞或量的語彙。

➡在沙區要求一個較大的容器，因為他們要塑造一個大建築物或要搬運很多沙。

(二)規律與關係

1.能認出規律，並能複製或延伸規律

兒童在玩具體物品時獲得數學思考技能，所以讓孩子用一些抽象的數字在紙上運算沒辦法讓孩子對量、質及關係有內在的了解，孩子是靠使用實際的物品獲得這份了解。他們開始了解規律（數學思考的部分基礎）的例子包括：

➡看出串珠的規律，決定下一個珠子的種類或顏色，以繼續這個規律。

➡能重複某種拍手的節奏（如：快拍兩下、停一下，慢拍兩下、停一下）。

➡能認出電腦遊戲中的順序。

➡能使用不同的材料（如：樂高玩具、圖形積木、數字棒等等）創造出規律，並能描述規律。

➡以彩色筆或手指畫實驗規律。

2.能依據一種規則將物品分類或比較

把物品依多個特性分類對這個年紀的兒童而言是相當困難的，他們一次可以看出一個特性，但還沒辦法統整多個特性，如：顏色和形狀。同樣的，他們可能知道動物是四隻腳、有毛的，但是，無法將動物分為野生或家飼的。顯現分類及比較技能的例子有：

➡以顏色將物品分類。

➟依自己的規則將一盒釦子分類（如：這些的表面都粗粗的，這些都細細的；這些中間有兩個洞，這些有四個洞）。

➟說明某些物品被分類的規則。

➟注意到這些圖形積木有六個邊、是黃色的；那些積木有三個邊、是紅色的。

3. 能依幾種屬性將物品依序排列

依一個特性將物品依其順序性的變化（如：從小到大、從短到長、從小聲到大聲）做分類與比較，稱為排序。排序是日後探索數、量、數學關係等的先備技能。排序是看差異性，而分類是看相同性。五歲的幼兒開始只能排列四、五個物品，逐漸地，增加到八或十個。排序的例子有：

➟從短到長排列四根棒子。

➟以葉子黏貼成畫，從最小的葉子，或最光滑、最亮的開始貼。

➟陳列石頭，從小排到大。

➟在教室的任何角落中，以某種有計畫的順序排列物品。

(三)數概念與運算

1. 了解數及量的概念

五歲幼兒通常可以數數到二十，但是很多幼兒還不能做一對一的對應（邊指邊數，每一樣物品給一個數目）。即使幼兒能做一對一的數，他們不一定能將數的數與實際物品的數或與數目連起來。了解數與量的關係的例子有：

➟在數完圓圈的人數之後說：「今天有九個人。」

➟圖書角每次能容納六個人，會拿出足夠的地毯塊放在那裡。

➟宣布說他們從遊戲場帶回來了八塊石頭。

➟使用數學詞句顯示他知道五個小孩、五個杯子、五輛卡車、五塊積

木都共有的數的特性。

➡運用日曆，計算到戶外教學還有幾天。

2.開始了解量與量之間的關係

　　一旦兒童熟知數的運用以及數與量的關係後，他們就開始探索不同量之間的關係。他們會對數的一致性（如：五永遠是五）著迷，但同時他們也開始學到數也可以改變（當加上或拿掉物品時）。他們了解量的證據包括：

➡算算兩堆積木，能指出哪一堆的積木比較多，哪一堆比較少。

➡確認五個大型物品合在一起跟五個小型物品合在一起，兩者在數量上是一樣的。

➡說明當我們從六個物品中拿掉兩個，所剩的四個物品在量上是比較小的。

➡能說明當我們加上或拿掉東西時，原來的量就會改變。

㈣幾何與空間關係

1.能辨認、說出名稱及創出不同的形狀

　　當兒童玩大積木、桌上型小積木、圖形積木、形狀板、木釘板、幾何板時，他們獲得對形狀的了解。這樣的具體經驗對日後幾何思考與問題解決很重要。當五歲幼兒在環境裡遊戲與工作，他們獲得幾何概念基礎的例子有：

➡認出圓形、方形、長方形、三角形，並能以不同的材料（如：蠟筆、幾何板、摺紙）創出這些形狀。

➡指認形狀相同但大小不同的物品。

➡描述形狀的特性（如：它有三個邊、每一邊都是直的）。

➡能在環境中找出形狀並命名正確。

➡畫不同的形狀並加以命名。

➡使用形狀詞來命名積木。

2.了解並能使用位置詞

在了解與發展出空間知覺及對稱感、平衡感的同時，兒童也學習位置詞及位置概念。他們從發現、實驗及下列的經驗中學習這些概念：

➡把一個物品擺在桌上盒子的裡面與外面、後面與前面、下面與上面、旁邊。

➡了解這個東西（如：桌子）離我比較近，離你比較遠。

➡把積木放到小動物模型的旁邊。

➡知道誰坐在老師旁邊，誰坐在他前面。

➡在娃娃家玩扮演遊戲或蓋積木時，使用位置詞。

➡在遊戲活動時，自發地使用位置詞。

(五)測量

1.了解並能使用比較詞

五歲的幼兒對比較大小、形狀及量很有興趣（如：「我的卡車比你的大」、「你的冰淇淋比我的大」）。五歲時，兒童逐漸熟練於用測量來確認他們的假設。兒童顯現了解測量用詞的例子有：

➡說某小孩的水桶裝的水比另一個小孩的多。

➡注意到某小孩比另一個小孩高。

➡知道人太多，餅乾太少，沒有辦法每個人都分到一塊餅乾。

➡在玩積木、玩沙或玩數目棒時，會使用測量的用語。

➡在學校時，會使用比較性質的測量用語。

➡注意到學校大門比教室的門重。

2.以非標準的單位評估及測量

當大人能接受孩子的想法時，兒童很會創造他們自己的測量單位。

他們很熱中於知道自己的猜測是否正確。例子包括：

➡猜測他們所選的容器夠不夠裝他們的彈珠。

➡預測小鳥的巢跟五塊積木一樣重。

➡說明他們所建的道路用了七塊積木。

➡使用常見的棒子測量，來比較物品的高度與長度。

3.對常用的測量器具有興趣

兒童對大人使用的工具及器具很感興趣。雖然傳統測量工具對他們而言通常沒有意義，兒童仍然很有興趣嘗試這些測量工具，看看是怎麼回事。例如：

➡要比較物品的重量時，會使用天平。

➡把測量工具融入扮演的遊戲中（如：我們需要量杯來做鬆餅）。

➡在水槽，使用量杯量水；或在烹飪角用湯匙、小湯匙來加料、做餅乾。

➡用尺量一個盆栽的高度。

➡使用教室內的測量工具（如：磅秤、尺、杯子）來從事烹飪、建構，及科學活動。

4.對時間有初步的了解

對五歲的幼兒而言，了解時間的概念、知道一天或一個禮拜有多長，是很困難的事。他們開始以較概念式的話語來談論時間：

➡談到戶外教學的時間時，說：「那天的前一天我有去學校。」

➡說他花了全部自由活動的時間在種植物的種子。

➡提到在午餐後到外面去。

➡知道現在是冬天，因為外面在下雪。

➡告訴同學：「四月是我的生日，我就要變成六歲。」

➡與同學討論季節（如：冬天、夏天）的特性。

➡開始在會話時使用適當的時間或順序的用詞。

(六)機率與統計

1. 能蒐集資料,並以條列或圖表的方式做記錄

五歲的幼兒開始了解片段的訊息可以組織成相關的模式。他們需要老師的指引,把他們的觀察以條列方式或圖表記錄下來。例子包括:

➡在種豆子的記錄表上畫上一條線,記錄它的成長。

➡在積木角設立一個表,記錄每天由誰先選積木。

➡列出每天給天竺鼠的食物,然後做上記號表示哪些吃了、哪些沒吃。

➡與教師製作一張表,記錄孩子帶來的午餐內容。

➡在教師的指引下,徵求大家的意見,並將結果畫成表。

四、科學思考

此領域是有關對於自然及物理世界的思考與探詢的方法,強調科學探究的過程,因為過程是所有科學教育及科學內容的基礎。此領域的焦點在於兒童如何主動的透過觀察、記錄、描述、質疑、形成解釋與達成結論來從事科學探究。

(一)觀察與研究

1. 能以感官去觀察生物與非生物的特性與行為

對五歲幼兒而言,科學思考的第一步是用他們的感官來感受他們的環境。在此年紀,目的是要鼓勵他們的好奇與興趣,而非找尋正確答案。當兒童能觀察、操弄、實驗時,他們就會熟悉環境。兒童觀察技能的例子包括:

➡注意到泡泡從水管中冒上來。

➡注意到昆蟲移動的方法不同（如：爬、跳、飛）。

➡把太白粉放在手上，探索它的感覺、質料，及它如何滑動。

➡仔細檢查鳥巢，並質疑它是怎麼蓋成的。

➡聞不同的花，比較他們的味道。

2.能運用工具蒐集資訊

五歲時，幼兒對使用放大鏡等工具很有興趣，因為他們把這些工具與大人的活動連結在一起。科學工具不只包括觀察工具，還包括動力設計（如：引擎、滑輪）、技術工具及測量工具。兒童顯示他們對科學工具的興趣的例子包括：

➡用一個放大鏡看所有的東西。

➡用天平來探索重量。

➡在沙區，用管子、隧道實驗。

➡檢查腳踏車的齒輪、鍊子，及齒輪的釦鍊，試著看出它們如何讓輪子轉動。

➡翻閱鳥類指引，試圖查出在窗外看到的鳥叫什麼名字。

3.能對觀察的物品做比較

在觀察環境後，五歲的幼兒需要教師的協助，將他們的觀察組織起來，以協助做進一步的發現。他們很喜歡把物品分類、看出自然中的模式、注意到相同及不同之處、畫出他們所看到的、把他們所觀察的口述成一個故事。兒童顯現他們有能力比較及組織觀察的例子有：

➡注意到濕沙與乾沙的不同，在建構沙建築物時，會運用濕沙和乾沙。

➡尋找落葉的模式，好奇為何有的葉子變紅，有的變黃。

➡將動物分類：用跳的、用跑的、用飛的。

➡在報告觀察結果時，變得比較清晰、確實。

➡比較撕貼畫的各種材料的材質。

4.能主動的研究以尋求問題的答案

此年紀的兒童需要協助以發現答案或了解他們的觀察。兒童尋求資訊的方式有：

➡試著了解為何在虹吸現象之後，水會向上流。

➡把觀察結果用表記錄下來，做追蹤；或把觀察到的畫下來。

➡在教師的協助下，想出如何探究他們所觀察到的現象。

➡設計實驗來發現有關浮沈、磁鐵、電池與電燈泡的資訊。

➡回憶觀察並查閱書籍，將人類移動的方式寫下來（如：搭電扶梯、電梯、火車、飛機、公車）。

(二)質疑與預測

1.表達對自然世界的好奇，並能尋找資訊

大部分五歲的幼兒不需要教導或督促，就能學習問「為什麼？」，但是他們需要協助集中觀察的焦點以及使用觀察來衍生新的資訊。他們顯現對科學探究日漸滋長的興趣的例子有：

➡操弄有輪子的車輛、斜坡，及不同形狀的物品等，以發現無生命的物品如何移動。

➡透過研究洞穴、巢，及樹枝來探索動物的居處。

➡帶來一堆在上學途中撿到的石頭，然後用放大鏡看這些石頭，發現其中有些差異，並探究為何有些石頭有細條紋，而有些是斑點。

➡展示並探究帶來的昆蟲、鳥巢或種子。

(三)解釋與形成結論

1.能依據觀察與探索形成解釋

科學思考需要觀察、做結論、對未來事件提出解釋。當兒童在教師

的支持與指引下組織所蒐集的資訊時，可以開始猜測所觀察到事物的原因，雖然他們的原因未必具有科學上的正確性。具有此種思考的證據有：

➡解釋海螺的殼因為有那些隆起，所以裡面的空間就會大一點。

➡猜測海綿在水裡會沈，因為它比會浮的塑膠船大。

➡提供解釋，說明為何顏色混在一起會產生新的顏色。

➡猜測什麼條件（如：水、光、肥料）會幫助植物成長。

➡預測教室所養的寵物會吃什麼食物、不吃什麼食物。

➡設計一個實驗，並重複做數次，以測驗自己的預測。

五、社會文化

此領域強調對社會與文化的了解，兒童從個人經驗及從別人的經驗中學習獲得這些領悟。當兒童研究人類過去與現在的一些主題，他們會了解有關人類相互依存以及人與環境間關係。

(一)人類的異與同

1. 開始了解自己與別人之間有共同及不同的特點

五歲的幼兒可能還是自我中心的，他們可能沒有很多機會接觸不同種族文化或不同生活風格的人。兒童或許會覺得有些差別很恐怖或不舒服，但是透過探索班上同學的特性，他們的經驗很容易就可以被擴展。例子包括：

➡與一位聽障兒說話，了解帶著助聽器跟沒帶助聽器時能聽到什麼。

➡探索每個人的相似處與相異處，如：每個人都有頭髮，但是頭髮的顏色、粗細、長度各有不同。

➡探索全班同學的高度，作成表格，討論高個子與矮個子的優點。

➠找出為什麼某位孩子跑不好的原因，然後向其他孩子解釋：當有一
　　隻腳比另一隻腳短時，會造成跑或走的困難。

➠探索柺杖、輪椅、助步器的使用。

2.能辨認習慣、生活形式與文化之間的異同

從觀察同學的繪畫內容、戲劇扮演中的互動以及從家裡帶來的東西
中，五歲幼兒開始感覺到同學的不同文化。這個年紀的兒童可以開始探
索不同的生活風格，並隨著經驗、知識與教師的支持，他們可以克服對
差異的懼怕，轉而對於新的生活方式感到興奮與接受。兒童展示他們正
發展的興趣與接受的例子有：

➠探索雙語兒童在家所用的語言，並學習說幾句話。

➠品嚐不同文化的孩子所帶來的點心，並探索這些點心與節慶的關係。

➠和同學討論與他同住的人，如：姊妹、伯母、祖父母、同性家長、
　　單親。

➠在扮演遊戲中探索同學在家中所經驗的習慣、節慶，及生活風格。

（二）人類的相互依存性

1.開始了解家庭結構與角色

五歲的幼兒持續地探索不同的家庭角色，且檢視別人的家庭，看看
是不是跟自己的家庭一樣或不一樣。他們持續地透過戲劇遊戲及與別人
的會話中學習。例子包括：

➠研究家庭結構，例如：家庭在人口數及成員上的不同。

➠看同學的家庭照，討論各種不同的家庭結構及成員。

➠與一位同學討論各自所慶祝的節日，如：萬聖節、越戰紀念日，或
　　特別的宗教或種族節日。

➠在烹飪角，討論每個人在家裡所吃的食物。

2.能描述一些人的工作及所需的知能

五歲幼兒已可以研究社區內一些協助人們生活的人員與角色。他們通常很有興趣去研究郵件傳遞系統、垃圾回收與處理系統；他們仍然對醫生、消防人員、警察很有興趣。他們展現這些興趣的例子有：

➥假裝是一個店員或郵差，找了別人參與他這個遊戲，提出有關這些工作的執行方式或他們使用的工具。

➥假裝是教師，討論為何需要教師，並研究教師可以扮演哪些角色。

➥假裝是自己的爸爸或媽媽，每天去上班，想出他們上班時在做些什麼。

➥以任何藝術形式（如：戲劇扮演、音樂、畫畫、積木、沙）來表達某一行業的角色，包括該工作所用的工具。

3.開始知覺到科技及科技對生活的影響

五歲幼兒對於他們周遭世界的科技（如：電視、電話、電動遊戲、錄放影機、微波爐、電腦）很有知覺，他們通常比老一輩的大人還要熟悉電腦及錄放影機。兒童顯現了解科技影響他們生活的例子有：

➥用樂高玩具、積木或錫玩具建造機器。

➥用顯微鏡看一些「看不見的」東西。

➥用教室內的電腦玩學習遊戲。

➥將空心積木變成火箭控制中心。

➥假裝用拍立得相機照相。

➥開始用電腦作文字處理。

(三)權利與責任

1.知道每個規則的原因

從討論教室內及學校發生的問題以及參與制訂規則中，兒童會產生

對制訂規則與法律的了解。兒童顯現他們了解制訂規則的例子有：

➡協助制訂在沙區遊戲的人數，並討論為何要制訂這個規則，以及如果不遵守規則的話會有什麼狀況發生。

➡討論交通規則的理由並扮演角色，如：紅綠燈、斷線與連續的線、停的號誌、道路督導員及警察的角色。

➡研究不同的家庭規矩，如：家裡有些什麼規矩？有哪些家庭的規矩很像？

➡向一位同學解釋教室的規則。

➡說出學校的規則中，哪些是適用每一個班級的，例如：在走廊上要輕聲慢步。

2. 知道成為領導的原因

當孩子五歲時，他們開始滋生領導的概念。他們可以看到教師與校長如何讓事情有序地進行，可以為不同的教室活動選擇適當的領導人物。當他們確認社區內的領導人物（如：圖書館館長、市長）時，他們可以將領導的概念擴展到社區。兒童顯現他們對領袖角色的初步了解的例子有：

➡在扮演遊戲中扮演教師或消防隊長。

➡跟同學談論在點心時間或團討時間要有人「負責管理」。

➡決定要當積木搭建活動的領袖。

➡製作一本有關學校或社區內各種事情的領導人物的書。

四 人類與居住的地方

1. 對人類如何影響環境有興趣

五歲幼兒才剛開始以較普遍及抽象的方式考慮環境。在教師的支持與指引下，兒童可以開始看到人類照顧與傷害周遭世界的方式。兒童顯現這個才開始的知覺的例子如：

➠回收午餐盒及其他紙製品，並討論如果這些東西被丟到垃圾桶的後果。

➠與同學及教師分享他看到公路上垃圾亂丟的情況，並建議兒童可以如何改善這個問題。

➠參觀一個水池或湖，討論他們找到什麼、哪些是屬於那裡的、哪些是人類遺棄在那裡的、他們喜不喜歡。

➠討論回收紙、瓶罐的方法，並對為什麼要這樣做有興趣。

2.表達初淺的地理思考

五歲的幼兒可以了解自己家到學校或到朋友家的地理關係。他們開始了解自己教室的地圖。兒童顯現地理思考的例子有：

➠以積木蓋一條熟悉的街道，並將家及商店依其適當的位置擺設。

➠畫教室的地圖，顯示出窗戶、桌子、活動區、角落的位置。

➠描述在回家的路上他們所看到或經過的。

➠畫一張地圖或以圖表示自己的房間。

➠用絨布板顯示出一個物品在教室中的位置。

➠用積木來表示遊戲場的樣子。

六、藝術

此領域是有關兒童主動或被動地從事藝術的活動（舞蹈、戲劇、音樂、美術）的表現。其功能分項主要在看兒童如何運用藝術來表達、表徵，及統整他們的經驗、想法與情緒，以及兒童如何發展他們對藝術的欣賞。此領域並不強調要精熟某種藝術形式技巧，相反的，是在看提供給與兒童運用及欣賞藝術的機會後，兒童如何展現他們的所知所思。

(一)表達與表徵

1.運用不同的藝術材料來探索及表達想法、情緒

　　五歲的幼兒已能很自在地使用不同的媒介，而他們的熟練感與創造力也透過使用藝術材料的經驗而增強。除了口頭表達外，他們也開始以藝術作品來表達他們的感覺。探索藝術材料及以藝術材料表達的例子有：

➡嘗試使用不同的表達媒介（如：彩色筆、麥克筆、畫筆、手指畫、印刷、撕貼畫、黏土、麵糰）。

➡使用某一種媒介一段時期，以發展更好的控制及技術。

➡快樂時，以畫來表達感受。

➡用自己的相片或畫製作一本書，來陳述所說的故事。

➡以黏土製作一個物品或動物。

2.能參與團體的音樂活動

　　五歲的幼兒已能熟練的使用簡單的音樂器具，如：節奏棒、鈴鼓、鼓。他們對於更複雜的樂器所發出來的聲音及如何演奏很感興趣。他們很喜歡唱歌、創作一些傻傻的押韻兒歌、學習手指謠、使用音樂來說故事及表達感覺；通常會創作一些歌來搭配活動（例如：在戶外盪鞦韆或穿衣服時）。音樂參與的例子有：

➡探索教室內的樂器。

➡加入唱歌。

➡聽人家唱歌或聽音樂錄音帶時，隨著某首歌用手打拍子。

➡運用樂器為布偶戲或創意舞蹈製造一些氣氛。

➡結合音樂與舞蹈來表達一些感覺。

➡做一些屬於自己的曲子，在執行一些例行性活動、等待或盪鞦韆時唱。

3.能參與並享受創造性韻律、舞蹈及戲劇

五歲的幼兒很愛動，也需要機會活動、伸展身體。他們不斷地在移動、扭動、改變姿勢、改變坐姿。他們可以把這些精力用於韻律、舞蹈、戲劇，創造性及描述性地表達情感與經驗。例子包括：

➡參與班上的團體韻律時間，建議一些動作或模仿某種動物。

➡規畫或加入別人演出一本書的故事或重述一個班上發生的事件。

➡依據樂曲的節奏創造一些動作，或解釋一首古典音樂的氣氛。

➡演出自己創作的故事。

➡為他們研究過或參觀過的事情演出一齣戲，如馬戲團、動物園的戶外教學。

(二)藝術欣賞

1.對別人的作品感興趣

很多小孩對於藝術的興趣是屬於旁觀者，而非創作者。五歲的幼兒能夠欣賞別人的作品、欣賞舞者的技巧，或欣賞別人演奏樂器的能力。兒童顯現興趣的例子有：

➡觀看同學表演布偶戲或舞蹈。

➡在自由遊戲時間聽音樂錄音帶或 CD，而其肢體或面部顯現出投入的動作或表情。

➡專注地傾聽藝術家（如：詩人、作家、音樂家、魔術師）說話。

➡看書上的插畫，欣賞插畫的美或插畫的技巧。

➡對於同學所做的建構物、藝術作品或寫的東西很熱心地給意見。

七、體能發展

此領域強調體能發展是兒童全人發展及學習不可分的一部分。項目

涵蓋大肌肉技能、小肌肉技能、個人的健康與安全。主要的焦點在於兒童能：(1)展現控制、平衡、協調的能力。(2)增強精細動作技能；精細動作技能也很重要，因為它是藝術表達、寫字及自理方面很重要的基礎。(3)能逐漸了解及管理自己的健康與安全。

(一)粗動作發展

1. 能平衡及控制大肌肉活動

五歲的幼兒很愛動，似乎永遠都動個不停。他們仍然還在學習控制身體，也還在練習動作技巧。兒童逐漸發展的平衡與控制的例子有：

➡兩隻腳都能單腳跳。

➡以自信而安全的方式在室內或走廊走動或上下樓梯。

➡能一手或兩手拿著東西上下樓梯。

➡拿著一杯水或果汁走過教室而不潑灑出來。

2. 能協調動作以執行活動

五歲的幼兒忙於實驗新的身體動作，他們已能結合不同的個別肢體動作形成一新的動作，或因應新的挑戰協調個別的肢體動作。例子包括：

➡兩腳順利地交叉換步。

➡能依簡單的曲調或音樂節奏走、跑、跳。

➡爬滑梯的樓梯或用手腳攀爬攀爬架。

➡移動身體成接球姿勢，並能丟到正確的方向。

➡以空心積木或一般積木建構複雜的建築（如：高樓、橋、修車廠、消防站）。

(二)精細動作發展

1.能使力及控制來完成小肌肉活動

五歲的幼兒已能很熟練地運用他們的精細肌肉來完成工作。他們比一年前更容易以他們的手指及手臂完成一些工作。由於有些孩子發展較快，一些較慢，因此，很重要的是去看孩子個人的成長，而不是看在此年紀某方面的成就。要看的技能有：

➡從一捲膠帶上撕下一片。

➡用訂書機把幾張紙訂起來。

➡不用人家幫忙，能自己使用打洞機。

➡能成功地使用剪刀。

➡在幾何板上做出較複雜的圖形。

➡把兩塊木片用槌子釘起來做飛機。

2.能協調手眼以執行精細動作

五歲的幼兒繼續地在改善他們的手眼協調。他們很喜歡玩操弄性玩具與積木，有時候，心裡已有設計藍圖，能依設計進行活動。五歲幼兒展現手眼協調技能的例子有：

➡運用拼圖的凹凸或形狀組合十八到二十五片的拼圖。

➡依據模型建構一個特別的積木架構，而沒有弄倒它。

➡用樂高玩具、積木、桌上型積木或小型玩具建構事先計畫的東西。

➡比較正確地剪一直線或沿著圖片周圍剪。

➡把布剪成形狀，以做黏貼畫。

➡運用膠帶、剪刀及訂書機製造立體的東西，如：房子、飛機。

➡在扮演角以不同的服裝裝扮自己（如：有扣子的襯衫、有拉鍊的外套）。

3.能良好地使用書寫或繪畫工具

　　五歲的幼兒逐漸顯現使用不同書寫工具、繪畫工具，及藝術工具的能力，當他們握筆的能力建立時，有些幼兒會對寫字有興趣，而且會一直重複地練習他們的名字。在此年紀，兒童展現他們對書寫或繪畫工具的掌握的例子有：

➡用鉛筆、原子筆或麥克筆畫圖。

➡用慣用手拿鉛筆，並用另一隻手壓著紙。

➡用水彩與水彩筆寫一些字、符號或畫出一些重複的圖形。

(三)個人的健康與安全

1.有自理能力

　　五歲的幼兒已很有能力照料自己的生理需求，並常常協助還不太熟練的同學扣釦子或綁鞋帶。他們對自己的技巧感到驕傲，也常常為了好玩而練習拉拉鍊或綁蝴蝶結。顯現該能力的例子有：

➡能解決自己的如廁需求，穿吊帶褲或比較難穿的衣服時會尋求協助。

➡不太需要別人幫忙或提醒就能穿好外出的衣物。

➡點心或午餐時間，能很輕易地倒果汁而不潑灑出來。

➡能收拾整理藝術或其他較髒亂的活動。

➡能照顧自己的東西。

➡能在土司上抹花生醬，或做其他有關食物的工作。

2.對健康與安全議題有興趣

　　五歲的幼兒知道很多有關健康與安全的事情。在此年紀，兒童對與他們經驗有關的議題最感興趣。兒童對此有知覺的例子有：

➡在戲劇扮演或以積木建蓋道路及城市時，討論交通安全的規則。

➡在點心或午餐時間，討論他們所吃的食物。

➡告訴一位朋友不要在校車或汽車前面跑。

➡在戶外教學時討論安全規則。

➡討論醫生與牙醫在確保人們健康方面所扮演的角色。

➡了解為何消防演習很重要。

作品取樣系統發展檢核表（五歲）

一、個人與社會發展

(一)自我概念　　　　　　　　　　　　　開學　學期末　學年末

1. 對自己有自信。　　　　　　　尚未發展　☐　☐　☐
　　　　　　　　　　　　　　　　發展中　☐　☐　☐
　　　　　　　　　　　　　　　　熟練　☐　☐　☐

2. 主動尋求及從事活動。　　　　　尚未發展　☐　☐　☐
　　　　　　　　　　　　　　　　發展中　☐　☐　☐
　　　　　　　　　　　　　　　　熟練　☐　☐　☐

(二)自我控制　　　　　　　　　　　　　開學　學期末　學年末

1. 遵守教室常規及從事教室例　　　尚未發展　☐　☐　☐
   性行活動。　　　　　　　　　　發展中　☐　☐　☐
　　　　　　　　　　　　　　　　熟練　☐　☐　☐

2. 有目的地使用材料，並尊重　　　尚未發展　☐　☐　☐
   材料。　　　　　　　　　　　　發展中　☐　☐　☐
　　　　　　　　　　　　　　　　熟練　☐　☐　☐

3. 能適應活動上的轉換及變　　　　尚未發展　☐　☐　☐
   化。　　　　　　　　　　　　　發展中　☐　☐　☐
　　　　　　　　　　　　　　　　熟練　☐　☐　☐

(三)學習方式　　　　　　　　　　　　　開學　學期末　學年末

1. 對學習有熱忱及好奇。　　　　　尚未發展　☐　☐　☐
　　　　　　　　　　　　　　　　發展中　☐　☐　☐
　　　　　　　　　　　　　　　　熟練　☐　☐　☐

2. 會選擇新的及多種熟悉的教　　　尚未發展　☐　☐　☐
   室活動。　　　　　　　　　　　發展中　☐　☐　☐
　　　　　　　　　　　　　　　　熟練　☐　☐　☐

3.做事有彈性及創意。　　　　尚未發展　☐　☐　☐
　　　　　　　　　　　　　　發展中　　☐　☐　☐
　　　　　　　　　　　　　　熟　練　　☐　☐　☐

4.能持續專注做一件事（即使　尚未發展　☐　☐　☐
　遭遇到問題）。　　　　　　發展中　　☐　☐　☐
　　　　　　　　　　　　　　熟　練　　☐　☐　☐

四與他人的互動	開學	學期末	學年末

1.易與其他兒童遊戲或合作。　尚未發展　☐　☐　☐
　　　　　　　　　　　　　　發展中　　☐　☐　☐
　　　　　　　　　　　　　　熟　練　　☐　☐　☐

2.容易與大人互動。　　　　　尚未發展　☐　☐　☐
　　　　　　　　　　　　　　發展中　　☐　☐　☐
　　　　　　　　　　　　　　熟　練　　☐　☐　☐

3.能參與教室內的團體生活。　尚未發展　☐　☐　☐
　　　　　　　　　　　　　　發展中　　☐　☐　☐
　　　　　　　　　　　　　　熟　練　　☐　☐　☐

4.能參與教室的活動並遵守規　尚未發展　☐　☐　☐
　則。　　　　　　　　　　　發展中　　☐　☐　☐
　　　　　　　　　　　　　　熟　練　　☐　☐　☐

5.對他人表現同情與關心。　　尚未發展　☐　☐　☐
　　　　　　　　　　　　　　發展中　　☐　☐　☐
　　　　　　　　　　　　　　熟　練　　☐　☐　☐

(五)衝突解決	開學	學期末	學年末

1.需要解決衝突時，會尋求大　尚未發展　☐　☐　☐
　人的協助。　　　　　　　　發展中　　☐　☐　☐
　　　　　　　　　　　　　　熟　練　　☐　☐　☐

2.會以言語解決衝突。　　　　尚未發展　☐　☐　☐
　　　　　　　　　　　　　　發展中　　☐　☐　☐
　　　　　　　　　　　　　　熟　練　　☐　☐　☐

二、語言與文學

(一)聽		開學	學期末	學年末
1. 在討論及會話中，能傾聽以了解意義。	尚未發展	☐	☐	☐
	發展中	☐	☐	☐
	熟練	☐	☐	☐
2. 能依從一系列的指示行事。	尚未發展	☐	☐	☐
	發展中	☐	☐	☐
	熟練	☐	☐	☐

(二)說		開學	學期末	學年末
1. 說話清楚，能在討論及會話中表達意思。	尚未發展	☐	☐	☐
	發展中	☐	☐	☐
	熟練	☐	☐	☐
2. 能運用語言來達到不同的目的。	尚未發展	☐	☐	☐
	發展中	☐	☐	☐
	熟練	☐	☐	☐

(三)文學與閱讀		開學	學期末	學年末
1. 喜歡聽人家說故事。	尚未發展	☐	☐	☐
	發展中	☐	☐	☐
	熟練	☐	☐	☐
2. 對閱讀有關的活動有興趣。	尚未發展	☐	☐	☐
	發展中	☐	☐	☐
	熟練	☐	☐	☐
3. 能運用圖片或內容來預測故事的下一步。	尚未發展	☐	☐	☐
	發展中	☐	☐	☐
	熟練	☐	☐	☐
4. 複述故事內容。	尚未發展	☐	☐	☐
	發展中	☐	☐	☐
	熟練	☐	☐	☐

5.能了解話與字之間的關係。　尚未發展　☐　☐　☐
　　　　　　　　　　　　　　　發展中　　☐　☐　☐
　　　　　　　　　　　　　　　熟　練　　☐　☐　☐

四寫	開學	學期末	學年末

1.能以像字的形狀或字來寫詞　尚未發展　☐　☐　☐
　彙或想法。　　　　　　　　　發展中　　☐　☐　☐
　　　　　　　　　　　　　　　熟　練　　☐　☐　☐

2.當工作或遊戲需要時，能抄　尚未發展　☐　☐　☐
　寫或自己寫字。　　　　　　　發展中　　☐　☐　☐
　　　　　　　　　　　　　　　熟　練　　☐　☐　☐

三、數學思考

(一)數學思考的方式	開學	學期末	學年末

1.對解決數學問題有興趣。　　尚未發展　☐　☐　☐
　　　　　　　　　　　　　　　發展中　　☐　☐　☐
　　　　　　　　　　　　　　　熟　練　　☐　☐　☐

2.能運用語言來描述數學想　　尚未發展　☐　☐　☐
　法。　　　　　　　　　　　　發展中　　☐　☐　☐
　　　　　　　　　　　　　　　熟　練　　☐　☐　☐

(二)規律與關係	開學	學期末	學年末

1.能認出規律，並能複製或延　尚未發展　☐　☐　☐
　伸規律。　　　　　　　　　　發展中　　☐　☐　☐
　　　　　　　　　　　　　　　熟　練　　☐　☐　☐

2.能依據一種規則將物品分類　尚未發展　☐　☐　☐
　或比較。　　　　　　　　　　發展中　　☐　☐　☐
　　　　　　　　　　　　　　　熟　練　　☐　☐　☐

3. 能依幾種屬性將物品依序排列。

	開學	學期末	學年末
尚未發展	☐	☐	☐
發展中	☐	☐	☐
熟　　練	☐	☐	☐

(三)數概念與運算	開學	學期末	學年末

1. 了解數及量的概念。

	開學	學期末	學年末
尚未發展	☐	☐	☐
發展中	☐	☐	☐
熟　　練	☐	☐	☐

2. 開始了解量與量之間的關係。

	開學	學期末	學年末
尚未發展	☐	☐	☐
發展中	☐	☐	☐
熟　　練	☐	☐	☐

(四)幾何與空間關係	開學	學期末	學年末

1. 能辨認、說出名稱及創出不同的形狀。

	開學	學期末	學年末
尚未發展	☐	☐	☐
發展中	☐	☐	☐
熟　　練	☐	☐	☐

2. 了解並能使用位置詞。

	開學	學期末	學年末
尚未發展	☐	☐	☐
發展中	☐	☐	☐
熟　　練	☐	☐	☐

(五)測量	開學	學期末	學年末

1. 了解並能使用比較詞。

	開學	學期末	學年末
尚未發展	☐	☐	☐
發展中	☐	☐	☐
熟　　練	☐	☐	☐

2. 以非標準的單位評估及測量。

	開學	學期末	學年末
尚未發展	☐	☐	☐
發展中	☐	☐	☐
熟　　練	☐	☐	☐

3. 對常用的測量器具有興趣。

	開學	學期末	學年末
尚未發展	☐	☐	☐
發展中	☐	☐	☐
熟　　練	☐	☐	☐

4. 對時間有初步的了解。　　　　尚未發展　☐　☐　☐
　　　　　　　　　　　　　　　　發展中　　☐　☐　☐
　　　　　　　　　　　　　　　　熟　練　　☐　☐　☐

(六)機率與統計	開學	學期末	學年末

1. 能蒐集資料，並以條列或圖　　尚未發展　☐　☐　☐
　 表的方式做記錄。　　　　　　發展中　　☐　☐　☐
　　　　　　　　　　　　　　　　熟　練　　☐　☐　☐

四、科學思考

(一)觀察與研究	開學	學期末	學年末

1. 能以感官去觀察生物與非生　　尚未發展　☐　☐　☐
　 物的特性與行為。　　　　　　發展中　　☐　☐　☐
　　　　　　　　　　　　　　　　熟　練　　☐　☐　☐

2. 能運用工具蒐集資訊。　　　　尚未發展　☐　☐　☐
　　　　　　　　　　　　　　　　發展中　　☐　☐　☐
　　　　　　　　　　　　　　　　熟　練　　☐　☐　☐

3. 能對觀察的物品做比較。　　　尚未發展　☐　☐　☐
　　　　　　　　　　　　　　　　發展中　　☐　☐　☐
　　　　　　　　　　　　　　　　熟　練　　☐　☐　☐

4. 能主動的研究以尋求問題的　　尚未發展　☐　☐　☐
　 答案。　　　　　　　　　　　　發展中　　☐　☐　☐
　　　　　　　　　　　　　　　　熟　練　　☐　☐　☐

(二)質疑與預測	開學	學期末	學年末

1. 表達對自然世界的好奇，並　　尚未發展　☐　☐　☐
　 能尋找資訊。　　　　　　　　發展中　　☐　☐　☐
　　　　　　　　　　　　　　　　熟　練　　☐　☐　☐

(二)解釋與形成結論	開學	學期末	學年末
1. 能依據觀察與探索形成解釋。 尚未發展	☐	☐	☐
發展中	☐	☐	☐
熟練	☐	☐	☐

五、社會文化

(一)人類的異與同	開學	學期末	學年末
1. 開始了解自己與別人之間有 尚未發展	☐	☐	☐
共同及不同的特點。 發展中	☐	☐	☐
熟練	☐	☐	☐
2. 能辨認習慣、生活形式與文 尚未發展	☐	☐	☐
化之間的異同。 發展中	☐	☐	☐
熟練	☐	☐	☐

(二)人類的相互依存性	開學	學期末	學年末
1. 開始了解家庭結構與角色。 尚未發展	☐	☐	☐
發展中	☐	☐	☐
熟練	☐	☐	☐
2. 能描述一些人的工作及所需 尚未發展	☐	☐	☐
的知能。 發展中	☐	☐	☐
熟練	☐	☐	☐
3. 開始知覺到科技及科技對生 尚未發展	☐	☐	☐
活的影響。 發展中	☐	☐	☐
熟練	☐	☐	☐

(三)權利與責任		開學	學期末	學年末
1.知道每個規則的原因。	尚未發展	☐	☐	☐
	發展中	☐	☐	☐
	熟　練	☐	☐	☐
2.知道成為領導的原因。	尚未發展	☐	☐	☐
	發展中	☐	☐	☐
	熟　練	☐	☐	☐

(四)人類與居住的地方		開學	學期末	學年末
1.對人類如何影響環境有興趣。	尚未發展	☐	☐	☐
	發展中	☐	☐	☐
	熟　練	☐	☐	☐
2.表達初淺的地理思考。	尚未發展	☐	☐	☐
	發展中	☐	☐	☐
	熟　練	☐	☐	☐

六、藝術

(一)表達與表徵		開學	學期末	學年末
1.運用不同的藝術材料來探索及表達想法、情緒。	尚未發展	☐	☐	☐
	發展中	☐	☐	☐
	熟　練	☐	☐	☐
2.能參與團體的音樂活動。	尚未發展	☐	☐	☐
	發展中	☐	☐	☐
	熟　練	☐	☐	☐
3.能參與並享受創造性韻律、舞蹈及戲劇。	尚未發展	☐	☐	☐
	發展中	☐	☐	☐
	熟　練	☐	☐	☐

(二)藝術欣賞

		開學	學期末	學年末
1. 對別人的作品感興趣。	尚未發展	□	□	□
	發展中	□	□	□
	熟　練	□	□	□

七、體能發展

(一)粗動作發展

		開學	學期末	學年末
1. 能平衡及控制大肌肉活動。	尚未發展	□	□	□
	發展中	□	□	□
	熟　練	□	□	□
2. 能協調動作以執行活動。	尚未發展	□	□	□
	發展中	□	□	□
	熟　練	□	□	□

(二)精細動作發展

		開學	學期末	學年末
1. 能使力及控制來完成小肌肉活動。	尚未發展	□	□	□
	發展中	□	□	□
	熟　練	□	□	□
2. 能協調手眼以執行精細動作。	尚未發展	□	□	□
	發展中	□	□	□
	熟　練	□	□	□
3. 能良好地使用書寫或繪畫工具。	尚未發展	□	□	□
	發展中	□	□	□
	熟　練	□	□	□

(二)個人的健康與安全		開學	學期末	學年末
1. 有自理能力。	尚未發展	☐	☐	☐
	發展中	☐	☐	☐
	熟練	☐	☐	☐
2. 對健康與安全議題有興趣。	尚未發展	☐	☐	☐
	發展中	☐	☐	☐
	熟練	☐	☐	☐

樣張

尚未發展：兒童無法展現指標行為。

發展中：兒童間歇性地展現指標行為。

熟練：兒童穩定地展現指標行為。

開學：上學期開學六至八週左右。

學期末：上學期學期結束時。

學年末：一學年結束時。

作品集的概要

它是什麼？	作品集是有目的地蒐集學生的作品。	
它的目的是什麼？	1. 呈現學生作品的質及跨課程領域的思考。 2. 展現學生進步與成長的情形。 3. 讓學生參與評鑑自己的作品。 4. 協助教師規畫教學活動。	
它的特徵是什麼？	• 它由兩種項目組成：核心項目與個人項目。 • 它蒐集三個時期的作品：開學、學期末、學年末。 • 它是由師生共同創造的。	
如何執行？	開學前	• 為每位學生準備一個作品檔案，並決定如何保存作品及檔案存放的地點。 • 設計蒐集學生作品的程序。 • 思考呈現學生學習的方法。 • 計畫核心項目的蒐集。
	蒐集期間	• 規畫課程時將作品的蒐集考慮在內。 • 教導學生有關作品集的事情。 • 與學生討論他們的作品。 • 規律地蒐集作品。 • 定期選擇作品。 • 為作品做註解以增加它的意義。 • 追蹤整理所選擇的作品。
	蒐集期結束	• 學生回顧並評鑑作品集。 • 教師回顧並評鑑作品集以撰寫綜合報告。 • 與學生家長分享作品集。

第一節 了解作品集

　　在學校裡，學生每天從事的教室活動從寫日誌到做拼貼畫，從研究科學現象到搭建積木架構，從解決數學問題到創作詩篇等等都有，在這些活動中，學生所創作的作品、使用的語言和行動都顯露出他們的思考與學習。把學生的代表作品收於作品集裡是一個記錄學生知識、技能、成就和學習方式的有效方法。

　　當教師向學生說明學習活動的目的及明確地表示對他們作品的期望後，教師就可以和學生共同選擇作品集裡的作品。當學生有了經驗後，他們可以對回顧與評鑑自己的作品負更大的責任。透過回顧與選擇作品的過程，兒童將了解教師評鑑作品的標準，並開始發展出他們自己個人的標準。

　　作品集和發展檢核表提供兩種不同種類的訊息：檢核表是對有關兒童的學習做廣泛的檢查，焦點在於兒童是否能表現某種技巧；相反的，作品集提供有關兒童如何學習與應用知識的質性資訊。作品取樣系統的作品集提供兒童做為一位學習者的概況圖，展現每位學生作品的獨特性，述說著兒童的學習歷程。

壹、作品集的目的

一、呈現學生跨課程領域的學習與思考品質

　　作品集的首要目的在於提供有關兒童思考與學習的質性資料（qualitative information）。為了了解兒童的思考，教師必須檢視他們的行動、

語言和作品，即思考的表達。作品集具體地描繪兒童所理解的，並提供我們機會去研究兒童如何用有意義的方式應用所學。

作品集比發展檢核表提供了更多描述性和個人性資訊。雖然不同的兩位兒童在檢核表上的某項特定技能可能有相同的表現等第，但他們應用這些技巧的方法卻可能很不相同，而作品集即是提供後者的資料，它不僅呈現兒童所知道的，也呈現他們是如何思考的。

許多作品集只強調蒐集某一種單一領域（如：寫作）的作品，但作品取樣系統的作品集則蒐集兒童在不同課程領域的表現與進步。

二、展現學生進步與成長的情形

為了檢視兒童是否有進步，教師必須在不同時期蒐集類似的作品。作品取樣系統的作品集包含了三個蒐集期，每一時期蒐集能展現相同種類學習的作品，藉由前後作品的比較，教師和學生可以評鑑學習是如何進展的。

三、讓學生參與評鑑自己的作品

研究自己的作品集提供學生一個具體的方式去反省他們的學習。當兒童回顧以前的作品並與現在的作品比較後，他們可以看出自己的進步。以作品集為焦點，教師可以示範如何提出反思性的問題與評論，並協助兒童發展出他們自己的學習標準與目標。只有在教師鼓勵此種分析方式後，兒童才會開始內化學校所建立的學習標準。

四、協助教師規畫教學活動

作品集讓教師了解每位兒童的長處與弱點及全班兒童學習的概況。作品集提供教師有關教學效能的資料，可以幫助教師釐清自己的目標及決定未來對個人與全班的教學計畫。

貳、作品集的架構與組織

　　大部分的教師都會保留兒童的作品。作品取樣系統的作品集提供一個架構，指引教師如何選擇要保留的作品。這個架構可以讓教師在不超載或無法負荷的情形下，提供一個完整的兒童的畫像。作品取樣系統的作品集由兩種項目所架構而成：核心項目與個人項目。

參、核心項目

一、定義

　　核心項目是指在下列五個領域中針對一些特定的學習指標（areas of learning）所蒐集的代表作品：

◆ 語言與文學

◆ 數學思考

◆ 科學思考

◆ 社會文化

◆ 藝術

　　學生的思考能由這五個領域的具體作品來呈現，學生在「個人與社會發展」及「體能發展」兩個領域的表現則由直接觀察而非研究學生的作品得知。因此，後面這兩個領域的評量用「發展檢核表」會比作品集更有效。

　　核心項目的蒐集能呈現兒童學習的廣度，也能記錄教室中的學習活動。作品取樣系統只要求教師每個領域蒐集二個學習指標的核心項目，而二個學習指標當然無法涵蓋一個完整的領域，但如果選擇兩個以上的

學習指標，作品集恐怕很快就會因為作品過多而無法整理。

二、學習指標

學習指標（Areas of Learning）是課程領域的一部分，指引教師核心項目的蒐集。每一個領域可以包含許多學習指標，慎選學習指標就能使核心項目傳達有意義的訊息。

選擇蒐集核心項目的學習指標是教師和學校的責任，而要選擇有效的學習指標就有必要了解本地的課程與學生的特性。有些教師自己定義學習指標，有些教師則從附錄（本章最後）中選擇適用的學習指標。

教師所選的學習指標反映出對兒童如何學習的了解。作品取樣系統相信兒童的學習是統整的、結合許多不同的技能及先前的知識。這個觀點有異於精熟學習理論的觀點，後者認為兒童一次只能學習與表現一種技能。

有效的學習指標應符合以下五種準則：

◆ 是課程中重要的部分。

◆ 具代表性，足以呈現學生隨時間的進步。

◆ 與所有學生都有關係。

◆ 能反映概念或過程，且不限於特定內容。

◆ 用作品集來呈現比檢核表更有效。

有關學習指標如何定義將於第 201 頁有更進一步討論。

三、核心項目的特徵

㈠展現兒童的進步

核心項目最基本的功能是記錄兒童一整個學年的進步。因此，類似的作品在一年內要蒐集三次，以便作為比較及檢視幼兒進步的基準。

　　例如：在語言與文學領域選了一個「了解並解釋故事」的學習指標，因此，在語言與文學課程中，教師要提供許多的機會讓兒童去從事與練習該學習指標所含括的技巧與概念；然後教師（和學生）定期地從這些活動中蒐集作品。在每個蒐集期間，教師與學生從所蒐集的作品中選出一個能代表兒童在這段期間內有關該學習指標表現的作品，這就是核心項目。依此方式，在學年末，在這個學習指標上會有三個核心項目的作品，一個作品代表一個蒐集期的表現，這三個核心項目作品能讓教師比較兒童前後的表現並評量他們的進步。

　　圖 4.1～圖 4.3 是一位幼稚園兒童麥克的三篇日誌，代表他在開學、學期末與學年末時在「以書寫的方式來表達想法」學習指標的作品。麥克的核心項目顯示他在學期末已有長足的進步：在開學時，他用畫及寫來表達他的想法，但他只會用最簡單的子音字母；到了學年末，他寫出了兩句完整且相關的句子，而且他還在字與字之間畫上直線，顯示出他開始了解如何將字與字隔開。

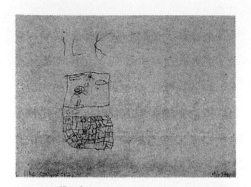

❑ 圖 4.1

一位幼稚園大班幼兒在開學時
於語言和文學領域的核心項目

❑ 圖 4.2

該幼兒在學期末於語言與文學
領域的核心項目

❑ 圖 4.3

該幼兒在學年末於語言和文學
領域的核心項目

　　圖 4.4 和圖 4.5 是一位三年級兒童在開學時與學年末在「使用規律
（pattern）組織訊息」學習指標的核心項目（數學思考領域）。從開學
時相當簡單的線性圖案，到學年末比較複雜的對角線圖案，可看出她的
進步。

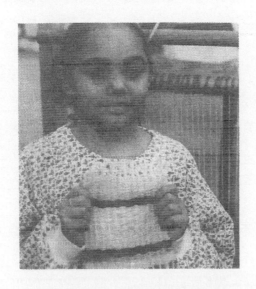

❏ 圖 4.4（上）
　 圖 4.5（下）
一位三年級學生在不同時間
（開學與學年末）以不同的方
式展現她對規律的理解

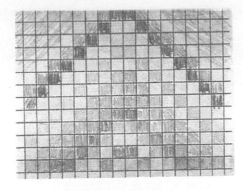

㈡呈現兒童在五個領域中「具代表性」的作品

核心項目所選出的作品是兒童在某一學習指標上的典型作品。作品取樣系統的作品集不是一個用來陳列漂亮的作品或「最佳作品」的作品集，而是蒐集兒童平日作品中具代表性的。這裡所說的「具代表性」並不是指「最好」的作品，因為僅選擇兒童最好的作品並不能正確地描述他平時的表現。例如：假想一位有語言障礙的一年級兒童在練習下學會了流利地說出「你今天好嗎？」這個問句，但是如果他平常並不能自己說出或適當的使用其他的問句，那麼這個練習的問話就不能作為代表「使用問句以蒐集資訊」學習指標的核心項目。又假設有一位一年級的兒童在資源教室教師的協助下，花了一星期寫了一篇一頁的故事，且以完整的、組織良好的句子和完全正確的拼字寫成；但在平時，這位兒童的寫作是圖畫為主，加上旁邊寫上兩、三個自創的字。假如這一頁故事被選為「以寫的方式表達想法」學習指標的核心項目，這個作品集就錯誤地描繪了該兒童在這個領域中的技能。一般而言，若兒童的某個作品比他平常的表現還要優秀，它就不應被選為核心項目。

㈢事先計畫

在學年開始之前，教師要在每個領域中各選出二個學習指標，這些學習指標應是課程中重要的部分，且對所有的學生而言，必須是重要的，因為這一整年中，這些指標將引導教師蒐集核心項目。事先周全的計畫能確保評量到學生在這些課程重要要素中的進步。

一整年的學習指標必須是相同的，假如教師在這一年中更動了，便不能在不同時間蒐集到類似的作品，也就無法評量兒童們的進步了。

㈣所有學生的學習指標都相同

每個領域的兩個學習指標適用於教室中每位學生，因為學習指標是課程中重要的部分，它們反映對所有學生都重要的目標。

　　雖然每位學生的學習指標都是相同的，但是每個人所蒐集到的核心項目（代表性作品）可以不同。例如：在一個三年級的教室中，所有的學生皆要蒐集學習指標「使用策略解決數的問題」的核心項目。在開學時，戴德的核心項目是從數學日誌中選取出來的，裡面記載著他如何解決農場動物的數學問題；查理的核心項目是一組有關他「造橋」方案的數學問題；羅傑和瑪麗的核心項目則是記錄他們如何算出若要做一個披薩當午餐，全三年級的學生每人要分攤多少錢。雖然每位學生的作品不同，但所反映的學習指標是相同的。

　　圖 4.6 和圖 4.7 是同班的兩位幼稚園兒童，各以不同的方式展現他們對學習指標「使用規律來組織物體和資訊」的知識與理解。

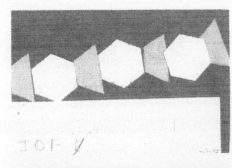

❑ **圖 4.6**（上）
　圖 4.7（下）
雖然這兩個核心項目的形式不同，但它們都反映相同的學習指標「使用規律來組織物體和資訊」

肆、個人項目

一、定義

　　個人項目是指能反映下列目的之一的作品：(1)捕捉兒童個別學習的情形；(2)展現個別兒童如何統整各領域的學習。與核心項目不同的是，個人項目不需教師事先規畫，也不限於特定領域。相反的，個人項目呈現某位兒童的興趣、才能、學習的方式、重要成就或跨領域學習的應用。我們建議每個蒐集期最少蒐集五個個人項目的作品。

二、個人項目的特徵

㈠能反映個人特殊的興趣和才能

　　作品集裡的個人項目可以展現每個兒童特殊的興趣。例如：一個對恐龍有高度興趣的四歲兒童，可以說出各種種類恐龍的名稱，且可以告訴教師牠們所居住的地方、所吃的食物，而教師也應該可以在他的許多作品中看出這個興趣。相同地，能展現兒童特殊才能（如：藝術或數學）的作品，也可以蒐集為個人項目。

㈡能展現兒童個人學習的方式

　　個人項目也能呈現每個兒童獨特的學習方式。如果某位兒童常用藝術來表達他的想法，我們應該會有很多藝術表達的個人項目作品。

㈢能記錄個人重要的成就

　　個人項目是登錄兒童重要教育成就和最佳作品的地方。對甲兒童而言，他第一次在團體中說故事的作品可以成為個人項目而收在作品集裡；對乙兒童而言，她第一次獨力唸完一篇文章的記錄可以當作個人項目；而丙兒童達到某個發展關鍵點（如：第一次跳躍）可以作為他個人項目

的記錄。圖 4.8 是一位一年級兒童所選的作品以及教師的註釋。

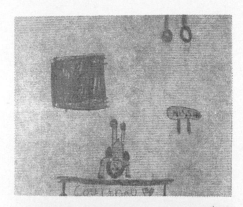

□ 圖 4.8

一位一年級學生的個人項目
（學生的日誌），這個作品展
現她統整學習的能力與特殊成
就

個人項目

- 個人與社會發展
- 語言與文學
- 藝術
- 體能發展

柯妮說：「我要把這個作品放
入作品集裡，因為我一直在練
習單手倒立，而這張圖畫的就
是我終於會的那一天！」
這是一個重要的成就，圖下的
日誌顯示了柯妮如何以繪畫和
書寫來表現她的想法與情緒。

(四)能顯示統整的知能

　　相對於核心項目只蒐集單一領域的作品，個人項目顯示兒童如何統
整多重領域的知識與技巧。許多兒童的作品其實包含了他們多重領域上
的技能、概念和知識。

　　當兒童投注於學習時，他們很少一次只在一個領域中學習。事實上，
教師可以採用統整課程或主題教學，因為這些教學模式強調各個領域的
連結。例如：某個一年級的班級正在上「我家附近」，班上的兒童建構
了一個有房子、學校、商店和遊戲場的模型，他們的模型反映出兒童的
數學思考、社會文化的知識與理解、藝術技巧和計畫與合作的技能。在
此情形下，一張模型製作過程的照片與模型完成時的照片，加上學生對
於這個方案的反省，便是班上學生很好的個人項目的例子；而此個人項

目傳遞了有關該學生在社會文化領域、藝術領域、數學思考領域，以及個人與社會發展領域中學習的資訊。

圖 4.9 是一位四年級學生作品集裡的個人項目。為了創作這張「生態拼嵌圖」來呈現海洋的生態，她運用了個人與社會發展、語言與文學、科學思考和藝術等多個領域的技巧、概念和知識。教師對這個作品的評語是：「在這個方案中，你很認真地工作，採用有組織的方式進行。為此作品，你做了徹底的研究與幾次的修改，而此作品顯示出你對生態系統的了解及對海洋的知識。」

❏ 圖 4.9
一位四年級學生的個人項目，顯現該學生統整多重領域的學習

伍、核心項目與個人項目主要功能的比較

本表列出核心項目與個人項目主要的差異。

	核心項目	個人項目
主要功能	進步	兒童個人獨特的特質
和領域的相關	直接與一個領域相關	能代表多重領域
計畫	教師事先計畫	兒童自發
蒐集期	全班學生在每個蒐集期採用相同的學習指標	每個蒐集期和每位兒童蒐集到的項目都不同
總數	2 個項目× 5 個領域× 3 個蒐集期 = 30 個項目	5 個項目× 3 個蒐集期 = 15 個項目

陸、作品集項目的總數

在學年結束時，完整的作品取樣系統的作品集會有四十五個項目。

	5	個　領域	
×	2	個　核心項目（每個領域）	（每個蒐集期）
=	10	個　核心項目	（每個蒐集期）
+	5	個　個人項目	（每個蒐集期）
=	15	個　項目（每個蒐集期）	
×	3	個　蒐集期（一年）	
=	45	個　項目（一年）	

第二節　如何實施作品集

　　完整的作品集收藏了代表兒童在一學年中學習的作品。雖然完成的作品能告訴我們有關學習者的許多事情，但作品集的製作（即蒐集作品的過程）與成品同等重要，透過蒐集的過程，教師和學生可以積極地了解學生的學習。

　　對教師而言，蒐集作品的過程可以幫助教師分析自己對學生學習的期望、評量學生是否有進步、反省自己是否提供機會讓兒童有意義地應用他們的技能，和用不同的方式呈現思考。

　　對學生而言，蒐集作品的過程可以讓他們反省自己的學習。當他們在一學年裡建構自己的作品集，他們將自己的作品與教師的期望作對照、內化「好作品」的標準、訂立自己的目標，以及選擇展現他們進步與獨特學習特質的作品。

　　蒐集作品的過程包含三個部分：有規律地蒐集作品、定期選擇作品、檢視作品並為作品附註以增加它的意義。這些階段不是一個接著一個進行，而是以持續而重疊的方式進行，如同例一。

例一

在羅曼老師一年級班上的學生從事多種不同的活動，有些活動會有成品，有些活動則以照相或軼事記錄的方式來記錄學生的活動情況。羅曼老師和她的學生每天將活動的作品放入作品蒐集箱裡，每幾個禮拜羅曼老師會安排一天「作品回顧日」，讓學生瀏覽蒐集箱中的作品，從中選出作品放入他們的作品集裡。今天羅曼老師與傑克共同瀏覽傑克的作品，他們看著傑克所寫

的四個不同的寫作作品，要決定哪一個能代表傑克在「用寫的方式來表達想法」學習指標上的典型表現。傑克選了一個作品並說：「這是我今年寫得最好的一個故事。」他們一同討論選擇這個作品的原因，並將所做的思考寫在作品的背面。羅曼老師鼓勵傑克把這個作品當作個人項目，放入作品集裡。

羅曼老師選了另一個寫作作品，並向傑克解釋這是一個好的核心項目，因為它顯示出他具有寫作的技巧。然後羅曼老師在利貼便條紙上面註記這些技巧，再把這件作品放入核心項目的箱子中，「語言與文學」的檔案夾裡。

接下來我們要呈現作品集蒐集時間表，然後我們會詳細介紹作品集製作的過程，即在一學年裡，蒐集、選擇與反省作品的過程。

壹、作品集蒐集時間表

下列的蒐集時間表提供在一個蒐集期內有關蒐集作品的活動及時間架構。

學年開始之前	蒐集期開始								蒐集期結束	撰寫報告結束
	第1週	第2週	第3週	第4週	第5週	第6週	第7週	第8週	第9週	第10週	第11週
• 為每位學生準備一個作品檔案，並決定如何存放作品及檔案存放的地點 • 設計蒐集作品的程序 • 思考呈現學生學習的方法 • 計畫核心項目的蒐集	蒐集		蒐集 回顧與選擇		蒐集 回顧與選擇		蒐集 回顧與選擇		回顧與選擇 最後一次作品集選擇	• 回顧與評鑑作品 • 與家庭分享作品集

當教師在學習使用作品集時，最終的目標是將作品集變成教室文化的一部分，完全融入每日的工作中。為了達到這個目標，教師有必要了解一些概念，並且規畫特別的活動，以及在學年的不同時間執行特定的事。如果你是第一次使用作品集，一開始只要蒐集一或兩個領域的作品就好。

◆ *學年開始之前*，教師要做的事包括計畫與準備。計畫指仔細思考如何幫助兒童在作品集裡呈現他們的思考和學習、設計持續蒐集作品的程序，以及選擇核心項目的學習指標。要準備的事包括選好作品檔案夾和蒐集箱、安排存放的地方，及完成核心項目蒐集計畫表。

◆ *每個蒐集期間*，教師應該考慮規律地執行作品蒐集的工作，並將一些作品蒐集的活動融入教師每日及每週的例行工作中。這些活動包括：安排和學生討論他們的作品；蒐集、選擇及為作品附註；以及追蹤整理作品及將作品歸檔。在蒐集期間要陸續進行這些活動，而不要等到蒐集期結束時才做，如此可以減輕教師的壓力，而且可以讓教師運用作品集所提供的資料來引導自己的教學和學生的學習。

◆ *每個蒐集期即將結束時*，教師要準備填寫綜合報告，這包括了檢視每位學生是否有齊全的核心項目和個人項目、視需要為作品加附註釋、回顧與評鑑學生的作品、讓學生參與回顧與評鑑的過程、決定如何與學生的家長分享作品集。

貳、學年開始之前

在學年開始之前花些時間思考下列四件事情：

◆ 為每位學生準備一個作品檔案，並決定如何存放作品及檔案存放的地點。

◆ 設計蒐集作品的程序。

◆ 思考呈現學生學習的方法。

◆ 計畫核心項目的蒐集。

一、為每位學生準備一個作品檔案，並決定如何存放作品及檔案存放的地點

　　教師要做的第一件事情是決定作品集的形式。如果教的是年紀較大的兒童，他們可以自己製作作品夾的形式，即使是年齡小的兒童也可以裝飾自己的作品集封面。

　　雖然教師用來組織作品集的方式非常多樣，但有兩種方法是最常用的：第一種是為每位學生準備一個手風琴式的六格檔案夾，其中五格檔案夾放置五個領域的核心項目（語言與文學、數學思考、科學思考、社會文化和藝術）。第六格檔案夾則放置個人項目（圖 4.10）。

❑ 圖 4.10

手風琴式的個人檔案夾

　　圖 4.11 是第二種常用的方法。教師使用有活頁口袋的檔案夾，旁邊用螺旋環固定起來，其中一個口袋放置「核心項目蒐集計畫單」，五個口袋分別放置五個領域的核心項目，其餘的口袋放置個人項目。

　　教師使用上述的任一種方法，按照領域和時間先後（每個作品都要標上日期）保存核心項目，以便評鑑學生的進步。個人項目則按照蒐集期依序放在檔案夾裡。

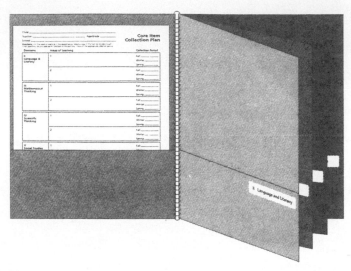

❏ 圖 4.11

螺旋固定的活頁口袋檔案夾

　　其他的作品集形式還有環形活頁夾、將四開的紙張對摺再訂起來、懸掛式的檔案、塑膠包裝的盒子及箱子。

　　決定好作品集的形式後，接下來要在教室中找一個存放的地方，這個地方應是兒童易於接近且安全的地方。牛奶箱（圖 4.12）、檔案櫃或抽屜、架子、塑膠或橡皮的盒子，以及箱子都可以用來存放作品；有些幼稚園教師則是縫製了可以掛在牆上的袋子來放兒童的作品集（圖4.13）。

　　假如作品集可以成為教室活動的一部分，那麼存放作品集的地方應該是在兒童視線可及和他們易於接近的地方。有些教師將全班的作品集分開放在教室裡兩、三個地方，如此一來，當兒童要拿作品集時就不會擠在同一個地方了。

❑ **圖 4.12**

存放作品集的牛奶箱

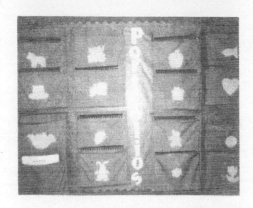

❑ **圖 4.13**

一位幼稚園老師縫製的袋子，
懸掛在牆上用來存放作品集

二、設計蒐集作品的程序

　　當決定好作品集的形式及存放地點後，下一步要考慮的是如何蒐集放入作品集裡的作品。當教師開始將作品集融入教室中，把蒐集作品當成是兒童從事學習活動與完成工作的過程之一，到最後一天完整的作品集就出現了。事先規畫整個程序，以確保開學後可以馬上開始作品的蒐集，且蒐集能順暢地進行。

　　當教師在設計作品蒐集的程序時，要記住，作品集並非要蒐集學生所有的作品；相反的，它蒐集有限的作品，這些作品顯示兒童在特定領域方面的一般（或典型）表現（此為核心項目），或是顯示兒童的獨特性或他如何統整各領域學習的情形（此為個人項目）。為了能發揮作品

集的功能，最重要的是要選擇最能提供訊息的作品放入作品集裡，其中核心項目是要選擇代表兒童平日表現的作品。為了要能有所選擇，教師必須規律地蒐集作品。

當教師第一次開始使用作品取樣系統的作品集時，可能會對要蒐集足夠的核心項目與個人項目感到壓力。為了紓解這個壓力，教師通常採用以下兩種方法：第一種是將兒童完成的作品直接放入作品集裡，省略了蒐集、回顧與選擇的步驟。這個方法有個問題，就是不能保證在作品集裡的作品是代表著學生的一般表現。譬如說，強強今天在班刊寫了一篇文章，教師把這篇文章直接收入作品集裡，當成代表「用寫來表達想法」學習指標的核心項目。這樣的話，教師並沒有將此作品與他上週完成的作品或下週可能完成的作品做比較，就無法確保那篇文章確實反映強強在這個學習指標的典型表現。

教師所用的第二種方法是：訂定某一天為「核心項目日」或「作品集日」，將學生在那天所做的所有作品都放入作品集裡。問題是，這樣由特定一天裡的單一活動中所產生的作品並不能代表兒童平時的表現，所提供的資料也不夠周全。在「核心項目日」這一天，某位兒童可能抱病來上學，另一位兒童可能在家時就感到焦慮，而其他的兒童則可能對這天的活動不是很熱中。與其為了有效率的蒐集作品而使學生作品的品質降低，我們建議教師抗拒要填滿作品集的壓力，而將目標放在蒐集高品質的作品，即使這樣做可能只會蒐集到很少的作品。

假如教師持續地蒐集作品，便可以有很多作品可以做選擇；選擇後，那些剩餘的作品可以讓兒童帶回家，然後再開始下一輪迴的作品蒐集。當教師在做持續蒐集作品的計畫時，有兩件重要的事要留意：考慮要蒐集多少作品和如何保存蒐集的作品。

㈠蒐集多少作品

有些教師蒐集兒童所有的作品，有些則限定所蒐集的數量。對於讓

兒童參與作品的蒐集與選擇的程度，每個教師的作法不同。這裡有一些
教師用以蒐集作品的方法：

◆ 有些教師把兒童的每一項作品都蒐集放在蒐集箱或作品檔案夾裡，
　 學生在完成作品後將作品放在箱子或檔案夾裡。教師定期檢閱這些
　 作品，並決定哪些要保留，哪些學生可以帶回家。
◆ 有些教師告訴兒童：保留他們想放入作品集的作品。
◆ 很多教師保留兒童特定作業的作品，其他的作品就讓學生帶回家。
　 放學時，他們可能告訴學生留下早上的寫作作業和科學實驗報告。

　　教師可以自己決定如何持續地蒐集作品，也許可以不用改變目前已
採用的方式，或是稍加調整以配合作品取樣系統的作品蒐集程序，或者
自己發展一個新的蒐集程序。

㈡如何保存蒐集的作品

　　很多教師製作一些「蒐集箱」或「作品檔案夾」作為存放兒童作品
的地方。不管是什麼，這些在教室裡存放作品的地方應該是學生易於接
近而且安全的，所有的作品是先暫時的放在這裡，直到被選入作品集裡。
這個階段是所有兒童（甚至是很年幼的兒童）都可以參與的。把印臺和
日期章放在箱子或檔案夾的旁邊，可以確保每一項作品都能標上日期。
　　這裡有一些教師們用以製作蒐集箱或作品檔案夾的方法：

◆ 在箱子內放懸掛式檔案。
◆ 在兒童可觸及的檔案櫃或檔案箱裡，每位兒童有一懸掛式檔案夾。
◆ 每位兒童有個信箱。
◆ 在每位兒童的桌子或工作櫃裡放檔案夾或筆記本。

三、思考呈現學生學習的方法

　　在決定作品的存放形式和做好蒐集作品的計畫後，教師要開始思考

如何呈現兒童學習的方法。作品集裡裝的是代表兒童思考和學習的具體作品，當教師對作品集有經驗後，很快就會發現自己需要幫助兒童以具體的方式來表達他們的學習。有些活動很自然的就會有具體的成品，例如：兒童所寫的日誌或所創作的故事的原件或影印版便可直接成為作品集裡的項目。然而並非所有活動都會產生具體的成品，例如：兒童以演出短劇來表現他對剛剛所閱讀的書的理解，這個活動演下來沒有什麼具體的作品。在這種情況下，教師必須利用錄影或寫軼事記錄的方式來將此次演出轉為可放入作品集的具體作品，以呈現兒童的學習。

蒐集作品最重要的挑戰之一就是要找出能具體記錄兒童思考和學習（內在過程）的方法，這對托兒所、幼稚園和一年級的學生而言更是重要，因為這個年齡兒童的作品不見得會正確地反映他們的思考，而且他們參與的活動也不見得會有作品出現。在這種情況下，教師的角色之一即是找出方法來呈現兒童的學習，例如：在娃娃家裡，一位兒童在數杯子和盤子各有多少，就展現了他對一與一對應的理解，此時教師可將此表現用軼事記錄來記錄。

不過，兒童所做出的作品有時仍必須轉換成適當的形式，才能放進作品集裡。例如：一位兒童用小塑膠積木建構出一個有對稱設計的圖案，教師便可以畫下這個圖案，或叫這個兒童將這個圖案用紙形複製在紙上，或用相機拍下作品。

很多教師已找到很多具體呈現兒童學習的方法，也以此幫助兒童以具體的方式來呈現所學，這些方法包括設計記錄表或學習單、使用相片、錄影帶和錄音帶、用素描或圖表來記錄、保留過程中每一次的設計圖或草稿，以及軼事記錄。這些方法詳述如下：

(一)記錄表或學習單

有些教師會設計學習單讓兒童呈現他們數學操作的結果（例：圖4.14）。有些教師則準備剪好的形狀讓兒童在學習單複製他們對圖案、

分數或對稱等問題所想出的解決方法（例：圖4.15）。圖4.16和4.17是
教師設計來引導兒童呈現「科學研究」知能的學習單。

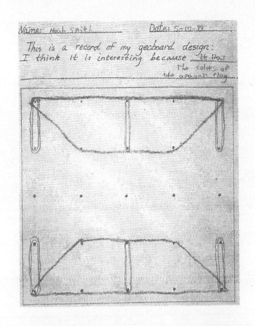

❑ **圖 4.14**

一位二年級老師的幾何板學習
單，可以讓學生複製他們的幾
何設計

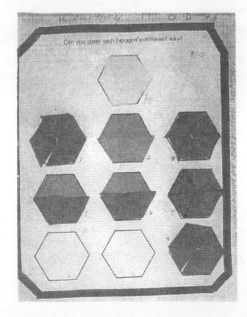

❑ **圖 4.15**

一位二年級老師的學習單，用
來呈現兒童對分數的理解

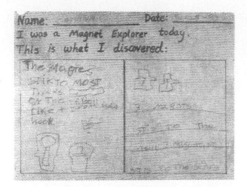

❑ **圖 4.16**

用來記錄磁性探究的表格（一年級）

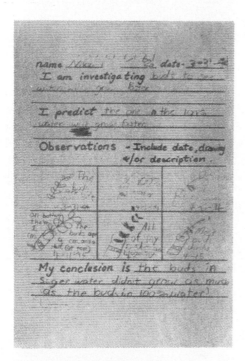

❑ **圖 4.17**

用來呈現研究預測、觀察與結論等歷程的表格（三年級）

　　有些教師是在遊戲中安排讓兒童呈現學習的機會。例如：在一個「醫院」的方案中，幼稚園教室裡的娃娃家變成了一間醫院，圖 4.18 是一位兒童所「寫」的處方，這位兒童的自發行為展現出她對字母使用的了解。

□ 圖 **4.18**
幼兒在戲劇扮演時所寫的創意
書寫的作品

㈡相片、錄影帶、錄音帶

用相片、錄影帶和錄音帶來捕捉兒童思考和知識可以豐富作品集的
內容,然而經費可能是一項阻礙。

很多教師會在兒童的作品集裡放入相片。在拍照時,先記錄兒童的
姓名、日期和為什麼拍它的註解,然後等相片沖洗出來後,就可以把這
些資料加註上去。圖 4.19 是一位教師設計的相片記錄單,請注意這位教
師如何附上註解以提高這張相片的意義。

㈢過程中的草稿或不同階段的作品

在一件工作的不同階段中蒐集作品要比只蒐集完成品更能展現兒童
學習的過程。教師可以在一個方案進行的過程中,蒐集兒童對自己要進
行的方案所寫的不同版本的草稿,以及完成的成品,並蒐集兒童對該方
案的檢討與反思。如果教的是非常年幼的兒童,教師可能要拍下他們在
不同階段所畫的圖或塗鴉。

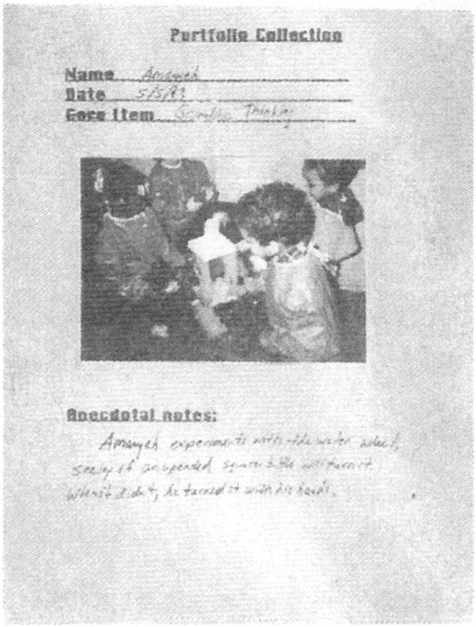

❑ 圖 4.19

教師自製的照片和軼事記錄單

姓名＿＿＿＿＿＿＿＿＿＿＿＿＿＿＿＿＿＿＿＿＿ 相片作品記錄

日期＿＿＿＿＿＿＿ 開學☐ 學期末☐ 學年末☐

相片

評語

領域	核心項目 1	核心項目 2	個人項目
個人與社會發展			☐
語言與文學	☐	☐	☐
數學思考	☐	☐	☐
科學思考	☐	☐	☐
社會文化	☐	☐	☐
藝術	☐	☐	☐
體能發展			☐

作品取樣系統

❑ 圖 4.20

「相片作品記錄表」

　　圖 4.21～4.24 是四年級的克莉絲和她的同伴莎莉在「城堡」方案中
四個不同階段的作品。圖 4.21 是克莉絲一開始時所做的家庭作業，從中
可看出她對城堡已有的了解以及她在此方案中想探討的問題。在做了一
些研究後，她畫下了城堡的藍圖（圖 4.22），並與莎莉一起寫了一份報
告（圖 4.23）。圖 4.24 是她們所搭建的城堡模型的照片，圖 4.25 是克莉
絲對自己在這個方案中與他人共事的評鑑，而圖 4.26 則是教師對克莉絲
在「城堡」方案中表現的評語。

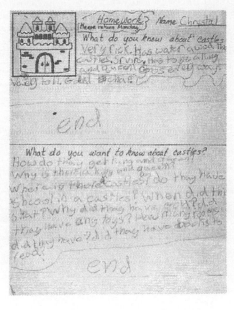

❏ **圖 4.21**

克莉絲最初的家庭作業

❏ 圖 4.22

克莉絲的城堡藍圖

ABOUT A KEEP
by
Chrystal and Sara

The keep is the biggest and strongest point of the castle. The keep is home of the most important belongings. Some of the important people are: King, .Queen, Knight, Prince and Princess. servants Jester, Cook and Ladies in Waiting.

A dungeon is in the tower. Sometimes knights hide behind the parapets on a tower.

The curtain wall is built around a bailey. It is used so enemies can't get into the keep.

A portcullis is a gate, usually made of metal. The portcullis is used for keeping out enemies.

The drawbridge is a bridge which is made out of wood and goes up and down.

The moat is a ditch filled with water. It was there so when enemies came to attact the castle it was difficult to get across the moat.

Our flag is from France.

❏ 圖 4.23

克莉絲與莎莉一同寫出的報告

❏ 圖 4.24

完成的城堡模型照片

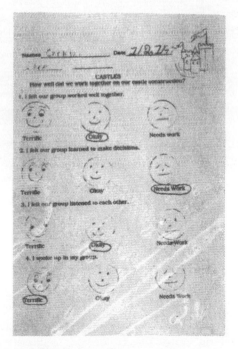

❏ 圖 4.25

克莉絲的自我評鑑

作品項目記錄表

姓名 ___克莉絲（四年級）___

日期 ___1/27___

開學□　學期末☒　學年末□

領域	核心項目 1	2	個人項目
個人與社會發展			☒
語言與文學	□	□	☒
數學思考	□	□	□
科學思考	□	□	□
社會文化	□	□	☒
藝術	□	□	☒
體能發展	□	□	□

評語

此方案顯現出克莉絲能從頭到尾執行一個方案，也顯示出她與夥伴一同工作的能力。一開始她想研究的問題很多，但漸漸地能集中在自己的興趣上，並持續完成。城堡的藍圖與完成的模型有一些相似的地方。

作品取樣系統

□ **圖 4.26**

老師對於克莉絲的城堡方案的評語，寫於「作品項目記錄表」上

㈣素描或圖表

教師和學生可以用素描或圖表來呈現三度空間的作品。圖 4.27 是一位教師所描繪的積木建構物，圖 4.28 是一位四年級學生所畫的圖，畫的是他為「墨西哥」方案所做的墨西哥帽，旁邊附有教師的註解。

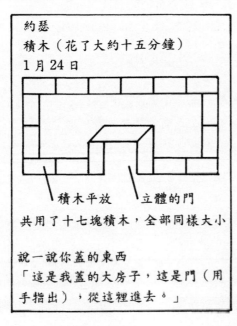

約瑟
積木（花了大約十五分鐘）
1 月 24 日

積木平放　　立體的門

共用了十七塊積木，全部同樣大小

說一說你蓋的東西
「這是我蓋的大房子，這是門（用手指出），從這裡進去。」

❏ **圖 4.27**

一位教師對一位兒童所搭建的積木架構的素描

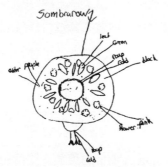

❏ **圖 4.28**

一個四年級學生針對其研究結果所描繪的圖，附有老師的註釋

個人項目，學期末

• 個人與社會發展

• 社會文化

• 藝術

約翰所描繪的墨西哥帽是他對墨西哥研究的一部分，顯示他的藝術才能以及對細節的注意。他在課堂上的國際音樂表演時得意地戴著那頂帽子。

㈤軼事記錄

　　如果教師的軼事記錄對於兒童所做的東西或所說的話，能捕捉到像照片一樣的訊息，也可放入作品集。例二是一位幼稚園教師所寫的軼事記錄，作為作品集裡「預測結果和做出解釋」學習指標的核心項目。

例二

1995 / 10 / 19

一位學生帶了一個大型海螺到教室來，他要我們每個人都聽聽海螺的聲音，因為他說海螺裡有廁所馬桶的聲音。聽到這裡，我們全都笑了。接著我請兒童想一想為什麼海螺裡會有聲音？朱雪回答說：「可能是裡面有水吧！有時候小螃蟹會住在裡面。」

註釋：

朱雪總是能對事情作出解釋，她會很認真的思考問題，並將別人的想法納入。她剛開始說的是自己的想法，後來聽到另一位小朋友提到螃蟹，便把這個想法加進去。

　　教師還可能有其他呈現學生學習的方法。當教師習慣於設計課程時問自己：「這方面的學習可以如何捕捉以放入作品集裡？」後，就會開始想出一些可以具體呈現兒童學習的方法。

四、計畫核心項目的蒐集

　　開學前的最後一項準備工作是：計畫核心項目的蒐集。這個過程包括了解學習指標、設計有效的學習指標、分析與學習指標相關的教學與學習、把學習指標融入課程裡，最後是蒐集核心項目。接下來我們會詳細地呈現這個計畫的過程，不過，教師也可以直接由本章末的附錄中挑

選出覺得適當的學習指標。

　　一個完整的作品取樣系統的作品集中，要蒐集五個領域的核心項目（這五個領域分別是：語言與文學、數學思考、科學思考、社會文化和藝術），每個領域要有二個學習指標。因此，如果教師要蒐集五個領域的核心項目，就一共要規畫出十個學習指標。

㈠了解學習指標

　　學習指標的一些重要概念包括：

◆ 學習指標是課程的一部分，指引著核心項目的蒐集。

◆ 每個領域包括許多學習指標。

◆ 慎選學習指標，核心項目便能有意義地傳遞有關兒童思考和進步的訊息。

◆ 有效的學習指標符合下列標準：

　·是課程中很重要的部分。

　·具代表性，足以展現學生隨時間的進步。

　·與所有學生都有關係。

　·能反映概念或過程，且不限於特定內容。

　·用作品集來呈現比檢核表更有效。

　　這五個標準分別敘述與討論如下：

1. 課程中很重要的部分

為了要有效地蒐集核心項目，學習指標應該要：

◆ 反映統整的技能，而非單一或孤立的技巧。

◆ 讓兒童在有意義的情境下同時運用幾種技能。

◆ 提供兒童以不同方式反應的機會。

◆ 兒童能每日或每週進行有關的活動。

　　譬如：在語言與文學領域中，「用寫來表達想法」是一個有效的蒐

集核心項目的學習指標，因為它包含了使用描述性語言、使用傳統書寫技能及組織想法等技能。相反的，「會使用標點符號」就不是一個有效的學習指標，因為雖然它對於小學生而言是個重要的技巧，但它只有在寫作文時才重要。因此，「用寫來表達想法」是比較適當的學習指標。

2. 具代表性，足以展現學生隨時間的進步

有效的學習指標應該要：

◆ 清楚地定義「進步」。

◆ 學習指標定義清楚，確保在每個蒐集期蒐集到相似的作品。

譬如：如果在數學思考領域中訂了「解決問題」的學習指標，那麼教師可能在開學時蒐集一些反映數概念的作品，在學期末時蒐集一些反映空間關係的作品，而在學年末時蒐集一些兒童運用多重策略以解決問題的作品。很明顯地，三個蒐集期所蒐集到的作品並不相同，難以比較並從中看出兒童的進步。因此，「解決問題」這個學習指標所涵蓋的範圍太廣，不是一個有效的學習指標。如果教師想評量兒童的進步，每個蒐集期所蒐集的作品就必須能反映相同的學習指標。一個比較有效且能呈現兒童隨時間的進步的學習指標是：「使用策略解決有關數概念的問題」。

3. 與所有學生都有關係

有效的學習指標應該是：

◆ 可以用在每位學生身上，不論他們的發展如何。

◆ 涵蓋多樣的表現方式，以配合不同學生的學習目標。

譬如：如果有位幼稚園教師在數學思考領域規畫了一個「運用規律來解決問題」的學習指標，那麼，在這個學習指標中，她就沒有考慮到那些才開始在學習分辨屬性、學習配對和分類的兒童。相反的，如果把學習指標訂為「把物品依屬性分類、比較及排序以組織物品」，則那些在學習配對和分類以及在學習分辨和創作規律的兒童就能在這個學習指標中有所表現。

4.能反映概念或過程

有效的學習指標應該要：

◆ 強調特定內容的主要概念或過程。

◆ 不限於特殊內容，因為課程的內容在學年中會有所更改。

譬如：「了解磁鐵的磁性」這個學習指標就屬於特定內容；相反的，「觀察和預測以獲得科學資訊」的學習指標在整個學年中都有意義，因為它反映的是在研究事物（磁性是一例）所應具備的根本知性過程。假如一個學習指標只限於某個特定內容，一旦兒童學會了這些內容，這個學習指標就沒有用了。

5.用作品集來記錄學習是最有效的

有效的學習指標應是：

◆ 需要呈現過程的。如：兒童如何從事工作與處理困難、如何呈現他們的工作與努力。

◆ 發展檢核表無法適切地反映或呈現的。發展檢核表評量的是兒童是否能表現出某一特定技巧或是否已獲得特定知識。

譬如：學習指標「能透過書寫來溝通」就需要用作品集來呈現，因為它需要真實的書寫作品作為兒童使用書寫技巧來溝通的證據。相反的，「使用像字母形狀（letter-like shapes）的字來呈現文字和想法」的學習指標就不需要用到作品集，因為這項特定的技巧可以容易地在發展檢核表中顯示。

㈡發展學習指標以引導核心項目的蒐集

1.選擇有效的學習指標

了解有效學習指標的標準後，教師就可開始發展一學年的學習指標。在作品取樣系統中，不同地方的教師所使用的發展檢核表是相同的，但是為了讓評量能反映不同地方的特性，作品集的設計要融合當地的標準和期望。因此，選擇符合當地標準和期望的有效學習指標的最好方法是，

必須對當地的課程和學生的背景有深入的了解，而由教師和同事們一起發展學習指標。

通常教師會組成小組共同來規畫學習指標。有些學校決定每個領域中有一個學習指標是全校通用的，另一個學習指標則每個年級不同。實施作品取樣系統的第一年，教師可能決定不要五個領域全部都做。

當教師們在發展學習指標時，一次設計一個領域。通常教師們會先從語言與文學這個領域著手，因為大多數的教師對這個領域最了解。一旦選好領域，想一想在該領域中要有哪些教學目標？什麼是所有學生最需要學習的？例如：教師可能在語言與文學領域想出下列的目標或標準：口語溝通能力、使用符號來傳遞想法、以書寫來表達想法、理解並解釋文章、展現對閱讀的興趣。由上可見，一個領域可以涵蓋許多學習指標。

當教師想出三、四個可能的學習指標後，把每一個與「有效學習指標的標準」對照，看看這些學習指標是否為課程中重要的部分？是否具代表性足以展現學生的進步？是否與所有學生都有關係？是否能反映概念或過程，而非限於特定內容？用作品集是否會比發展檢核表更適合？假如符合這五項標準，那麼這個學習指標便是一個好的選擇。然後，刪除那些不符合這五項標準的學習指標。如果有好幾個學習指標都符合這五項標準，教師就從中選出兩個在今年使用；如果所有列出的學習指標都被刪除了，教師就需再腦力激盪，想出其他可能的學習指標，再重複以上步驟。本章末的附錄列出了一些合適的學習指標，以及適用於五、六歲兒童可用的核心項目。

在選好學習指標後，教師就要開始分析學習指標所包含的技巧和概念，這個分析的過程會幫助教師們更深入了解該學習指標，繼而讓教師能更順利的設計課程、與兒童討論作品、評鑑作品。

2.技巧和概念

分析的第一個步驟是，教師們討論這個學習指標所包含的技巧和概念。參與討論的人可以包括不同年級的教師，每位教師都可提供有關自

己所教年級的資訊。當檢視每項學習指標時，思考該指標所涵蓋的技巧、知識和概念。

例如：一群一年級的教師分析數學思考領域中的一個學習指標「了解規律之間的關係並運用規律去組織資訊」，他們衍生出下列的技巧和概念：

◆ 探索不同型式的規律（如：圖案、字、動作、韻律、數字、形狀）。

◆ 創作新奇的規律。

◆ 能分辨出規律中的規則，並加以延伸或改變。

◆ 呈現並描述規律。

◆ 使用計算機探索規律。

◆ 運用觀察到的規律做推論。

◆ 在其他領域中應用規律（如：在科學思考領域中，尋找大自然的規律；在語言與文學領域中，找出故事的規律）。

◆ 使用規律解決數學問題。

了解這些蘊涵在每一學習指標內的技巧、概念和知識，可提供教師在選擇及評鑑學生作品時一個依循的基準。

3.對兒童進步的期望

分析過程的第二個步驟是討論兒童在這一學年中，在這個學習指標的表現會有什麼樣的改變。回到上面一年級教師的例子，他們依據所找出的技巧和概念列出了他們對兒童進步的期望：

開學	學期末	學年末
能察覺簡單的規律並加以延伸	能辨識不同的規律（如：AB、AAB、ABC）	能辨識出二度及三度空間的規律
能創造出簡單的規律	能創造較複雜的規律	能製作一個以上方向的規律（向前、向後、圓形）
	能開始觀察並延伸數字的規律	能以一種規則創造數字的規律
會說明簡單的規律中的規則	說出日常生活中的規律	能應用規律做預測
	能在其他領域中觀察規律（如：故事中的規律、科學研究的規律）	運用觀察到的規律做推論

上表顯示出教師期望兒童在這一學年中能學會較複雜的規律，並創作出一個以上方向的規律，它也顯示教師並不要求學生一開學時便察覺到數字的規律，但在學年末時則希望他們做到。這些期望反映出當地的課程標準，不同地區的教師對於兒童在這個學習指標上的進步可能會有些微不同的期望。

4.教學的改變

下一個步驟是討論如何改變教學以支持兒童的進步。教師在這一年中可能會採取下列的措施：

◆ 增加材料的數量及種類，讓兒童能探索和創作規律。

◆ 逐漸教導較複雜的規律。

◆ 提供機會討論其他領域中的規律。

◆ 教導各種命名、記錄和描述規律的方式。

◆ 教導兒童如何使用計算機來延伸規律。

有些教師會像上述那些一年級的教師一樣將期望條列出來，有的教師則會使用圖形或一條直線，在上面各時間點上列出他們期望兒童的表

現及自己的教學會如何改變。

　　這個分析的過程可以幫助教師預期兒童這學年應達到的進步，繼而幫助教師設計能促進兒童達到這些進步的課程與教學活動。

　　如果不同年級的教師一起做這個分析，會更有價值。例如一群幼稚園到國小二年級的教師一起討論語言與文學領域中「用書寫來表達想法」的學習指標，他們一起列出對兒童在書寫方面如何改變的期望。在此過程中，較高年級的教師可以看到學生的技巧奠基於幼稚園階段，而較低年級的教師則看到年幼學生所呈現的基本技巧如何隨時間而改變。我們非常鼓勵不同年級的教師一起合作。

　　在教師從理論觀點分析好學習指標後，接下來就要思考蒐集核心項目的實務面了。針對一個規畫好的學習指標，教師要思考課程活動如何能產生代表學習指標的具體作品。

5.教室活動

　　我們建議教師為每一個學習指標進行腦力激盪，想出一些與指標相關的課程活動，包含：小組可從事的方案、兒童個別的工作和兒童在教室裡可使用的材料。把這些寫在表格左欄的「教室活動」項下。下表是上述的一年級教師所寫的。

教室活動
創造積木規律
使用小方塊、珠子、釘板或其他操作性材料
積木建構
繪畫
編織
節奏性的拍手遊戲

6. 核心項目

　　列出相關的課程活動後，教師要思考這些活動所會產生的作品及其形式可能有哪些。要記住，不同的兒童有不同的表達方式，因此每個活動可以用好幾種不同的方式來呈現。將這些可能呈現的作品形式寫在表格右欄的「兒童的作品／核心項目」項下，如同下表所示。

教室活動	兒童的作品／核心項目
創造積木規律	繪畫、照片、書面或口頭描述
使用小方塊、珠子、釘板或其他操作性材料	描圖、剪畫、繪圖、照片，每一個都附上記錄（書面或口頭描述）
積木建構	照片並附上記錄
繪畫	繪圖、畫畫、書面或口頭描述
編織	編織的成品並附上書面或口頭描述
節奏性的拍手遊戲	錄影帶、錄音帶，或軼事記錄

　　這個分析過程的步驟（列出技巧和概念、描述連續的進步、設計相關的課程活動、思考每一個活動如何呈現於作品）要重複使用於每個學習指標。如果教師保存這項工作的記錄，在開學前便會有一組學習指標、相關的課程活動，以及每個活動如何呈現於作品的想法。這個過程可以簡化教師在學年中的課程計畫。

　　「核心項目計畫工作單」（圖4.29）是用來記錄分析的結果。圖4.30和圖4.31是三年級教師對於科學思考領域中「觀察並記錄科學現象」的學習指標所做的記錄，呈現的方式不同。

領域	學習指標	
一、語言與文學 □ 二、數學思考 □ 三、科學思考 □ 四、社會文化 □ 五、藝術 □		核心項目 計畫工作單

學習指標所包含的概念和技巧

教室活動	兒童的作品／核心項目

作品取樣系統

□ 圖 4.29

「核心項目計畫工作單」

領域	學習指標	
一、語言與文學　□	觀察並記錄科學現象	**核心項目**
二、數學思考　　□		**計畫工作單**
三、科學思考　　☒		
四、社會文化　　□		
五、藝術　　　　□		

學習指標所包含的概念和技巧

- 使用一種以上的感官去觀察。
- 使用科學工具以利觀察（放大鏡、望遠鏡、顯微鏡、磅秤和測量工具）。
- 仔細地繪製科學圖畫。
- 繪製科學圖畫時盡量真實。
- 使用口頭或文字來描述所觀察到的現象。

教室活動	兒童的作品／核心項目
觀察蝴蝶的一生	繪圖（有無標題均可）
觀察並記錄所蒐集到的項目（如：貝殼、石頭、種子、羽毛）	繪圖、畫畫、口述或黏土模型的照片
觀察動物行為	扮演動物的錄影帶、繪圖或附有口述記錄的畫
在觀察過橋樑後，以積木、稻草或其他材料來建構橋樑	照片顯示所蓋的橋樑並附有描述
實驗磁鐵的屬性	繪圖或寫下所觀察到的現象
觀察蚯蚓的行為	軼事紀錄記載兒童的觀察、所做的黏土模型、口語的描述等

作品取樣系統

❏ **圖 4.30**

完成的三年級科學思考領域「核心項目計畫工作單」

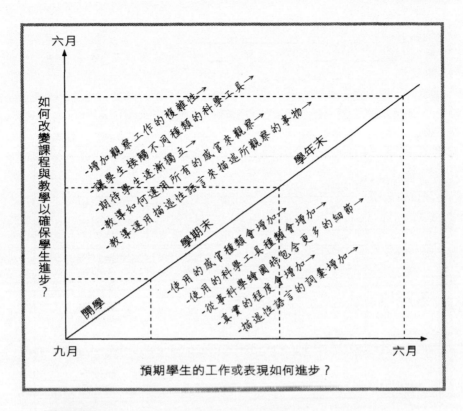

六月

如何改變課程與教學以確保學生進步？

-增加觀察工作的複雜性→
-讓學生接觸不同種類的科學工具→
-期待學生逐漸獨立→
-教導如何運用所有的感官來觀察→
-教導運用描述性語言來描述所觀察的事物→

學期末

學年末

開學

-使用的感官種類會增加→
-使用的科學工具種類會增加→
-從事科學繪圖將包含更多的細節→
-真實的程度會增加→
-描述性語言的詞彙:增加→

九月

六月

預期學生的工作或表現如何進步？

❏ **圖 4.31**

這個圖表是三年級教師用來規畫在整學年間對兒童在科學思考領域進展的期望以及相關的教學改變

㈢核心項目的蒐集與管理

「核心項目蒐集計畫表」（圖 4.32）可當作作品集的目錄。教師決定好學習指標後，可把它們列在此表上，每位學生有一張。表上填上學生的姓名，放在他們作品集的最前面。當蒐集到作品時，便在表格右欄中適當的蒐集期裡打勾。

圖 4.33 和圖 4.34 是兩個寫好的核心項目蒐集計畫表，一個是幼稚園教師寫的，另一個則是三年級教師寫的。

```
姓名_____                核心項目
教師_____年級_____                蒐集計畫
學校_____
```

說明：在下面空白欄中列出學習指標，並影印一份放置於每位幼兒的作品集裏。當蒐集到代表不
　　　同蒐集期的核心項目時，記得在適當的蒐集期欄內做記號（打勾或寫日期）。

領域	學習指標	蒐集期
語言與文學	1.	開　學_____ 學期末_____ 學年末_____
	2.	開　學_____ 學期末_____ 學年末_____
數學思考	1.	開　學_____ 學期末_____ 學年末_____
	2.	開　學_____ 學期末_____ 學年末_____
科學思考	1.	開　學_____ 學期末_____ 學年末_____
	2.	開　學_____ 學期末_____ 學年末_____
社會文化	1.	開　學_____ 學期末_____ 學年末_____
	2.	開　學_____ 學期末_____ 學年末_____
藝術	1.	開　學_____ 學期末_____ 學年末_____
	2.	開　學_____ 學期末_____ 學年末_____

作品取樣系統

❏ **圖 4.32**
「核心項目蒐集計畫表」

姓名＿＿＿＿＿＿＿＿＿＿＿＿＿＿＿＿＿　　　核心項目
教師＿＿＿＿＿＿＿＿＿＿＿＿年級＿＿＿　　　蒐集計畫
學校＿＿＿＿＿＿＿＿＿＿＿＿＿

說明：在下面空白欄中列出學習指標，並影印一份放置於每位幼兒的作品集裏。當蒐集到代表不
　　　同蒐集期的核心項目時，記得在適當的蒐集期欄內做記號（打勾或寫日期）。

領域	學習指標	蒐集期
語言與文學	1. 了解並解釋文學	開　學＿＿＿ 學期末＿＿＿ 學年末＿＿＿
	2. 使用字母和符號來呈現文字或想法	開　學＿＿＿ 學期末＿＿＿ 學年末＿＿＿
數學思考	1. 運用規律和關係的概念來解決問題	開　學＿＿＿ 學期末＿＿＿ 學年末＿＿＿
	2. 使用策略來解決數目問題	開　學＿＿＿ 學期末＿＿＿ 學年末＿＿＿
科學思考	1. 觀察與描述科學現象	開　學＿＿＿ 學期末＿＿＿ 學年末＿＿＿
	2. 在科學研究中提問、預測並做出解釋	開　學＿＿＿ 學期末＿＿＿ 學年末＿＿＿
社會文化	1. 蒐集並了解自己與家庭的資料	開　學＿＿＿ 學期末＿＿＿ 學年末＿＿＿
	2. 分辨自己與他人的相似與相異處	開　學＿＿＿ 學期末＿＿＿ 學年末＿＿＿
藝術	1. 運用一種藝術媒介來表達想法與情緒	開　學＿＿＿ 學期末＿＿＿ 學年末＿＿＿
	2. 探索不同的藝術媒介	開　學＿＿＿ 學期末＿＿＿ 學年末＿＿＿

作品取樣系統

❑ 圖 4.33

已規劃好學習指標的「核心項目蒐集計畫表」（幼稚園大班）

姓名＿＿＿＿＿＿＿＿＿＿＿＿＿＿＿＿＿　　　　核心項目
教師＿＿＿＿＿＿＿＿＿＿＿＿年級＿＿＿　　蒐集計畫
學校＿＿＿＿＿＿＿＿＿＿＿＿

說明：在下面空白欄中列出學習指標，並影印一份放置於每位幼兒的作品集裏。當蒐集到代表不
　　　同蒐集期的核心項目時，記得在適當的蒐集期欄內做記號（打勾或寫日期）。

領域	學習指標	蒐集期
語言與文學	1.在多種情況下書寫	開　學＿＿＿＿ 學期末＿＿＿＿ 學年末＿＿＿＿
	2.閱讀以了解意義	開　學＿＿＿＿ 學期末＿＿＿＿ 學年末＿＿＿＿
數學思考	1.運用正確的操作來解決問題並解釋 　解決的方法	開　學＿＿＿＿ 學期末＿＿＿＿ 學年末＿＿＿＿
	2.運用不同的策略來解決數學問題	開　學＿＿＿＿ 學期末＿＿＿＿ 學年末＿＿＿＿
科學思考	1.觀察與記錄科學現象	開　學＿＿＿＿ 學期末＿＿＿＿ 學年末＿＿＿＿
	2.計畫與進行實驗來檢驗假設	開　學＿＿＿＿ 學期末＿＿＿＿ 學年末＿＿＿＿
社會文化	1.繪製地圖或其他地理的圖表	開　學＿＿＿＿ 學期末＿＿＿＿ 學年末＿＿＿＿
	2.蒐集、了解與解釋有關人與環境關 　係的資料	開　學＿＿＿＿ 學期末＿＿＿＿ 學年末＿＿＿＿
藝術	1.運用藝術媒介來表達想法與情緒	開　學＿＿＿＿ 學期末＿＿＿＿ 學年末＿＿＿＿
	2.解釋、分析藝術作品與經驗，並表 　達個人的反應	開　學＿＿＿＿ 學期末＿＿＿＿ 學年末＿＿＿＿

作品取樣系統

❑ **圖 4.34**
已規劃好學習指標的「核心項目蒐集計畫表」（三年級）

　　一旦發展好學習指標、規畫出蒐集作品的程序,並計畫好作品集的形式與保存的地方,教師便可在開學時展開作品蒐集的工作了。

參、每個蒐集期間

　　在上一節,我們已經描述了如何準備作品的蒐集,在這一節,我們要介紹如何進行作品的蒐集。在每個蒐集期間,教師可以在每日或每週的活動中加入一些行動,使作品的蒐集成為一件更有價值、容易處理的事。這些行動可以歸納為下列四類:

◆ 計畫課程時即考慮作品的蒐集。
◆ 讓學生參與作品的蒐集。
◆ 蒐集、選擇與註釋作品。
◆ 管理作品的選擇。

　　在閱讀這一節的內容時,有些教師或許會覺得課程已經太多了,很難再加入任何行動。但依據使用過作品集的教師表示,一旦作品的蒐集融入教室的活動中,作品的蒐集就比較容易執行。當教師比較適應作品集的蒐集程序後,便可以視自己的能力逐漸增加這些行動(如:一次增加一項事情)。

一、計畫課程時即考慮作品的蒐集

　　作品蒐集要成為教室活動的一部分,教師必須在設計課程時就想到評量。通常,當教師們剛開始使用作品集時,他們會把課程和作品蒐集視為兩個分開的事情,結果很快就會被評量與教學的雙重需求壓得喘不過氣來。然而,我們認為教學與評量是教學中相互依存的兩個層面:評量提供的資訊能讓教師的教學更能回應學生的需求。如果教師將作品集與每日或每週的課程規畫相連結,就可以讓作品集成為教室活動中很自然的一部分。

㈠將學習指標與教室活動連結

當教師規畫教學活動時，要記得先前已經決定的學習指標（用來蒐集核心項目）。藉著規畫與學習指標相關的活動，教師便能確保每位學生有足夠的作品樣本，可以從中選出核心項目；如此，所選出的作品比較可以正確地反映學生的典型表現。因為當初會決定這些學習指標就是因為它們是課程中重要的部分，所以在規畫課程活動時應該要考慮到有關的學習指標。

㈡設計能具體呈現幼兒學習的方法

如同我們前面提過的，作品蒐集的一大挑戰是要將兒童的學習具體呈現出來。很多活動很自然地就會有具體的作品展現出兒童的學習，如：繪畫、日誌、數學的解題過程；但是，兒童很多的思考和學習並不是那麼容易就可以轉化成具體的作品而放入作品集裡。

因此，在規畫每日或每週活動時，教師便要想到作品項目的蒐集。在第 190 頁我們提到一些教師用來將兒童的思考與學習轉化為具體作品的方法，教師可以參考。

㈢提供多種方式讓幼兒展現所學

假如教師提供兒童多樣化的方式去展現他們學習，將有助於確保作品集的真實性和有效性。

作品取樣系統的假設之一是：因為不同的兒童會用不同的方式表達所知所學，因此有效的評量應提供兒童用不同的方式去呈現所知所學。許多兒童習慣用某些特定的方式來表達，如：繪畫、編劇、寫作、製作模型、演說或演奏樂器，每個兒童的作品集裡便應包括數個例子呈現他慣以表達的方式。雖然我們了解，教師不太可能在每項活動中都提供兒童不同的方法來表達自己，但請試著在一週的活動中，給他們一些選擇的機會，讓他們決定要如何呈現自己的學習。

兒童也需要學習以不同的方法向別人溝通他們的學習。有些方法是傳統的，如：我們希望所有兒童都能有相當程度的書寫和口語表達知能與自信，但同時我們也希望他們嘗試用較不熟悉的方式（例如：戲劇或雕塑）去展現自己的理解。藉由提供他們多樣化溝通學習的方式，教師不僅支持了兒童個人的學習方式，也同時鼓勵兒童習得傳統表達方式的技巧。

㈣清楚地闡明學習目標和期望

設計活動時，問問自己兩個問題：我想讓兒童學什麼？我對他們學習的期望是什麼？當教師釐清自己對學生學習的期望時，就能給兒童比較明確而有用的回饋；而當學生對於每個活動的目的和期望有較清楚的了解時，就比較可能成功達到期望。

有些教師發現，如果在設計學生的作業或學習單時，就把學習活動的目標直接寫在上面，會相當有用；有些教師則會再簡短地加上他對該作業的期望。這種作法提供絕佳的作品記錄，即使該項作品沒有被選入作品集，而由學生帶回家，教師們的努力仍然沒有白費，因為家長可以從這些目標與期望的註解中得到有用的訊息（有關如何為作品做註釋的討論，見第224頁）。

二、讓學生參與作品集蒐集

我們相信作品集應該是師生共同合作努力創造出來的。在學年開始之初，教師要向兒童介紹作品集，並向他們解釋蒐集和選擇作品的程序；在學年當中，教師應該和兒童持續談論他們的作品。這種師生間的會話是良好教學的基礎，也提供了一個很重要的管道來幫助兒童對自己的學習負責任。

㈠教導學生有關作品集的事項

假如作品集對班上兒童而言是一項新的事情，教師與學生第一次的

討論就跟介紹新的材料、程序或活動很類似。教師可以請兒童說一說他們對於作品集的了解，再視兒童的看法，進一步解釋作品集是什麼、為什麼要有作品集等。有些教師會把作品集比喻成像是剪貼簿或相本的東西；可以和學生討論有哪些專業人士使用作品集，及他們使用作品集的原因。如果恰巧班上的家長中有人是藝術家、建築師、攝影師或記者，可以邀請他們來班上分享他們的作品集。第一次談論的性質和深度會因學生的年齡而有不同。

在有關作品集的導論後，教師可以開始描述在作品蒐集中教師和學生所扮演的角色。學生可以藉由裝飾他們自己的作品集，或與教師一同決定作品集的形式等方式來參與；要開始蒐集作品時，教師可以教學生有關管理作品蒐集的程序與例行性工作。教師要讓兒童了解該學期的作品蒐集計畫（教師在開學前便已規畫好了），並教導兒童如何在作品歸檔前，在作品標上日期及做註解。

教師到最後總會要學生對作品的蒐集做更深入的討論，這些討論可能會觸及作品如何展現他們的進步、作品的期望、對自己作品的反省與評鑑，以及建立改進自己學習或作品的目標。

㈡與學生談論他們的作品

每日與學生談論他們的作品將有助於作品集蒐集的成功。談論的重點應該以下列四項為重點：

1.活動與方案的目的

當兒童了解他們為什麼要做某些事情時，他們會比較有動機去進行且會盡力做好。活動的目的有時可以透過非正式的談論來傳遞，例如：幼稚園大班的教師可能向兒童說：「在水槽區玩可以讓你把不同的東西放到水裡，試驗你對東西在水裡浮沈的看法。」教師也可以把活動的目的明白地寫在作業單上，或在團討時說明，例如：教師可能寫下或說明：「畫下並寫出我們的戶外教學中有關果園的細節」。

一旦活動的目的清楚地陳述出來，教師和學生可以討論和評鑑作品是否符合活動的目的，這是教導學生如何評鑑自己作品很重要的第一步。當他們了解該項作業的目的，並能評鑑自己的作品是否達成該目的時，他們就能有效地選擇放入作品集裡的作品。

2.期望

教師要和學生討論教師對學生的期望，如此可以增進學生正確展現那些技巧和行為的機率。要幫助學生對自己的學習負責，教師就要讓他們知道教師期望他們如何進行工作，並在適當時機告訴他們一個好的作品所應具有的特色。如果教師沒有讓學生清楚了解教師的期望，學生無法知道自己是否已達到期望，也不知道要如何改進作品。建立作業的目的和界定期望，能幫助學生反省自己的學習以及開始評鑑自己的作品。

3.建設性的回饋

清楚且適合兒童年齡的回饋能讓兒童知道自己的作品與期望相差多遠。類似像「很好」、「不錯」、「佳作」或「B」、「乙」這樣的評語，並不能告訴學生他從這項作業中學到了什麼、他什麼做得好、哪一部分他可以用不同的方式做，或他可以如何改進。相反的，像「你的故事包含了許多有趣的情節，但讓我們來討論一下它的結局，這部分好像不能和上面的故事連貫起來」的評語，就提供兒童比較多的訊息，提供學生如何改進的方向。況且當這類明確的回饋隨著作品放入作品集時，它也為作品提供了很好的註解。事實上，建設性和明確的回饋應是學生在教室中從事及完成作品的過程中不可或缺的一部分。

4.評鑑

回饋和評鑑通常指的是同樣的一件事。教師對作品的評鑑（不論是一個等第、分數或評語），都應直接與教師之前對該作業或活動所建立的期望有關。有些教師會明確地界定評分的標準，並依據標準來評鑑。對於學生作品的評鑑可以包含教師的評鑑和學生的自我評鑑，而可以用來引導學生自我評鑑的問話包括：「與期望比較，我做得如何？」和「我

從這項方案或活動中學到了什麼？」

　　與學生談論他們的作品是教與學過程中很重要的一部分，也是學生主動參與作品評量過程中重要的一環。只有當學生知道他們被期望達到什麼，以及了解相對起來自己的表現如何，他們才能有意義地選擇作品並反省自己的學習。

三、蒐集、選擇與註釋作品

　　兒童每日於教室中活動，教師（和兒童）要規律地蒐集作品、定期選擇放入作品集的作品、針對選擇的作品進行反省，並在必要時，在作品上加註釋以提高作品的意義。

㈠規律地蒐集作品

　　在每個蒐集期間，教師和學生要把作品蒐集作為教室例行性活動的一部分，持續地執行開學前就已規畫好的作品蒐集程序；如果原先所規畫的程序無法順利地進行，我們強力建議教師重新修改。在持續地蒐集作品的過程中，要記住下列三件事情：

◆ **不時地與兒童回顧作品蒐集的程序**：兒童可能會需要教師的提醒，按著已訂好的程序來蒐集作品，尤其是在學年開始時。

◆ **將所有的作品標上日期**：將作品標上日期是評量「進步」的基本工作。作品的日期是作品註釋中最重要的一項資料。把日期章放在作品存放的地方或附近會滿有用的，可以鼓勵兒童使用它。剛開始使用日期章時，年幼的兒童花在為作品蓋日期的時間可能比從事作品的時間還來得長；但當新鮮感消失後，即使是年幼的幼兒都能輕易地負起為作品標日期的責任。

◆ **加上評語或註釋**：在作品放入蒐集箱時，教師或學生可以快速地寫下一些有關該項作品的註解。當兒童決定保留某項作品時，鼓勵他寫下保留的原因；如果是教師決定保留的作品，教師要記下保留的

原因。

㈡定期選擇作品

　　選擇作品是指不時地回顧所有蒐集的作品，並選出要放入作品集的作品。選擇作品的過程中有四項要考慮的事情：選擇核心項目、選擇個人項目、建立蒐集的程序和兒童的參與。

　　1. 選擇核心項目

　　如同前述，被選為核心項目的作品是因為它代表了兒童應用某項學習指標所涵蓋的技巧和概念的典型表現；然而，雖然全班兒童的學習指標是相同的，但每位兒童所蒐集到的核心項目卻可能不同。

　　從三年級開始，學生漸漸地能了解作品集的結構和目的。透過持續的討論與對話，以及重複檢視與反省自己作品的經驗，學生可以熟練且獨自地選擇適合的項目。要選擇核心項目，必須了解包含在各個學習指標內的技巧和概念。有些教師和學生設計了一些方式引導學生選擇作品，圖 4.35 是一位四年級教師所發展出來的方式。

❏ **圖 4.35**
一位四年級老師設計的表格，用來幫助學生選擇核心項目

學期末
蒐集一個代表「用寫來溝通想法」的核心項目

瀏覽你在「語言與文學」領域的作品，找出一個作品能展現你如何使用下列我們曾學過的技巧和觀念：

- 主題焦點清楚以及思緒流暢
- 有趣的開場
- 完整的內文(細節、對話與解釋)
- 使用新詞彙
- 文章的結語
- 分段
- 適當的標點符號
- 正確地使用大寫字母
- 拼音正確
- 有效地運用時間與合作學習

這個年齡的學生可以分辨「最好的作品」和「典型表現的作品」；可以了解所選擇的作品是要展現出在某段時間裡他們所能做的。從第二個蒐集期開始，有些教師會要求學生比較第一個與第二個蒐集期的核心項目，並找出自己進步的證據。

2. 選擇個人項目

選為個人項目的作品是因為它反映了兒童獨特的特質或多重領域的學習。每個蒐集期最少蒐集五個個人項目，兒童可以學習選擇能反映他們獨特特質或展現他們跨領域學習的作品。

3. 建立作品蒐集的程序

不同的教師可能會有不同的作品選擇時間和方法。有些教師和學生每個禮拜回顧他們的作品箱，並選擇其中的一部分放入作品集裡，其餘的帶回家。如果覺得每週選擇一次太過頻繁，教師也可以改成每幾週一次或每個月一次。不管多久選擇一次，如果新的作品中有更適合或更能代表兒童目前表現的，都可以把先前的作品更換下來。一旦蒐集期結束，在這段期間所保留的作品就成為兒童作品集的一部分。

有些教師以與學生個別會談的方式來選擇作品，有些教師則是以小組的方式來選擇。下面所列的是一些教師曾使用過且效果不錯的方法，教師可以選用或修改成適合自己的方式來進行：

◆ 兒童個別選擇作品並與教師討論他們的選擇。

◆ 兒童選擇個人項目，教師選擇核心項目。

◆ 兒童兩人一組、數人一組或個別與教師會談，回顧與討論他們的作品。

◆ 當兒童了解「領域」後，從作品箱中找出某一領域（如：數學思考）的所有作品，然後一起找出符合該領域學習指標的項目。

4. 兒童的參與

作品的選擇可以由教師、教師和學生，或學生自己（偶爾有教師的引導）進行。

　　教師可以用不同的方式讓兒童參與研究他們的作品和從事作品選擇。有些教師發現在回顧所蒐集的作品時，給兒童一些明確的指引會很有幫助。下列是可以做為兒童選擇作品的一些指引：

　　請兒童從所有作品中找出：

◆ 他們喜歡做的。

◆ 展現他們學習程度的。

◆ 做起來很困難的作品。

◆ 展現他們使用描述性語言的寫作作品。

◆ 展現他們使用至少兩種策略以解決某一數學問題的作品。

◆ 對於一項重要的觀察所做的文字記錄。

　　不同的教師對於如何讓兒童參與作品選擇有不同的看法，但在選擇作品的過程中有兒童的參與是非常有價值的，因為它提供兒童反省自己的學習和進步，以及訂定未來學習目標的機會，而讓學生從事有關自己的思考和學習的討論，促使他們向更高且更抽象的思考層次邁進。

　　兒童參與作品選擇在不同年齡有不同的狀況。對於五歲以下的兒童而言，所謂的參與可能會侷限在偶爾請他們把最喜歡的圖畫或照片放入作品集裡；年紀稍大的兒童就能依據自己的目標和期望回顧作品，並能比較獨立地作選擇。

　　對年幼的兒童而言，每週做一次作品選擇最有效，而他們也需要比較多的引導；年紀大一些的兒童則可以每幾週或一個月做一次選擇。

(1)五歲以下的兒童：隨著兒童的成長，他們在設計與選擇作品的角色也會增加。我們不應期望三歲的兒童能為他們的作品集選出有意義的作品。他們作品集所包含的項目常常是教師的意見、軼事記錄，這些對他們而言沒有什麼意義；有些教師偶爾會讓大一點的幼兒從三、四個作品裡選出一件，例如：教師對兒童說：「這個禮拜我看你畫了三張手指畫，你想把哪一張放到作品集裡？」

教師也可以問兒童為什麼選擇這個作品並談論他們的作品，但是
這個年齡的兒童對於為什麼選擇這作品以及喜歡這作品的哪些部
分的說法可能不會很深入或很豐富。

(2)幼稚園大班兒童：在幼稚園大班時，學習選擇作品可以當成作品
回顧這件事中的一項重要活動。在明確的指示及範疇下，大班的
兒童能開始選擇想放入作品集裡的作品。教師可以提供一些選擇
的標準，例如：從容易做的作品跟很難做的作品中選擇，或下次
會想再做的，或第一次嘗試的作品。如果兒童累積了一些作品，
教師可以給與比較多的開放式選擇，例如：選擇顯示兒童書寫或
繪畫的作品並說明選擇的原因、選擇兒童最喜歡的畫作、選擇兒
童覺得最有趣的圖案作品。在教室內一些平常的談話中，可以討
論為什麼某些兒童做這樣的選擇、為什麼有些作品做起來很有趣、
他們想學什麼其他的東西等等。

㈢註釋作品以提高作品的意義

1. 為什麼要註釋？

作品集的閱讀對象包括教師、學生、學生的家庭和學校內其他的教
師或行政人員。對這些閱讀對象而言，如果對作品的檢視及反省的過程
能被摘要記錄下來，則作品的意義就會增加。對教師來說，有一些描述
兒童如何從事某項工作的方法，或是描述兒童某件作品反映他們某種學
習的註解，能幫助教師了解兒童已知道什麼和不知道什麼。這些註釋在
教師填寫綜合報告時，也相當有用，它能幫助教師評鑑作品，提供評鑑
的證據，也可提供綜合報告中語文描述部分的內容。

對兒童而言，在作品上做註解強調了該作品的重要性，也強調對自
己的學習反思的過程。另外，為作品下註釋的過程可以成為教室活動中
很有價值且不可分割的一部分：當教師和學生定期地、認真地反省，並
檢討自己的學習，那麼教室就成為一個真正的學習社區。

　　對在教室外的人而言，作品上的註釋清楚呈現蘊涵在作品中的學習。因為作品的製作與蒐集是兒童學習過程的一部分，而不單是蒐集兒童一些有趣的作品，因此，讓其他人也能了解作品的背景是很重要的。

　　作品的註釋可以直接記在作品的背面，或寫在「作品項目記錄表」上（圖 4.36）。作品項目記錄表替教師省下不少時間，因為教師只要勾這件作品是核心項目或是個人項目，以及該作品是反映哪一個（或哪些）領域；在記錄表的下方留有空白處讓教師寫註釋。另外也有讓學生使用的「作品項目記錄表」（圖 4.37）。

作品項目記錄表			
姓名＿＿＿＿＿＿＿＿＿＿＿＿＿＿			
日期＿＿＿＿＿＿＿＿＿＿＿＿＿＿			
開學□　學期末□　學年末□			
	核心項目		個人
領域	1	2	項目
個人與社會發展			□
語言與文學	□	□	□
數學思考	□	□	□
科學思考	□	□	□
社會文化	□	□	□
藝術	□	□	□
體能發展	□	□	□
註釋			
作品取樣系統			

❏ 圖 4.36

「作品項目記錄表」

我的作品項目記錄

我的姓名＿＿＿＿＿＿＿＿＿＿＿＿＿＿＿＿＿＿＿
日期＿＿＿＿＿＿＿＿＿＿＿＿　　開學□　學期末□　學年末□
註釋

作品取樣系統

❏ 圖 4.37

設計給學生使用的「我的作品項目記錄」

2. 如何註釋作品？

為作品做註解可以有很多種的方式，在很多不同的時候進行；隨著做註釋的時間不同，註釋所需要提供的資訊也會不同。本小節說明有關何時要為作品做註釋以及註釋內容可以包括些什麼等事情。

◆ 在規畫或給作業時做註釋：教師可以設計一張作業單，上面說明學生要做的事、要完成的學習目標，以及教師對此項作業的期望。作業的說明可以寫在教師自創的記錄表上或寫在另外一張紙上，附在兒童的作品上（圖 4.38 和 4.39）。

課堂中聆聽艾瑞克·卡爾所著的「公雞環遊世界」的故事。在故事中，公雞帶著兩隻貓、三隻青蛙、四隻烏龜和五隻魚和他一起旅行。幼兒要解決的問題是算出總共有多少隻動物一起去旅行。

要看什麼：

• 幼兒是否了解問題？

• 幼兒是否完成這個問題？

• 幼兒如何呈現這些動物：繪畫；用具體的物體、文字、象徵的符號或數字？

• 每一種動物的數量是否正確？

• 動物總數是否正確？

❏ **圖 4.38**

一位幼稚園教師所設計的一個以故事為基礎的數學問題的學習單

_____在「雜記剪貼簿」寫下一個故事，然後與朋友或老師討論。

然後，重新編輯與修改，放入剪貼簿中。

接著將這個故事打字（第一次稿），再進行最後的修改（第二次稿）。

最後，教師在電腦上修改第二次稿，並將最後的版本印出來。

❏ **圖 4.39**

一位三年級教師所設計的作業

◆ 在作品完成時做註釋：教師可以在兒童完成作品後，摘要地記下與
學生談論作品的內容，或是要求學生檢討其作品並記錄下來。記錄
的內容可包括：兒童做了什麼、兒童如何進行這項工作（即所使用
的方法）、是否符合教師對這項工作的期望，以及作品中所呈現的
技巧和知識的證據（圖 4.40 和 4.41）。

□ **圖 4.40**

教師在學生完成作品時寫的註釋提供了有價值的情境訊息

核心項目，開學

• 數學思考

學習指標：

「使用不同的策略來創造或解答數學問題」

克利斯多福以數字、圖畫和文字來呈現交易的加法問題。在圖畫中兒童
分二組。

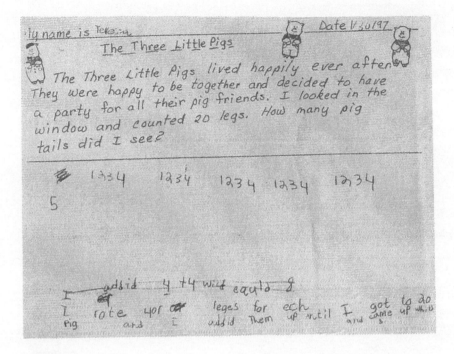

□ 圖 4.41

特瑞莎的老師在她完成作品時寫下了註釋，解釋她的表現如何達到期望

核心項目，學期末

• 數學思考

學習指標：

「使用策略來解決數目問題」

特瑞莎已達到這個作業的期望。她找到一個視覺的方法來解決這個問題，並以文字解釋她所用的方法。她用數字來代表豬的腳，而且以四個為一組來解決這個問題。

◆ 在蒐集作品時做註釋：描述創作作品時的情境或周遭環境的細節，在蒐集時便記下以免過後會忘記（如：兒童自發或教師設計的、兒童對該項工作的熟悉程度、獨立完成或教師協助完成的）（圖 4.42 和 4.43）。

□圖 4.42

珍妮的老師在蒐集作品時寫下註釋，解釋這個個人項目如何顯現她在四個領域的統整學習。

個人項目，開學

- 個人與社會發展
- 數學思考
- 科學思考
- 體能發展

珍妮喜歡積木區，常自己一個人玩二十至三十分鐘。她做事很堅持且有方法，她結合形狀及結構的知識來搭建簡單的建築。剛開始，她試著搭建這樣的構造：

發現它不能站立時，她在中間加了柱子支撐，就像在照片中看到的一樣。

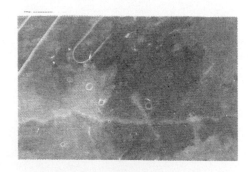

□圖 4.43

哈夫卡的老師在蒐集作品時附上註釋，說明這個核心項目如何代表某一特定的學習指標。

核心項目，學期末

- 藝術

學習指標：
「對藝術經驗有回應」

在課堂上，我們持續地討論藝術與情感：藝術家如何表達他們的感受，以及觀眾看到畫作、雕塑、舞蹈，或聽到詩或音樂時的感受。在聆聽過幾首弦樂四重奏之後，哈夫卡畫下這幅畫並說：「這個音樂讓我感到悲傷，它讓我想起爺爺去逝的情形。」顯然哈夫卡已很清楚地聯結了藝術與感情。

◆ 在選擇作品時做註釋：解釋為什麼這個作品被選為核心項目或個人
　　項目，以及它是誰選擇的（圖 4.44）。

☐ **圖 4.44**

艾密麗的老師選擇這個作品作為個人項
目，因為它呈現了艾密麗解決自創問題
的獨特方法

個人項目，學期末
- 數學思考
- 藝術
- 體能發展

在做一群女孩的創作中，
艾密麗決定將所有的女孩
打扮得一樣。她怎麼做
呢？她並不是一次用一個
顏色塗完所有的女孩，而
是先完成一個，然後再照
第一個的樣子畫第二個，
再畫第三個、第四個。
（注意額頭上的黑線）

　　圖 4.45～圖 4.48 是一位幼稚園大班的幼兒瑪麗貝絲的作品，她的教
師用了許多不同的方式來註釋她的作品。在計畫該作業時，教師便設計
了一張作業單並將其貼在作品的後面（圖 4.45）。

　　圖 4.46 是瑪麗貝絲的作品。在蒐集這個作品時，教師在作品的背面
描述了瑪麗貝絲所使用的方法（圖 4.47）；在選擇作品時，教師註記此
作品所呈現與學習指標相關的學習證據，將之記錄在「作品項目記錄表」
上（圖 4.48）。

　　雖然我們列舉了教師可以為學生作品做註的四個時機，但我們並不
期望教師對每件作品都做四次的註解；重要的是，註釋的目的是要讓作
品的意義更加清楚，就像瑪麗貝絲的教師所做的一樣。

家庭圖

依據你家庭成員的名單，製作一個圖表來顯現你的家庭中男生和女生的數目。

步驟：

1. 列出你家裡有些什麼人。
2. 在紙上畫下簡單的人形來表示家裡的人，把人形從紙上剪下來。
3. 在你的圖表中標示出：
    男生
    女生
4. 你的圖表顯示了什麼？
    男生比女生多嗎？
    女生比男生多嗎？
    男生和女生一樣多嗎？

❑ **圖 4.45**

教師的學習單，後來貼在瑪麗貝絲的核心項目後面，提供有關此作品的背景訊息

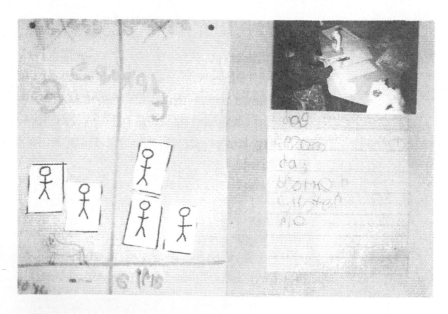

❑ **圖 4.46**

瑪麗貝絲依照學習單的指示做出這張核心項目，代表數學思考領域中「了解數與量的概念」的學習指標

瑪麗貝絲算了兩邊的人數後，在女生這一邊標示「多」，男生那一邊標示「少」。當她再查看名單時，發現她漏掉了狗，但是她不想用人形來代表狗，所以她自己在表上畫了一隻狗。她找來一張狗的卡片，看著畫狗的圖。她在表中間寫下「3 ＝ 3」。

□ **圖 4.47**
瑪麗貝絲的老師在蒐集圖 4.46 的作品時附上這段描述

作品項目記錄表

姓名　瑪麗貝絲

日期　10/12

開學 ☒　學期末 □　學年末 □

領域	核心項目 1	核心項目 2	個人項目
個人與社會發展			□
語言與文學	□	□	□
數學思考	☒	□	□
科學思考	□	□	□
社會文化	□	□	□
藝術	□	□	□
體能發展	□	□	□

評語

瑪麗貝絲完全靠她自己完成這項工作。她緩慢且謹慎的做事風格幫助她能自我修正。她正確地以一對一的方式對照名單中的人數與表中的人數。並正確地使用數學語言來描述她的工作。

作品取樣系統

□ **圖 4.48**
當圖 4.46 的作品被選為核心項目，瑪麗貝絲的老師以「作品項目記錄表」來記錄作品所呈現的學習

四、管理作品的選擇

在開學之前，教師已經完成核心項目蒐集計畫單，將每個領域的學習指標填寫上去。我們建議教師將這些計畫單放在每個作品集的最前面，作為作品集的目錄，也作為檔案管理的工具。當蒐集到核心項目時，教師（或學生）可以在表上適當的蒐集期欄打勾作記號。這樣一來，便能

一目了然知道兒童的作品集裡已經有什麼以及還欠缺什麼作品。

很多教師覺得「作品蒐集記錄表」（圖 4.49）非常有用，它可以清楚呈現全班兒童核心項目蒐集的情形。這張表格可以讓教師一目了然地看到是否每位學生的作品集裡都有五個領域的核心項目（每個領域要兩個核心項目），和五個個人項目。當選擇了作品時，教師（或學生）可以在適當的格子裡打勾或寫上日期。開學前教師可以將學生的姓名先寫在表格上，如此教師已經準備好追蹤管理作品選擇的工作了。

教師＿＿＿＿＿＿＿＿＿											作品蒐集記錄表				
開　學□ 學期末□ 學年末□	**核心項目**										**個人項目**				
	語言與文學		數學思考		科學思考		社會文化		藝術						
姓名	1	2	1	2	1	2	1	2	1	2	1	2	3	4	5
														作品取樣系統

□ 圖 4.49

「作品蒐集記錄表」

肆、每個蒐集期即將結束時

在每個蒐集期即將結束時，教師要準備寫綜合報告（Summary Report）並舉行親師座談會。這個階段有三項工作：

◆ 學生回顧與評鑑作品集。
◆ 教師回顧與評鑑作品集以撰寫綜合報告。
◆ 準備與家長分享作品集。

一、學生回顧並評鑑作品集

作品集允許學生（甚至是很年幼的幼兒）檢視自己的作品，並評論他們自己的表現和進步。在前文，我們曾描述教師和學生談論作品的方式，如果學生曾經驗過那樣的談論，他們在蒐集期結束時對作品集裡的作品所做的回顧與評鑑會比較周延、深入。

對學生而言，回顧作品提供機會讓他們反省在教室中發生的事以及他們的所做所學；檢視作品讓他們回想產生這項作品所經歷的經驗，也幫助他們看見自己從開學以來的改變與成長。檢視作品也製造了一個機會，讓他們注意到自己的作品哪裡較弱，因而產生修正的動機。

㈠五歲以下的兒童

自我評鑑是一項學習而得的技巧，是經由經驗和引導所發展的能力。五歲以下的兒童通常不能深入反省，對他們而言，實質的翻閱作品集可能是最實際的，但教師可以將作品蒐集的想法介紹給他們，而他們也可以從看自己的作品和看到自己的成長中得到滿足。

㈡幼稚園大班的兒童

除了回顧作品和回憶經驗外，幼稚園大班的兒童已經能夠對自己的作品做一些較清楚的評論，他們可以分辨作品中哪一部分對自己而言是

特別困難或特別容易的，也可能可以說出作品如何呈現出他們的學習，例如：「（這張畫）我畫得很棒，我知道打雷、閃電。」在每個蒐集期即將結束時回顧作品，幫助兒童思考自己已經學到的和進一步需要學習的。

　　當兒童愈來愈能反省、評鑑、設立與達成自己的目標時，他們在作品註釋的角色就可以擴充。但是，要記住也不要做得太過度。其實，大部分的學習本身就很重要，而不是因為記錄而重要。很多教師告訴我們，當他們要求學生對每一個活動都正式地藉由寫、畫，或其他方式來反映他們的想法時，學生常會感到疲憊，逐漸喪失工作的熱忱。

　　「我對作品集的想法」允許學生反省作品集裡的作品，表格上包括學生的姓名、一些空白的地方讓學生書寫或口述對作品集的評論（圖4.50）。一個蒐集期可讓學生填寫一張。有些教師在蒐集期即將結束時與學生討論作品時使用這份或類似的表格，這樣的討論提供機會讓學生設立自己的學習目標、與教師一同計畫如何達成這些未來的目標，以及評鑑自己的進步。圖4.51～圖4.53是兒童對作品集的自我評鑑。

姓名＿＿＿＿＿＿＿＿＿＿　　　年級＿＿＿＿＿＿

我對作品集的想法　開學□　學期末□　學年末□

作品取樣系統

❑ **圖 4.50**

「我對作品集的想法」的表格

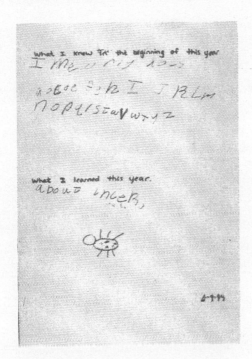

圖 4.51

兒童對於自己的作品或作品集
的評鑑（一年級）

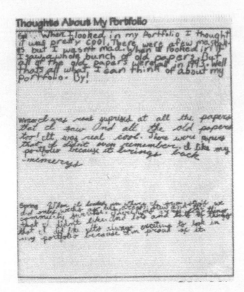

圖 4.52

兒童對於自己的作品或作品集
的評鑑（三年級）

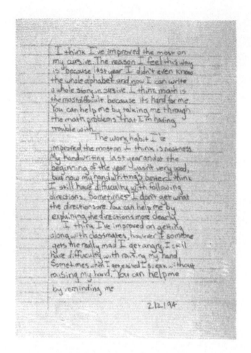

□ 圖 4.53

一位四年級學生的自我評鑑

二、教師回顧並評鑑作品集以撰寫綜合報告

　　每個蒐集期即將結束時，教師要回顧每位兒童的作品集，並依據對該班或該年齡層的期望來評鑑他們的作品。評鑑時有三個可依據的標準：

◆ **教師對兒童發展的知識**：兒童發展的知識可以幫助教師了解對某個年齡層的兒童而言，什麼是合理的期望。教師可以引用發展指引作為有關兒童發展的資料。

◆ **教師與該年齡或該年級兒童接觸的經驗**：這些經驗是訂立合理期望的另一項重要參考，作品取樣系統鼓勵教師與教同年級的同事一起討論，清楚地表達對不同工作的期望。

◆ **當地的課程期望**：這是第三種引導教師建立學生期望的依據。不同的地區對於教師在每個年級要教什麼可能有所差異，教師在評鑑學生作品時，應該將這些地區性的期望也納入考慮。

　　建立一套清楚的標準後，教師在檢視兒童的作品時即可將作品與這些標準做比較。在檢視與評鑑作品的過程中，教師可以附上一些新的評語，以幫助兒童的家人正確地解讀這個作品。要考慮的事項包括：

◆ 這項作品如何符合期望？

◆ 作品中的哪些部分低於期望？

◆ 這項作品中哪些地方確實顯示出兒童萌發的技巧？

◆ 對這個年齡的兒童而言，什麼作品是屬於超出期望的？

◆ 哪些領域需要再觀察？

核心項目與個人項目的評鑑標準不同

　　核心項目的作品只以特定領域的特定學習指標來評鑑，例如：「社會文化」領域的核心項目就應該只以「社會文化」領域中已規畫好的學習指標的概念來評鑑，即使這項作品也顯露出該兒童在精細動作上的能力或在藝術表達上的才能。

　　當檢視個人項目時，教師應該要尋找其他的證據來支持教師對該兒童某領域學習的評鑑，也要尋找可以協助教師個別化教學的資訊。

三、準備與家長分享作品集

　　作品蒐集成為教室生活中重要的一部分，它也會成為教師與兒童家庭分享教室生活的重要媒介。使用作品取樣系統的教師已經發展出許多和家庭分享作品集的方法。我們鼓勵教師在考慮如何介紹作品集時，可以多些創意。以下列出一些可以導引教師的問題。

◆ 我要使用什麼媒介來分享作品集？

◆ 多久與家長分享一次作品集？

◆ 誰要出席親師座談會？

◆ 作品集的全部內容都要分享嗎？如果不是，要分享哪些作品？

㈠親師座談會

對很多教師而言，作品集提供了親師座談會討論的焦點。教師可能會以作品集裡的作品來支持他們在綜合報告裡寫的評語，也可能分享兒童將這些作品放入作品集裡的理由。

兒童也可參與親師座談會，以作品集來顯示自己的努力、進步與成就。這個作法使得家長和教師可以藉由認同兒童做得很好的作品、幫助他們計畫目標，來表示對兒童的支持。有些教師在親師座談會之前會先與兒童進行作品集的會談，並與兒童分享他們將與家長討論的事情。

想在一次的親師座談會中分享作品集的全部通常不太可能，最好是先決定要向家長溝通主要事項，然後再選出一些可以佐證的作品來分享即可。教師可以在這些作品上貼上利貼便條紙做記號，並在上面寫下為何要與家長分享這張作品。

㈡作品之夜

有些學校舉辦「作品之夜」，邀請家長和兒童到校來回顧作品集；有些學校則是讓家長依他們方便的時間到學校，與他們的兒童一起瀏覽作品集。

學生可以腦力激盪想出家長對作品集可能會有的問題，然後，兩個人一組以角色扮演的方式進行作品集的分享。若有足夠的準備，甚至是年幼的幼兒也可以向家長呈現與解釋作品集的內容。

有些學校一年舉辦兩次親師座談會，但要求教師一年要向家長做三次或三次以上的報告，在這種情況下，有些教師在非親師座談會的報告時機，會利用「作品之夜」來與家長溝通。

第三節 作品集問與答

Q： **在蒐集作品集之前，需要做什麼事呢？**

A： 為了確保能順利地開始作品蒐集，在學期開始之前就要把需要的材料與資源準備好，包括每個兒童製作作品集所需的材料、作品貯放箱、作品檔案夾等。

接下來，要思考核心項目的學習指標，每個領域中各決定兩個學習指標（或者，從本章末的附錄中選擇適合的學習指標），再將學習指標寫在「核心項目蒐集計畫表」上。然後，將此計畫單影印，每個兒童的作品集中放置一份。如此，你就已經準備妥當，可以開始蒐集兒童的作品了。

Q： **我可以使用不同於本書所敘述的方法來蒐集學生的作品集嗎？**

A： 可以。本書所提的建議並不是要規定創造作品集或蒐集作品的一套固定的方法，而是提供一些建議和思考點，讓教師能從這些點中發展自己的方法。因為教師最知道自己有什麼資源，因此教師是決定如何創造作品集與蒐集作品、如何準備作品檔案夾、多久選擇作品一次等事情的最佳人選。重要的是，要有系統地蒐集兩種作品：核心項目與個人項目。

Q： **所有的作品都要放進作品檔案夾裡嗎？**

A： 在剛開學時，蒐集大部分的作品於作品檔案夾或蒐集箱中可能是一個不錯的作法；當教師與學生比較熟悉作品蒐集的程序後，教師可以決定某些作品就讓學生帶回家，某些作品則先收在作品夾

裡。一般來說，重要的是，所蒐集的作品是能透露最多有關兒童學習資訊的。

Q： **怎麼樣可以使作品集得以提供最豐富的資訊？**

A： 所謂具有豐富資訊的作品，指的是能顯示兒童在有意義的情境中統整運用多重技巧的作品。舉例來說，兒童寫的日記提供了有關兒童如何表達想法、如何組織文章、如何應用寫作規則（空格、大寫、標點符號）、拼字及使用字彙等的資訊。日記也是展現兒童個人與社會發展的窗口，因為它透露出兒童的興趣、動機、日常生活、思考模式與態度等。相反的，一個要求兒童讀一段課文並要求他們在適當的地方應用大寫的學習單，則只能告訴我們兒童是否能正確的應用大寫規則而已。教室的活動應該要寬廣，不應狹窄；教室活動的設計也應盡量少限制兒童能學什麼。

Q： **我可以在何時將兒童的作品歸檔？**

A： 很多教師發現，利用上課的時間和學生一起回顧、選擇及歸檔作品是最節省時間的作法，這樣可以避免教師在蒐集期屆滿時累積大量的作品要整理。有些教師會請家長來協助作品歸檔與管理的工作。年紀較大的兒童可以讓他們承擔很多作品管理的責任。

Q： **我應該把我對學生的記錄放在他們的作品集裡嗎？**

A： 不用。作品集只放兒童的作品，它不是存放發展檢核表、教師觀察記錄或家庭聯絡簿、通知單的地方。教師可以為每個兒童另外準備一個檔案夾來存放一些教師的軼事記錄、筆記、發展檢核表與綜合報告的影印本，兒童並不接觸這些檔案，它們可以存放在封閉的檔案櫃中。

但是，有時候教師所做的軼事記錄或所畫的一些圖文可能成為作品集的一個作品項目。有些兒童在教室所做的事情除了由教師記

錄下來外，沒有其他的辦法可以把它轉成作品，在這種情形下，教師的記錄就可放在兒童的作品集裡，成為一個項目。舉例來說，如果教師觀察到某位兒童在水槽邊玩時，利用水槽內的器具設計一些實驗，向別的兒童提出問題並建議他們可以如何做以找出答案，老師將這件事記錄下來。這項軼事記錄可以成為代表「科學思考」領域「在科學研究中使用提問、預測與實驗」學習指標的核心項目。

Q： 在作品集中的作品應該要評分嗎？

A： 雖然學生的作品應該要被評鑑，但分數並不是給學生回饋的最有意義的方法。當教師對學生作品的評語能協助他們檢討自己的技巧與進步時，教師的回饋就很有價值；而一旦作品集裡的作品被以傳統的方式來評分時（例如：分數或等第），這些分數或等第常會成為重點，學生的作品反而被忽略了。

Q： 身為一位幼教教師，我覺得「個人與社會發展」及「體能發展」的成長是相當重要的，為什麼核心項目不蒐集這兩個領域呢？

A： 核心項目的領域沒有涵蓋這兩個領域是因為這兩個領域很難產生可以放入作品集的作品。舉個例子來說，大肌肉活動或是戲劇遊戲通常不會有作品產生。要評量這兩個領域的知能需要教師大量的參與、做軼事記錄。

「個人與社會發展」及「體能發展」是非常重要的領域，但為了不讓教師的工作量超過負荷，在作品取樣系統中，這兩個領域的發展透過教師平常的觀察，最後記錄在發展檢核表上。但是，不要忘記，兒童在這兩個領域的發展可以在個人項目中顯現。

教師也可決定花額外的時間來蒐集這兩個領域的核心項目，若是如此，這兩個領域的檔案中會比其他的領域多一些教師的軼事記

錄。

Q： 假如全班兒童都用同樣的學習指標，那麼所有的作品集會不會都是有關同一個方案或作業的作品？

A： 兒童的作品集不會只包括同一個方案或作業的作品，因為作品的蒐集在每個蒐集期是持續進行的，而且所蒐集的作品是代表兒童在不同時間場合的學習。

假想在二年級教室裡要蒐集「科學思考」領域「觀察與描述科學現象」學習指標的核心項目，在上學期開學時，教室的活動可能包括：

• 蒐集、觀察、繪畫與描述樹葉。

• 觀察與記錄教室寵物的習性。

• 觀察教室寵物所吃的食物並將之製成圖表。

• 觀察並畫下種子的生長。

兒童在這個教室裡有很多機會去觀察和描述自然現象。教師要依兒童對教室活動的興趣，以及兒童作品的品質來選擇放入作品集的作品；而因為兒童有很多觀察與描述的機會，所以不同兒童的作品集會有不同的作品來呈現這個學習指標。

Q： 我如何將作品蒐集融入我的課程與教室作息中？

A： 為了確保作品蒐集能和課程相互配合，教師在規畫每週活動的時候，便考慮作品的蒐集；有些教師把決定的學習指標列在他們的課程計畫本上。當檢討課程計畫時，考慮設計一些刻意的活動以及兒童可能由此創作出的作品種類，例如：書寫的作品、圖畫、地圖、模型、口述、圖表和曲線圖。

很多教師不了解他們本來在課程裡所做的就很適合作品的蒐集，其實，通常不需要再設計特別或不同的學習活動，只是要設計活動並從活動中蒐集作品。因為教師是依據重要的課程目標來選擇

學習指標，因此核心項目會從教室中持續進行的活動中產生。

Q：作品集評量如何影響我的課程與教學？

A：檢視兒童的作品將提供教師機會去管控個別學生的作品。當教師仔細分析兒童的作品，就會對於學生作為一個學習者和一個人有更多的了解，了解他們的工作習慣、個人風格、思考過程、成就、優點與困難。舉例來說，在檢視一個學生的作品集之後，教師可能會注意到這位學生持續地創作一些精緻的素描與圖畫；有了這樣的認識，教師可以開始考慮讓這位學生透過藝術來進行學習、考慮如何增強他的優點、如何向他展現視覺藝術與其他學習領域之間的關係。或者教師也可能觀察到一位兒童能理解故事的結構，但是卻因為精細動作技巧不佳而無法寫下她的理解。在這樣的情況下，教師可以建議這位兒童對著錄音機背誦故事，透過這個方法，她會有成功的經驗，而教師也可以對這位兒童的故事結構理解有更正確的了解。藉由長時期持續地研究兒童的作品，教師可以觀察到他們的長處，也可以知道甚麼樣的工作帶來困難，同時教師也可以獲得更多學生對教學活動反應的資訊。例如：教師可能從兒童的作品中注意到，繪製圖表的活動對他們來說太複雜，而且大部分兒童對圖表的了解都比預期的少；因著這個發現，教師可能會決定另外設計一些較不複雜的製圖活動讓學生參與。又例如：教師可能發現學生的檔案夾裝滿了「社會文化」領域的作品，而很少「科學思考」領域的作品，這個情況可能表示教室裡提供給學生從事科學研究的機會很有限。

對很多教師而言，使用作品取樣系統的作品蒐集讓他們的課程規畫更有目的及焦點。為蒐集核心項目而規畫與分析學習指標，可以幫助教師澄清自己希望兒童學習到的技巧和概念，因此改善了他們設計活動、評鑑學生作品、給予學生回饋的方法。課程規畫

時有部分的重點會是類似下列問題：在作文上，對於這些學生合理的下一步該是什麼？接下來我該介紹哪一個解決數目問題的策略？我的學生的狀況可以接受哪一程度的科學實驗？當作品蒐集執行良好時，它可以提供教師有關教室中教與學的全面性資訊，進而指引教師規畫課程。

Q：學年末時，如何處理作品集？

A：我們建議各個學校或學區自行決定在學年末時要如何處理作品集。然而要記住：作品集是兒童作品的集結，是屬於兒童及其家庭的，因此，在學年末或下學年開學時，大部分的作品都應讓學生帶回家。

有些學校發展出自己的學年末策略：有些為每位學生設計一個學校作品集，每年從年終的蒐集期的作品集中，挑選出一或兩個領域的核心項目作品，放入學校作品集裡，逐年累積；有些教師則從兒童入學第一年的第一個蒐集期中保留幾項作品來代表兒童剛入學的表現情況。除了被保留在學校作品集的作品或被保留給下一年度的教師的作品外，作品集內大部分的作品都應讓兒童帶回家。

Q：我應該讓學生下年度的教師看他們的作品集嗎？

A：作品蒐集的過程可以幫助兒童及教師由一個年級銜接到下一個年級。年級間的銜接牽涉兩部分，一部分有關對過去一年學習的反省。在學年末時，教師可以要求學生回顧整本作品集，在教師的指引下，兒童能從回顧自己的作品集中看到自己的成長與發展。銜接所牽涉的第二部分是：讓新老師認識兒童。作品集可以當作一個媒介，讓新教師能以互動的方式來認識他們的新學生。在學年末學生回顧整年的作品集後，教師可以建議兒童選擇保留二或三個作品，在下學年開學時拿給新的教師看。藉由作品（不論是

全部或部分的作品），兒童能以展現他們的作品及表達自己的檢
討向新教師介紹自己，而新教師也可有機會與個別兒童談論有關
未來一年的學習。在開學後的作品集座談會結束後，兒童便可以
把作品集帶回家。

附錄 核心項目的參考——學前兒童

語言與文學

學習指標	幼兒的作品／呈現
使用符號（如：符號、繪畫、萌發的書寫形式）來溝通想法	• 幼兒以塗鴉表達想法的作品 • 幼兒在作品上寫字（名字或文字） • 幼兒在手指畫或濕沙上寫字或寫符號的照片 • 幼兒抄寫字詞或以表徵式圖畫或創意拼字書寫文字的作品
溝通（用口說、動作、手勢）來表達想法	• 幼兒說故事或發表想法的軼事記錄（在團體時間說、說給教師聽，或教師聽到他對同學說的） • 幼兒如何表達一項遊戲的指示、平息爭論或幫助朋友了解事情的記錄 • 幼兒敘述學校或家庭事件的錄音帶
用寫（或口述）來溝通想法	• 為搭建的積木做標示 • 在戲劇扮演時製作的購物單 • 給朋友或家人的信 • 邀請別人蒞臨班上的邀請卡 • 附有口述故事的圖畫 • 幼兒敘述塗鴉創作或符號的口述記錄 • 日誌的影印本
了解故事並對該故事有回應	• 幼兒向朋友說故事的軼事記錄 • 幼兒在戲劇遊戲或遊戲場上演出故事的軼事記錄 • 幼兒以繪畫描述的故事 • 顯現幼兒看著故事書中的插圖來「唸」故事的照片並附有軼事記錄 • 幼兒回答有關故事的問題的記錄 • 幼兒複述故事的錄音帶

對書及閱讀展現出興趣與了解	• 自由選角時間幼兒在圖書區活動的照片 • 幼兒在語文區活動的照片 • 幼兒對書本的反應、對書所提的問題或要求大人唸書的軼事記錄 • 記載幼兒查閱書本以獲得蓋橋樑或城堡的資料之記錄 • 記載幼兒與他人討論書籍或故事內容的記錄 • 幼兒口述對某故事的想法的記錄

數學思考

學習指標	幼兒的作品／呈現
了解並應用分類和排序的技巧	• 幼兒分類珠子的記錄 • 幼兒按大小順序排列木棒、鈕釦或蠟筆的照片 • 幼兒依據大小、形狀或使用方法來收拾積木或其他用具的照片 • 記載幼兒敘述其所使用的分類規則的軼事記錄 • 記載幼兒在點心或戶外遊戲時間顯示了解排序與分類的軼事記錄 • 顯現幼兒具有分類技巧的圖畫（如：這裡全部都是玩具、這是我的家人，或這是我蒐集的各種葉子） • 將同種類的項目剪貼在一起的作品（如：形狀、顏色、動物、遊樂器具）
了解並使用數目概念去解決問題	• 敘述幼兒在點心時間發配碗和湯匙的方法的軼事記錄 • 記載幼兒數算在沙池的人數，看是否還可以再容納一人的軼事記錄 • 記載幼兒如何分配教室材料的記錄 • 記載幼兒在團討時數算全班（或小組）的人數，並說出「女生比男生多」的記錄
了解並應用大小和測量概念	• 幼兒比較積木大小的記錄 • 幼兒測量自己身高或植物成長高度的照片（並附上記錄） • 敘述幼兒如何比較同學身高的軼事記錄 • 烹飪活動或製作麵糰時，幼兒測量糖、麵粉份量的照片 • 幼兒用自創的測量方式來決定某個積木架構或餐桌的長度 • 幼兒使用天平的照片

使用分類和規律技巧

- 顯示幼兒使用積木或其他操作性材料來創作規律的照片（如：用撕貼畫的材料所創出的圖案）
- 記載幼兒以某種規律或分類原則將班上幼兒分類的軼事記錄（如：穿紅色襪子的人要坐這裡，穿其他顏色襪子的人要坐那裡）
- 記載幼兒用手拍出有規律的節奏或用肢體做出有規律的動作的記錄
- 將珠子、木棒或鈕釦依據一特定屬性分類或排成某種規律圖案的照片
- 用手指畫或刮鬍膏來創作規律的照片
- 在釘板上創作規律的照片
- 在紙上複製所創作的規律的作品

科學思考	
學習指標	幼兒的作品／呈現
使用感官去探索與觀察自然及物理世界	• 記載幼兒玩水或沙、玩弄麵糰、探索膠水、手指畫或刮鬍膏時所說的評語的記錄 • 幼兒回憶在樹林散步時所聽到的聲音，或去圖書館路上所見事物的記錄 • 幼兒口述對教室寵物、豆子發芽或磁鐵板上物體的觀察 • 顯示幼兒探索鳥巢的照片
在研究中從事觀察和預測（或猜測）	• 幼兒對種子生長的記錄，內容包括自製圖表以及什麼東西幫助植物生長 • 猜什麼東西會浮起來，什麼東西會沉下去，並說明為什麼 • 幼兒預測物體重量的記錄 • 在團體腦力激盪時，幼兒猜測或預測的記錄 • 詢問幼兒，讓他猜測小兔子會吃什麼，並問他要如何知道自己的猜測對不對
在探索時實驗並解決問題	• 幼兒自製圖表敘述教室寵物一週所吃所喝，並決定下週該餵食什麼食物 • 實驗植物生長所需的陽光、水和養料的情況，並製成圖表或做成記錄 • 實驗、觀察及預測水在哪一種水管（大小不同）中的流動速度最快，並記下幼兒對結果的描述（照片並附上註釋）
觀察並描述環境	• 幼兒畫下所蒐集的葉子 • 畫下並說出對教室寵物行為的觀察 • 照片並附上軼事記錄顯現幼兒透過聽診器所聽到的，或透過放大鏡所看到的 • 記載幼兒敘述對麵糰的感覺或新餅乾或新果汁味道如何的軼事記錄 • 幼兒對吹泡泡的觀察（記錄並附上照片）

社會文化

學習指標	幼兒的作品／呈現
蒐集與解釋有關家人和社區的資料	• 家庭成員的圖畫或剪貼作品 • 在參觀醫院或警察局後畫下所見所聞 • 畫下或寫下全家旅行的情況 • 照片顯示幼兒在娃娃家角色扮演家庭成員 • 幼兒用積木搭建飛機、住家或教堂的照片
蒐集並解釋有關社區中人物角色的資料	• 記載幼兒「訪問」學校警衛、校長、醫生或鞋店店員的記錄 • 記載幼兒在團討中對社區工作人員工作的討論 • 軼事記錄描述幼兒在參觀雜貨店或藥局後的角色扮演 • 照片顯示幼兒用大型積木搭建的火車，或教師對幼兒用積木做成的鞋店所畫的圖
發展對自己與家庭的知識和了解	• 幼兒描述並畫下在家中工作或遊戲的情形 • 說出有關家庭聚會、爭吵或旅行的情形 • 幼兒製作有關家人活動的書或剪貼畫 • 顯示幼兒扮演家人互動的照片並附上註釋 • 記載幼兒描述在家中誰做什麼事情、怎麼做的軼事記錄
分辨和了解人與人間的相似點與相異點	• 畫下一些相互有差異的朋友 • 幼兒說出人們相異或相似的地方 • 記載幼兒在點心時間討論彼此的家庭活動相同或不同的地方的軼事記錄

藝術

學習指標	幼兒的作品／呈現
參與視覺藝術活動（或戲劇、音樂、舞蹈、肢體創作）	• 繪圖（如：用鉛筆、粉筆、麥克筆或蠟筆） • 畫畫（如：蛋彩畫、水彩畫或手指畫） • 黏土創作或用麵糰做造型的照片 • 幼兒跳舞或唱歌的照片 • 記載幼兒自創歌曲的錄音帶或軼事記錄 • 幼兒用布偶或手指偶演出的照片 • 拼貼畫並附上幼兒描述他如何製作的記錄
使用藝術來呈現想法	• 繪圖 • 畫畫 • 照片顯示幼兒透過舞蹈或肢體動作來敘述一個故事 • 幼兒以音樂重述故事的錄音帶或軼事記錄 • 幼兒將教室或家中所發生的事用歌唱出來的錄音帶
探索不同的藝術材料	• 幼兒使用不同藝術材料創作的作品 • 幼兒對剪貼作品的口頭說明（照片及軼事記錄） • 幼兒剪貼雜誌上的圖片，或使用剪刀設計圖案 • 幼兒創作舞蹈或用偶來演戲的照片
探索或使用單一的藝術材料	• 幼兒在一學年中用水彩或麥克筆作畫的作品 • 照片與軼事記錄顯示幼兒以舞蹈或戲劇來溝通方面的進步 • 幼兒使用黏土或麵糰創作成品的照片 • 幼兒一年中的剪貼作品 • 幼兒一年中所唱歌曲的錄音帶 • 一年中幼兒使用教室樂器表演的錄音帶

5

作品集在幼稚
園的實施

　　我們曾於民國八十九年到九十年初在國內一所幼稚園嘗試實施作品集，該班老師與我們所共同走過的歷程以及過程裡發生的點點滴滴，包括老師對作品集實施的程序、課程設計的疑惑與解惑，以及走過來之後的喜悅與自信，我們認為值得給國內有勇氣、願意突破窠臼的幼教人士參考。本章即呈現台北市龍安國民小學附設幼稚園彭麗琳老師實施作品取樣系統作品集的歷程與成果，並以其經歷檢討作品集的功能與問題。

第一節 背景

　　彭麗琳老師，從事幼教工作迄今已十四年，目前任教於台北市龍安國民小學附設幼稚園。近幾年來，尤其是服務的幼稚園開始實施角落與主題教學之後，她感到以往的評量方式太過僵化，評量的內容太過狹隘，每學期所做的勾選式評量，實在無法讓她確實掌握孩子的發展與學習，以及自己的教學成效。更令她感到困擾的是，一般學期末所使用的學習檢核表內的項目是預先設定的，不一定與自己班上進行的教學有關聯，常常為了要讓孩子能在期末評量上有「好看」的成績，而要特別教導孩子評量的內容（例如：一年有春、夏、秋、冬四季）。再者，家長往往不清楚自己的孩子在學校中真實的表現，但自己又沒有留下什麼具體的證據，令她覺得氣餒。因此，她一直希望能有一套更完善的評量方式，能解決目前評量上的問題。

　　所以，這幾年來彭老師不斷尋覓適合的評量方式，只要聽到有新的評量，她都會仔細研究，甚至試上一試。後來，她蒐集每個孩子平常的圖畫作品與學習單，一一將孩子的作品與學習單放入各自的檔案夾，最後再分析孩子在小肌肉及構圖上的進步狀況。但是，彭老師覺得這樣的做法只能讓她知道孩子某一小部分的發展與學習，仍然無法了解孩子的全面，也不了解自己的教學到底對孩子有沒有影響，尤其是完全無法了解每個孩子的學習特色及在學習過程中可能有的困難。但是，雖然以當時的做法，她只能從孩子的作品中了解一小部分，但是她仍然覺得孩子的作品應該是一個豐富的寶藏，蘊藏了所有有關孩子發展與學習的訊息，只是她還沒有找到開寶箱的鑰匙而已。

　　直到本書的第二位編譯者剛好因為做論文的需要，正在尋找一位願

意嘗試卷宗評量的幼稚園老師，彭老師知道後，立即自願加入研究，開始在班上實施卷宗評量，希望卷宗評量能協助她了解孩子作品中的意義。在嘗試幾種分析作品的方法後，彭老師決定採用「作品取樣系統」中「作品集」的方式來進行。但由於剛開始時彭老師對作品集的蒐集、分析與評量並不熟悉，為不造成她與合班老師過重的負擔，彭老師決定依照作品取樣系統的建議，選擇自己與合班老師最熟悉的兩個領域——語言與文學、藝術——開始實施。本章即呈現彭老師在該班實施作品集的過程與結果，並以班上兩位幼兒——小銳和小筠——在「布袋戲」主題中的作品集做為實例說明。

第二節 🐇 作品集的實施

壹、實施作品集前的準備

在實施作品集之前，彭老師做了三件事，包括：⑴決定作品集的形式及擺放的位置，⑵向班上的孩子介紹作品集的意義與功用，⑶規畫學習指標並寫好「核心項目計畫工作單」。

一、決定作品集的形式與擺放的位置

彭老師選擇 B4 大小的卷宗夾作為作品集，她為班上每位幼兒都準備了一個卷宗夾，懸掛在卷宗架上。卷宗夾與卷宗架放置在教室內語文區的矮櫃上，這樣一來，孩子便可以自由地翻閱作品集裡的資料。彭老師又在卷宗夾旁邊擺放一張小桌，並將幼兒的姓名章與日期章置於桌上。當幼兒完成作品時，可自行蓋上姓名與日期。

二、向幼兒介紹「作品集」

在準備好卷宗夾後，彭老師向孩子解釋：「卷宗夾是用來放小朋友最好或最特別的作品的夾子」。然後，為了增加幼兒對作品集的認同與參與感，她請孩子為作品集命名，幼兒決定將其命名為「可愛的本子」；再請幼兒裝飾、設計自己的作品集封面，圖 5.1 即為小銳和小筠的卷宗夾。

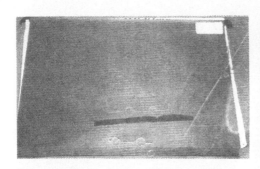 

□ **圖5.1**　小銳（左）和小筠（右）的卷宗夾，封面皆由他們自己設計

三、規畫學習指標

㈠訂定學習指標

　　為規畫「學習指標」（有關學習指標的定義與規畫，請見本書第四章），在進行「布袋戲」主題之前，彭老師首先思考自己的教學目標，再依據教學目標（及學習指標的五項準則）訂定語文領域與藝術領域的學習指標，分別為：

　　1. 語文領域：⑴口說表達意思並讓他人了解。

　　　　　　　　　⑵使用符號（如：符號、繪畫、字）來溝通想法。

　　2. 藝術領域：⑴運用藝術（美術、舞蹈、音樂）表達想法。

　　　　　　　　　⑵參與戲劇活動。

　　學習指標可以說是彭老師對該班幼兒有關「布袋戲」主題的表現期望。

㈡分析學習指標涵蓋的概念與技巧

　　在規畫好學習指標後，彭老師接著分析出每一個學習指標所涵蓋的概念和技巧，例如：

◆ 學習指標：口說表達意思並讓他人了解。

涵蓋的概念與技巧：

· 運用口說來溝通、表達想法。

· 表達清楚，能在討論及會話中表達意思。

· 能讓他人了解所說的內容。

◆ 學習指標：使用符號（如：符號、繪畫、字）來溝通想法。

涵蓋的概念與技巧：

· 寫出並說出符號所代表的意思。

· 將符號應用到其他領域。

· 利用符號來解決某些問題。

◆ 學習指標：運用藝術（美術、舞蹈、音樂）表達想法。

涵蓋的概念與技巧：

· 會探索並使用不同的藝術媒介（如：紙黏土、撕貼畫、水彩、樂器）。

· 參與美術、舞蹈和音樂活動。

· 對美術、舞蹈、音樂活動有興趣。

· 呈現並敘述想法。

◆ 學習指標：參與戲劇活動。

涵蓋的概念與技巧：

· 探索道具。

· 選擇或自創要演出的故事。

· 能與其他偶或演出者配合演出。

· 能做出適合的聲音表情。

· 說出台詞。

· 將故事情節表現出來（故事具有順序性、有結構）。

㈢設計讓幼兒呈現學習指標知能的教室活動，並腦力激盪所有幼兒可能用以展現學習指標知能的方式與作品

接著，彭老師規畫教室裡可進行哪些活動，讓幼兒能有機會呈現他們在這些學習指標上的知能，並且思考所有孩子可能會出現的作品或呈現方式。例如：

學習指標	教室活動設計	幼兒可能的作品或呈現方式
口說表達意思並讓他人了解	• 參觀大道埕偶戲館 • 欣賞布袋戲錄影帶 • 阿媽説故事 • 練習表演布袋戲	• 分享參觀心得（口語表達並記錄） • 敘述觀賞後心得（口述並記錄） • 複述故事（口説並記錄） • 説出台詞（錄音帶與記錄） • 討論角色分配（軼事記錄）
使用符號來溝通想法	• 布袋戲海報設計 • 布袋戲公演邀請卡 • 劇本製作	• 幼兒作品並附上記錄 • 幼兒作品並附上記錄 • 幼兒作品並附上記錄
運用藝術表達想法	• 參觀大道埕偶戲館 • 設計布袋戲偶 • 設計布袋戲台 • 邀請小西園布袋戲師傅到本班 • 伴奏的即興創作 • 布袋戲海報設計 • 邀請卡的製作	• 畫參觀心得 • 布偶服裝設計圖（照片並附記錄） • 偶頭設計（紙黏土捏塑） • 戲服剪裁及縫製 • 戲台屋頂設計圖（照片並附記錄） • 布幕彩妝（照片並附記錄） • 舞台劇作（照片並附記錄） • 彩繪戲台屋頂（照片並附記錄） • 練習布袋偶的操作方式（照片並附記錄） • 練習布袋戲的樂器伴奏（照片並附記錄） • 照片並附記錄 • 幼兒作品並附記錄 • 幼兒作品並附記錄
參與戲劇活動	• 邀請小西園布袋戲師傅到本班 • 布袋戲練習表演 • 公演	• 練習操作布袋偶（照片並附記錄） • 照片、錄音帶並附上記錄 • 扮演剪票員的照片並附記錄 • 扮演接待人員的照片並附記錄 • 上台表演的照片與錄音帶

㈣撰寫「核心項目計畫工作單」

　　最後，彭老師將前述思考的結果寫於「**核心項目計畫工作單**」上（見表 5.1~5.4；有關核心項目計畫工作單之說明，詳見本書第四章）。

❑ 表 5.1　語言與文學領域「口說表達意思並讓他人了解」指標的核心項目計畫工作單

領域：語言與文學	指標 1：口說表達意思並讓他人了解
學習指標所包含的技巧和概念： • 運用口說來溝通、表達想法 • 表達清楚，能在討論及會話中表達意思 • 能讓他人了解所說的內容	
期望： • 幼兒可以運用口語來表達想法，並讓聽者明白、了解、有回應	
活動： • 參觀大道埕偶戲館 • 欣賞布袋戲錄影帶 • 阿媽說故事 • 練習表演布袋戲	幼兒可能的作品／呈現： • 分享參觀心得（口語表達並記錄） • 敘述觀賞後心得（口述並記錄） • 複述故事（口說並記錄） • 說出台詞（錄音帶與記錄） • 討論角色分配（軼事記錄）

❑ 表 5.2　語言與文學領域「使用符號（如：符號、繪畫、字）來溝通想法」指標的核心項目計畫工作單

領域：語言與文學	指標 2：使用符號（如：符號、繪畫、字）來溝通想法
學習指標所包含的技巧和概念： • 寫出並說出符號所代表的意思 • 將符號應用到其他領域 • 利用符號來解決某些問題	
期望： • 在作品上用符號來表達想法	
活動： • 布袋戲海報設計 • 布袋戲公演邀請卡 • 劇本製作	幼兒可能的作品／呈現： • 幼兒作品並附上記錄 • 幼兒作品並附上記錄 • 幼兒作品並附上記錄

□ 表5.3　藝術領域「運用藝術（美術、舞蹈、音樂）表達想法」指標的核心項目計畫工作單

領域：藝術	指標1：運用藝術（美術、舞蹈、音樂）表達想法
學習指標所包含的技巧和概念： • 會探索並使用不同的藝術媒介（如：紙黏土、撕貼畫、水彩、樂器） • 參與美術、舞蹈和音樂活動 • 對美術、舞蹈、音樂活動有興趣 • 呈現並敘述想法	
期望： • 參與美術、舞蹈、音樂活動，將想法呈現出來	
活動： • 參觀大道埕偶戲館 • 設計布袋戲偶 • 設計布袋戲台 • 邀請小西園布袋戲師傅到本班 • 伴奏的即興創作 • 布袋戲海報設計 • 邀請卡的製作	**幼兒可能的作品／呈現：** • 畫參觀心得 • 布偶服裝設計圖（並附上記錄） • 偶頭設計（紙黏土捏塑） • 戲服剪裁及縫製 • 戲台屋頂設計圖（照片並附記錄） • 布幕彩妝（照片並附記錄） • 舞台劇作（照片並附記錄） • 彩繪戲台屋頂（照片並附記錄） • 練習布袋偶的操作方式（照片並附記錄） • 練習布袋戲的樂器伴奏（照片並附記錄） • 照片並附記錄 • 幼兒作品並附記錄 • 幼兒作品並附記錄

❑ 表 **5.4** 藝術領域「參與戲劇活動」指標的核心項目計畫工作單

領域：藝術	指標 2：參與戲劇活動
學習指標所包含的技巧和概念： • 探索道具 • 選擇或自創要演出的故事 • 能與其他偶或演出者配合演出 • 能做出適合的聲音表情 • 說出台詞 • 將故事情節表現出來（故事具順序性、有結構）	
期望： • 能根據戲劇情節演出 • 能與其他偶配合	
活動： • 邀請小西園布袋戲師傅到本班 • 布袋戲練習表演 • 公演	幼兒可能的作品／呈現： • 練習操作布袋偶（照片並附記錄） • 照片、錄音帶並附上記錄 • 扮演剪票員的照片並附記錄 • 扮演接待人員的照片並附記錄 • 上台表演的照片與錄音帶

　　至此，彭老師已準備就緒，可以開始進行課程、蒐集作品了。

貳、蒐集作品集資料

一、蒐集作品

　　在課程進行的過程中，因為彭老師已將作品的創出融入於教室活動中，因此，幼兒從參與教室活動中就會產出作品。有些作品可以直接放入卷宗夾，如：圖畫、表格、學習單；但有些立體或大型作品則必須以拍照附上說明記錄的方式收存，如：積木建構物、黏土捏塑品、立體造型、紙箱作品；另有些扮演或說故事的作品，則需用軼事記錄、錄影、拍照，或錄音的方式（事後要將錄音內容轉謄為逐字稿）加上註釋來存放。為方便拍照作品的記錄與保存，彭老師採用作品取樣系統的「**相片**

作品記錄表」（見圖5.2）。如果是一般的作品，孩子可以在完成時，自行蓋上姓名與日期；至於照片、軼事記錄與錄音的逐字稿，則由彭老師與本書的第二位編譯者整理後放於卷宗夾內。

　　彭老師每兩週整理一次幼兒的作品，將符合核心項目與個人項目（有關個人項目之說明，請詳見本書第四章）的作品放入卷宗夾裡。也就是說，彭老師依據「核心項目計畫工作單」來蒐集核心項目的作品，從所有蒐集的作品中選出符合學習指標所涵蓋的概念和技巧的作品，先放入卷宗夾裡；不符合者，就不放。在個人項目方面，能展現幼兒興趣、重要成就和最佳能力的作品均會先被收入卷宗夾裡。

相片作品記錄表

姓名＿＿＿＿＿＿＿＿＿＿　　　　　日期＿＿＿＿＿＿＿＿

相片

記錄或註解

領域	核心項目1	核心項目2	個人項目
個人與社會發展			☐
語言與文學	☐	☐	☐
數學思考	☐	☐	☐
科學思考	☐	☐	☐
社會文化	☐	☐	☐
藝術	☐	☐	☐
體能發展			☐

❏ **圖5.2　相片作品記錄表**

二、選擇作品

　　根據作品取樣系統，接下來的步驟應該是選擇要放入作品集裡的作品。在每個蒐集期中，每個學習指標只需選擇一個核心項目，可以由老師或幼兒自己來選擇，整學年下來，一個學習指標將會有三個核心項目。但由於本書第二位編譯者做論文的時間有限，彭老師遂決定蒐集幼兒在「布袋戲」主題（進行約二個月）的作品。也因為蒐集的期間過短，如果每個指標只選擇一個核心項目放入卷宗，可能在「布袋戲」主題期間每一個指標僅會有一個作品；如果依據一個作品來評鑑幼兒學習成果，恐怕會有不當推論的情形產生。因此，彭老師決定將所有符合核心項目與個人項目的作品都放入卷宗裡，但作品選擇的工作（即：選擇代表當時幼兒的一般能力與獨特能力，以及幼兒認為最特別或最喜歡的作品）仍繼續進行。進行的程序敘述如下：

　　彭老師每兩週會與幼兒做一對一的作品選擇會談，她通常是利用吃完點心的餘暇時間，請小朋友到教室角落裡（例如：語文角）進行作品選擇。首先，彭老師會將兩週來幼兒所產出的作品一一放在他面前，與他一同回憶這兩週的作品。例如老師對小筠說：「這張是你訪問家人生肖的記錄，這是你做的娃娃偶的偶頭，這張是你完成的娃娃偶的照片，還有你每個禮拜的劃到表。」之後，彭老師請幼兒「選一個你覺得最好或最特別的作品」，有時則會請幼兒選出他「最喜歡的作品」。當孩子選出來之後，請其說明原因，彭老師再將孩子的理由寫於利貼便條紙，貼在作品上。例如：在上面的例子中，小筠選的是「娃娃偶的偶頭」（圖5.37），因為「這個（指髮尾）要捏，很難捏，所以我就努力地捏捏捏捏捏」。幼兒作品的選擇每次約歷時四到五分鐘。

　　孩子選好後，彭老師會接著選擇一張她認為「最能代表幼兒這兩週表現」的核心項目，並將她的理由寫於利貼便條紙，貼在作品上。例如：小銳所製作的「樂器代號表」（圖5.7）是彭老師選出來代表他九十年一

月二日至一月十二日這兩週表現的作品，因為這張作品顯示出小銳運用符號來表達想法的能力。另外，彭老師如果看到作品中有代表幼兒獨特性、重要成就或最佳能力的個人項目，也會將其選出，然後同樣的，也將選擇的理由記錄在利貼便條紙中，貼於作品上。有時彭老師選擇的作品會與幼兒自己所選的作品相同，就只要將幼兒與老師的理由分別寫在利貼便條紙中，貼在作品上即可。「布袋戲」主題共進行了八週，因此，總共進行了四次作品選擇。

為方便辨認，彭老師以有顏色的圓點貼紙來區分作品所屬的類別，並將圓點貼在作品上：紅色代表核心項目，黃色代表個人項目，如此一來，她可以一目了然分辨哪些作品是核心項目，哪些作品是個人項目。

在蒐集作品集資料的過程中，彭老師需要隨時記錄：在幼兒從事活動時，要記錄幼兒活動的過程、當時的情境、所說的話、與他人互動的情形；在幼兒製作作品的過程中，要記錄幼兒製作的大致經過、是否是自己獨立完成的；在蒐集作品時，要記錄為什麼這項作品會被納入作品集、為什麼它是核心項目或個人項目；在選擇作品時，要記錄選擇者（老師或幼兒）及選擇的理由。

參、作品集的分析與評鑑

「布袋戲」主題結束時，彭老師將幼兒作品集內的作品一一檢視，加以分析。在核心項目方面，彭老師依據「核心項目計畫工作單」中每一個學習指標所列的概念與技巧，來檢視幼兒在每一個學習指標上是否達到期望。同時因為每一次所選出的核心項目都是代表幼兒那一個時期的典型表現，因此，彭老師便比較不同時期所選出的核心項目，以了解幼兒在該學習指標上的進步狀況。在個人項目方面，彭老師從所蒐集的個人項目中，整理出個別幼兒所有表現中最好的或優於其他小朋友的能力。

以下呈現彭老師對小銳與小筠作品集的分析：

在「布袋戲」主題，小銳的作品集中共有十七個核心項目的作品及九個個人項目的作品，表 5.5 呈現小銳核心項目與個人項目的內容及該項目被選擇的理由。

□ 表**5.5**　小銳的核心項目與個人項目

作品集資料		圖次	作品名稱	作品日期	誰的選擇	選擇的理由
核心項目	語文指標1	圖5.3	演出「小紅帽」的照片	90/02/22	老師	「最能代表幼兒表現」因為小銳語言表達能力較以前流暢，和其他偶的對話搭配良好。
		圖5.4	「小紅帽」的錄音帶逐字稿	90/02/22		
		圖5.5	選擇作品的訪談記錄	90/03/30	老師	因為小銳語言表達能力較以前流暢。
	語文指標2	圖5.6	畫「樂器代號表」的照片	90/01/05	老師	「最能代表幼兒表現」因為它顯示了小銳用符號（畫和數字）來傳達想法的能力。
		圖5.7	樂器代號表	90/01/05		
		圖5.8	公演的邀請卡	90/03/30	小銳	「最喜歡」因為小銳覺得大力水手的劇情很有趣。
	藝術指標1	圖5.9	鏡子遊戲的照片	89/12/28	小銳	「最喜歡」因為小銳覺得遊戲很好玩。
		圖5.10	炸彈與鞭炮的照片	90/01/12	老師	符合指標
		圖5.11	布偶服設計圖	89/12/29	老師	符合指標
		圖5.12	「豬八戒」布偶的照片	90/01/03	小銳	「最好或最特別」因為豬八戒的耳朵翹翹的很可愛
		圖5.13	「大力水手」布偶的照片	90/03/20	老師	「最能代表幼兒表現」因為這項作品顯示小銳會用不同的素材來傳達自己的想法。
		圖5.14	剪裁布偶服的照片	90/03/20		

（續下表）

（承上表）

		圖5.15	在家自製的車子的照片-1	3/31~4/8		「最能代表幼兒表現」
		圖5.16	在家自製的車子的照片-2	3/31~4/8	老師	因為由這個作品可看出小銳利用不同素材來表達想法的能力。
		圖5.17	在家自製的車子的照片-3	3/31~4/8		
		圖5.18	在家自製的車子的照片-4	3/31~4/8		
	藝術指標2	圖5.19	演出「小紅帽」的照片	90/02/22	老師	「最能代表幼兒表現」因為小銳語言表達能力較以前流暢，和其他偶的對話搭配良好。
個人項目		圖5.20	劃到表	89/12/26~90/3/24	老師	「幼兒的最佳能力」因為由此可看出他對車子的喜愛與對車的觀察力。
		圖5.21	樂器代號表	90/01/05	老師	「幼兒的獨特性」因為有計畫、有步驟地做事態度是小銳的個人特色。
		圖5.22	獅子頭套	90/01/19	小銳	「最喜歡」因為小銳覺得「牠看起來很兇，我喜歡很兇的動物」。
		圖5.23	上網查的資料	90/02/21	老師	「個人重要成就」能上網查資料是小銳的重要成就。
		圖5.24	炸彈	90/01/12	老師	顯示小銳具創意。
		圖5.25	「大力水手」布偶	90/03/20	老師	「幼兒的獨特性」因為有創意是小銳的個人特質。
		圖5.26	故事書「水果們的晚會」	90/03/15	老師	「個人重要成就」小銳製作的第一本故事書。
		圖5.27	蜈蚣與蠶寶寶的觀察記錄	90/03/27	老師	「幼兒的獨特性」因為敏銳的觀察力是小銳的特色。
					小銳	「最喜歡」因為蜈蚣畫得很像。「最不喜歡」因為蠶寶寶畫得很醜、歪歪的。
		圖5.28	在家自製的車子	3/31~4/8	老師	「幼兒的興趣」、「幼兒的最佳能力」顯示小銳個人的興趣是車子，及其具有敏銳的觀察力和創意。

★核心項目的分析

彭老師對小鋭在四個指標的學習分析與評量如下：

領域	學習指標	分　　　　　析	評鑑結果	
			達到期望	進步
語言與文學領域	1.口説表達意思並讓他人了解	◎表現方面：達到期望。 　圖5.3~5.5的作品顯示小鋭能用口説來溝通和表達他想傳達的想法。 　★作品的詳細分析： 　　①演出「小紅帽」（圖5.3、5.4）：能流暢地説出小紅帽的台詞，並與其他偶有順暢的對白。 　　②作品選擇時所做的訪談（圖5.5）：能説出為什麼不喜歡這項作品的原因、向老師介紹製作的過程。當老師與他談到大力水手時，他向老師詳細地介紹大力水手的卡通。 ◎進步方面：有進步。 　★進步狀況的詳細分析： 　　①在上個主題（「車子」）我們看不到小鋭在口語方面的表現，但由「小紅帽」這場戲中，我們可以看到他有這樣的能力。 　　②瀏覽小鋭在選擇作品時的訪談逐字稿，發現小鋭對自己的作品愈來愈能侃侃而談，以前所答的話較少，現在較能流暢地説出自己的想法。	✓	✓
	2.使用符號來溝通想法	◎表現方面：達到期望。 　圖5.7和5.8兩項作品顯示小鋭了解符號是用來傳遞特定訊息和想法的，能創造出有意義的符號，可以用符號來解決問題，並能説出符號所代表的意思。 　★作品的詳細分析： 　　①樂器代號表（圖5.7）：因看到樂器的演奏與布偶戲不能配合，因此試著找出方法來解決，他畫出各種樂器，並為每種樂器編號，想出它在戲劇裡要運用的情境。他將樂器的	✓	

（續下表）

（承上表）

		各個代號畫下來，並告訴大家要有一個領隊指示伴奏者何時要表演什麼樂器，以使樂器可以配合劇情演出。這表示小銳可以運用符號來解決問題、呈現並說出符號所代表的意義。 ②公演的邀請卡（圖5.8）：公演時小銳想演的劇碼是「大力水手」，於是他將劇情與劇中人物（布魯托要搶奧麗薇的弟弟，大力水手來幫忙）清楚的畫在卡片上。 🐰進步方面：無法比較出進步。 ★進步狀況的詳細分析： 　在上個主題（「車子」），小銳已能運用符號來溝通想法，例如：他所製作的車票。因此雖然在此主題，小銳也能展現這項能力，但無法比較出他的進步。		
藝術領域	1.運用藝術來表達想法	🐰表現方面：達到期望。 　圖5.10～5.18的作品可看出小銳不僅會探索不同的材料，也在藝術創作的過程中得到樂趣，並能將他的想法呈現出來。 ★作品的詳細分析： ①炸彈（圖5.10）：過年時，老師請小朋友製作鞭炮，當大家都是清一色的鞭炮時，小銳會探索不同的素材（保麗龍球、紙藤），並運用這些素材來表達想法。 ②大力水手偶（圖5.13）：班上孩子的偶大多沒帶帽子，且是穿長袍或裙子的，小銳所做的大力水手不僅口含了一根煙斗，頭上一頂帽子，更有別於其他偶的衣服——他為大力水手縫了一條長褲。 ③在家自製的車子（圖5.15～5.18）：利用家中的各種材料，製作出心中想要的車子，包括可以轉動的方向盤、可放東西的後車廂、可放修車工具的工具櫃、方便的餐桌、可攻壞人的飛彈，以及附有支撐桿的引擎蓋。	✓	

（續下表）

（承上表）

	🍃進步方面：無法比較進步。 ★進步狀況的詳細分析： 　由於在「布袋戲」主題之前，小銳已達到該項指標的期望，如：他所製作的車子。在此主題雖然達到期望，但無法比較他的進步。			
2. 參 與 戲 劇 活 動	🍃表現方面：達到期望。 圖5.19這項作品表示小銳能根據戲劇情節演出、正確操作布偶（如：吃掉小紅帽的動作）、説出適當的台詞，並可以與其他偶配合表演，並能投入於戲劇工作中。 ★作品的詳細分析： 　①演出「小紅帽」（圖5.19）：小銳主動參與小紅帽的演出。在這場表演裡，他會操作布偶、能與其他偶配合演出、可以説出台詞，並能將故事劇情演出。 🍃進步方面：有進步。 ★進步狀況的詳細分析： 　在「布袋戲」主題之前，小銳沒有參與布袋戲演出的經驗，對於教室的扮演活動也鮮少參加。而這回他能主動參與，並展現出指標中老師對他的期望，是一大進步。		√	√

總評：
　　由核心項目可看出小銳在表現方面已達到老師所規畫的四個指標，也就是他已達到老師對他的期望。但在進步方面，只能比較出他在語言與文學指標1和藝術指標2的進步，另外兩個指標由於他在「布袋戲」主題前就已經達到老師的期望，所以在此主題無法比較出他的進步。

☆個人項目的分析

　　彭老師仔細檢視小銳的個人項目作品，發現小銳對車子有深入的認識，而且他的觀察非常細膩，作品也常與眾不同，深具創意。彭老師對小銳個人項目的分析與評鑑如下：

獨特的最佳能力	分析
1. 對車子的認識	• 由他的劃到表（圖 5.20）和製作的車子（圖 5.28），可看出他對車子結構的認識。例如：引擎的裝置、支撐桿、排氣管、儀表板、排檔等。
2. 觀察力	• **蠶寶寶**的觀察記錄中（圖 5.27），他觀察到**蠶寶寶**的生長與變化。 • 在車子部分（圖 5.20、5.28），他觀察到車的各個細微結構（如：儀表板），由這些作品都可看出他具有敏銳的觀察力。
3. 創意	• 車子中的各項配備（如：攻打的武器、餐桌設計、噴射型車尾，圖 5.28）一再讓人感到嘆為觀止。 • 而與眾不同的大力水手偶（褲子、帽子、煙斗，圖 5.25）、與全班不同的炸彈（圖 5.24），也都可看到小銳的創意。
4. 做事有步驟性	• 樂器圖（圖 5.21）：每種樂器標上代號，並依序寫出它們適合出現的情境。

總評：

　　由小銳的個人項目中，我們可看出他個人的興趣是車子，其最佳能力是有計畫、有步驟的做事方法，做事有創意以及具有敏銳的觀察力。

小筠

　　在「布袋戲」主題，小筠的作品集中共有十七個核心項目的作品及九個個人項目的作品，表 5.6 呈現小筠核心項目與個人項目的內容及該項目被選擇的理由。

□ 表 5.6　小筠的核心項目與個人項目

作品集資料		圖次	作品名稱	作品日期	誰的選擇	選擇的理由
核心項目	語文指標1	圖5.29	小筠的口語記錄	90/01/03 90/01/19	老師	符合指標
		圖5.30	演出「小藍帽」的逐字稿	90/03/31	老師	符合指標
		圖5.31	媽媽寫的「愈誇愈棒」	90/03	老師	符合指標
	語文指標2	圖5.32	家人的十二生肖	90/01/03	老師	符合指標
		圖5.33	寫春聯	90/01/12	老師	符合指標
		圖5.34	玉米畫	90/01/19	小筠	「最喜歡」 因為「我想學哥哥，然後這個（剪貼）到一年級的時候比較方便。」
		圖5.35	「小藍帽」海報	90/03/08	老師	符合指標
		圖5.36	劇本	90/03/21	老師	「最能代表幼兒表現」 因為小筠用圖畫讓人明白劇情，已達到「用符號來溝通想法」的期望。
	藝術指標1	圖5.37	娃娃偶的偶頭	89/12/26	小筠	「最好或最特別」 因為「做得很好，我做得很認真，頭髮很難做，我捏了好久才捏好。」
		圖5.38	完成的娃娃偶	89/12/27	老師	「最能代表幼兒表現」 小筠是全班第一個想到要在布偶正反面都裝飾的小朋友。
		圖5.39	模仿動物的照片	89/12/28	老師	符合指標
		圖5.40	三個布偶	89/12/26~ 90/03/08	老師	符合指標
		圖5.41	保麗龍偶	90/03/15	小筠	「最喜歡」 因為玩偶可以拿來演戲。
	藝術指標2	圖5.42	演出「快樂王子」的照片	90/02/22	老師	符合指標
		圖5.43	演出「三隻小豬」的照片	90/02/27	老師	符合指標
		圖5.44	演出「奇奇去拔牙」的照片	90/03/01	老師	符合指標
		圖5.45	演出「小藍帽」的逐字稿	90/03/13	老師	符合指標

（續下表）

（承上表）

	圖5.46	縫工	90/02/21	老師	「幼兒的最佳能力」顯示小筠的小肌肉發展良好。
	圖5.47	三件布偶服	90/03/08	老師	「幼兒的獨特性」因為從作品中可看出小筠精細動作發展相當良好，是她個人的特色。
個人項目	圖5.48	剪貼畫	90/03/22	小筠	「最喜歡」因為小筠覺得自己剪的圖案很漂亮，剪的很好。
	圖5.49	玉米畫、寫春聯、「小藍帽」海報、戶外教學備忘錄、「與書做朋友」		老師	「幼兒的最佳能力」顯示小筠對字具有相當的理解與認識，並會運用。
	圖5.50	小筠的軼事記錄	90/01/12 90/03/01	老師	「幼兒的最佳能力」顯示小筠對字具有相當的理解與認識。
	圖5.51	燕子偶	90/02/22	老師	「幼兒的獨特性」因為會想辦法解決問題是小筠的個人特質。

★核心項目的分析

彭老師對小筠在四個指標的學習分析與評量如下：

領域	學習指標	分析	評鑑結果	
			達到期望	進步
語言與文學領域	1. 口說表達意思並讓他人了解	☺表現方面：達到期望。 圖5.29和5.31三項作品表示小筠可以運用口語來表達她的想法、向同學解釋詞句的意義，並能讓聽者明白意思，甚至會將所學到的話運用在適當的情境。 ★作品的詳細分析： ①1月19日的軼事記錄（圖5.29）：小筠說：「每個老師都是小孩。」師：「？？？」筠：「老師在家裡都有一個媽媽，是媽媽的小孩。」師：「像我呢？」筠：「你是你媽媽的小孩。」師：「對我媽媽來說我是小孩？」筠：「對，對我們來說你是老師。」	✓	

（續下表）

（承上表）

	師：「我是老師又是小孩？」筠：「對。」師：「哪一個才是我？」筠：「兩個都是。」這表示小筠能清楚表達自己的意思。 ②1月3日的現場錄音逐字稿（圖5.29）：老師教大家唸「十二生肖」的童詩，老師問：「為什麼豬是菜刀命？」小筠向全班解釋「十二豬菜刀命」的意思是「豬看到刀就要逃命」。雖然答案不完全正確，但她能向全班解釋名詞意義。 ③演戲（逐字稿與錄音帶）：能將台詞清楚的說出，並能依序地將故事演出（以小藍帽為例，圖5.30）。 ④媽媽的記錄（圖5.31）：媽媽在指責哥哥時，小筠請媽媽別生氣，向媽媽說：「口說好話如口吐蓮花，口說壞話如口吐毒蛇」（這句是在學校學的靜思語）。這顯示小筠能明白詞句意思，並運用在適當的情境，讓他人了解。 　進步方面：無法比較進步。 ★進步狀況的詳細分析： 　　小筠在「布袋戲」主題前已展現出用口說表達意思，並讓聽者了解的能力。因此雖然在這主題她也展現出這項能力，但無法比較出她的進步。		
2.使用符號來溝通想法	表現方面：達到期望。 由圖5.32~5.36看來，小筠了解符號是可以傳遞某些特定訊息和想法的，她會適當的運用符號，且能說出它所代表的意思，並利用符號來解決問題。 ★作品的詳細分析： 　①家人的十二生肖（圖5.32）：老師請小朋友回家訪問家人的十二生肖，小筠將訪問的結果用圖畫和文字記錄下來，表示她能用符號來向大家介紹她和家人的生肖。	✓	

（續下表）

（承上表）

		②寫春聯（圖 5.33）：快過年了，教室裡需要一些春聯來應景，當工作需要時小筠可以自己寫字。 ③畫玉米（圖 5.34）：小筠將在家裡畫的玉米帶來學校。她畫出玉米並寫出「我覺得玉米很好吃，甜甜的」。這項作品表示小筠能用正確的字來表達自己的想法。 ④海報（圖 5.35）：小筠為班上的公演畫了一張海報，海報上的字全是她寫的，有些字是她自己本來就會的，有些是老師寫在紙上，她抄寫上去的。畫好後，老師問：「如果有人不知道小樹班怎麼走要怎麼辦？」她採納了同學的建議，在海報中運用了地圖、箭頭等符號來告知觀眾如何到演出地點。小筠在工作需要時可以自己寫字，並運用符號來解決問題。 ⑤劇本（圖 5.36）：劇本中雖然沒有字，但我們可以從圖畫中看出「三隻小綿羊與一隻大野狼」的故事劇情，整個故事的順序條理清楚，小筠用畫詳細地將故事表達出來。 　進步方面：無法比較進步。 　★進步狀況的詳細分析： 　　我們可以從「布袋戲」主題前的作品，看到小筠運用符號的能力，因此雖然她在布袋戲主題也同樣展現這項能力，但無法比較她的進步。		
藝術領域	1.運用藝術來表達想法	表現方面：達到期望。 由圖 5.37～5.41 可知，小筠會探索並使用不同的藝術媒介，參與並享受藝術活動，且能利用這些媒介將其想法表達出來。 ★作品的詳細分析： ①娃娃偶（圖 5.37、5.38）：這是小筠的第一個布偶。本想做貓咪，但頭捏好，覺得很像娃娃，便改做娃娃，再加上眼睛、鼻子和嘴巴就更像了。小筠是全班第一個想到在布偶的身體正反面都裝飾的小朋友。	✓	✓

（續下表）

（承上表）

		②參與舞蹈與肢體創作的活動（圖 5.39）：小筠一向喜愛肢體創作活動，她能表演出老師指定的或自己創作的動作。 ③四個布偶（圖 5.40、5.41）：製作了四個布偶（娃娃、大象、貓咪、保麗龍偶），在班上是屬高產量的（其他的孩子只做一～兩個）。每個布偶都能有始有終地完成，一有機會她會拿到偶台上表演。在製作之前她會想好要做什麼樣的布偶，從構思到捏塑到布料的選擇，都是她自己設計的，並會按照自己的計畫去做。而第四個布偶（保麗龍偶），則是小筠用不同的素材所創作的偶。 ⊌進步方面：有進步。 ★進步狀況的詳細分析： 　以小筠的四個布偶來比較，前三個偶都是用紙黏土和布來製作，但第四個偶小筠會運用不同的素材（保麗龍、空罐子）來創作。		
2. 參與戲劇活動		⊌表現方面：達到期望。 小筠喜歡參與戲劇活動，這從她演戲的「量」可以看得出來，這學期開始演戲後，她幾乎每場必演，演出的劇碼包括：「快樂王子」、「三隻小豬」、「奇奇去拔牙」、「小紅帽」、「三個強盜」和自創的「小藍帽」。在這些戲劇裡，小筠會為戲劇製作布偶（如：為小藍帽製作大象布偶）、會操作布偶（如：做出吃的動作、開門的動作）、能選擇或自編要演出的故事、能與其他偶配合演出，並在適當的時候說出台詞，將故事劇情表現出來。 ★作品的詳細分析： 　①演出「快樂王子」（圖 5.42）：這是小筠練習演出的第一齣戲，演到一半就不演了，因為她不曉得該怎麼演。 　②演出「三隻小豬」（圖 5.43）：這是她與彥彥自編的戲，在台上演出時，小筠的聲音比	✓	✓

（續下表）

（承上表）

平常小，台詞也很少，可能對戲劇還不太熟悉，有點害怕。

③演出「奇奇去拔牙」（圖5.44）：小筠與田田、綺綺、欣欣一同演出，她們先選定要演的故事（找故事書），再來分配角色，最後練習每個角色出場的順序與台詞。她們會依據劇情的需要製作道具（如：大樹）。

④「小藍帽」（圖5.45）：這是小筠改編自「小紅帽」的戲，全場由她一人擔綱演出，分飾多個角色（小藍帽、大野狼、小藍帽媽媽和獵人）。還會應角色的不同，變化出不同的聲音（小藍帽和大野狼）。在這場戲中，小筠對整個劇情的順序、台詞掌握佳。

進步方面：有進步。

★進步狀況的詳細分析：

①投入程度：剛開始演時，小筠可能是對演戲的程序不熟，有時會感到害怕，常需要他人提詞，排戲到一半就跑掉了，並告訴老師她不會（「快樂王子」），有時則是演出時聲音小，不太敢表達（「三隻小豬」）。但後來小筠很喜歡上台演戲，幾乎每場戲都有她的身影，並會為戲劇需要製作布偶（如：大象、貓咪、保麗龍偶）、寫劇本（「三隻小綿羊與一隻大野狼」）。

②自編故事：剛開始她演的是故事書裡的故事（如：「快樂王子」、「小紅帽」、「奇奇去拔牙」），但漸漸的，她會自編故事（如：「三隻小豬」、「小藍帽」）。

③聲調的變化：小筠在「小藍帽」時，會視不同的角色變化聲調，例如：大野狼的聲音是台灣國語、媽媽的聲音是較溫柔的。

總評：

小筠已達到老師在語言與文學和藝術領域對她的期望，她的表現在這四個指標是達到期望。但在進步方面，我們只能看出她在藝術領域的進步，在語言與文學領域方面，因小筠在「布袋戲」主題之前，皆已達到老師對她的期望，因此無法比較出她在該領域上的進步。

☆個人項目的分析

彭老師在檢視小筠的個人項目作品後，發現小筠手很巧，而她對字的理解與認識更是超過班上大部分的幼兒。彭老師對小筠個人項目的分析與評鑑如下：

獨特的最佳能力	分析
1. 精細動作發展	• 小筠在縫工角所作的縫工練習（圖 5.46），能相當準確地縫在老師事先畫好的黑點上，並一針一針地縫完。 • 另外她所縫製的三件布偶服（圖 5.47），剛開始的第一件（娃娃偶）縫針距離太大，且不整齊，但到了第三件，不但縫針平整，且速度快。 • 由圖 5.48 的剪貼畫，可看出她使用剪刀的能力良好，利用小圓貼紙所貼出來的圖案也相當整齊。 這些作品顯示了小筠的精細動作發展方面相當良好。
2. 對字的理解與運用	• 在 1 月 12 日的軼事記錄（圖 5.50）中記錄著小筠對「姿」、「婆」、「蘭」、「筠」等字的認識。 • 在 3 月 1 日的軼事記錄（圖 5.50）中則寫著：「靜思語」讀本、「詩詞讀本」上面的字小筠幾乎全部認得，她能帶領全班唸詩詞和語句。 • 而當她和同學要演出「奇奇去拔牙」時，她將故事唸給全組的小朋友聽，讓大家知道這本故事書的內容（3 月 1 日軼事記錄，圖 5.50）。 • 在許多作品中能看到小筠寫字的能力（畫玉米、寫春聯、小藍帽海報、戶外教學備忘錄和「與書做朋友」，圖 5.49）。 這些作品能看出小筠對字的認識與了解，以及她能在需要的時候運用自己寫字的能力。

總評：
    由小筠的個人項目，我們可看出她個人的最佳能力是精細動作的發展，以及對字的認識與運用。

　　彭老師從分析小鋭與小筠的作品集中不僅知道了幼兒是否達到她對布袋戲主題的教學期望，也從中了解了每個幼兒個別的能力與不足之處；前者可以視為彭老師自己教學的績效考核，後者可以作為彭老師下一步教學的指引。

　　在學期末時，由於本書的第二位編譯者做論文需要，彭老師並未將幼兒的作品集或她的分析與評鑑讓幼兒帶回家給家長，這是與作品取樣系統有異之處。如果不是因為論文之故，作品集最好與家長分享，可行的方式有二：(1)將幼兒的作品集連同老師的分析與評鑑讓幼兒帶回家給家長；(2)請家長到幼稚園來與老師共同檢閱幼兒的作品集，向家長説明老師的分析與評鑑。前者簡單易行，但家長可能因為不知如何解讀作品集而無法了解作品集的意義；後者雖可確定家長了解作品集的意義，但卻費時。折衷的辦法或許是對於較需要關注的幼兒採行後者，而學習或發展屬於沒問題的幼兒則採前者。

第三節 🐰 作品集實施的檢討

壹、作品集的功能

　　從上述對小銳和小筠作品集的分析看來，作品集有下列的八項功能：
展現幼兒的進步與成長情形、幼兒與自己比較、展現幼兒個人的最佳能
力、提供質性資料、幼兒參與評量、反映教師的教學與教室活動、建立
老師的專業自信與客觀性、解決以前評量的問題等。

一、展現幼兒的進步與成長情形

　　從比較幼兒在同一學習指標的核心項目，彭老師可以看出幼兒進步
與成長的情形。但是，彭老師同時也發現在有些指標上，幼兒似乎沒有
進步，可能的原因有：(1)「布袋戲」主題只進行兩個月，時間過短，不
足以讓幼兒產生改變；(2)學習指標的期望對大班幼兒可能太過簡單，幼
兒早就已經具備這些能力了。例如：藝術領域「運用藝術表達想法」的
期望為「參與藝術、舞蹈和音樂活動」，大班的孩子很快或早就達到這
項期望，會令人無法看到進步或覺得他們接下來的表現好像沒有進步。

　　如果原因為後者，我們（本書編譯者）認為，老師可以將學習指標
在不同的時期訂出不同難易程度的期望來要求孩子達成；也就是說，整
學年的學習指標是一樣的，但老師對「達到期望」的標準在開學、學期
末、學年末是不一樣的，而這也是作品取樣系統所建議的做法。例如：
在藝術領域的「運用藝術來表達想法」，在剛開學的期望可以是「參與
美術、舞蹈和音樂活動」以及「對美術、舞蹈和音樂活動有興趣」，學

期末的期望可以是「會探索並使用不同的藝術媒介」，而學年末的期望是「呈現並敘述所要表達的想法」（如表 5.7 所列）。例如：小筠在主題開始時會「參與美術、舞蹈和音樂活動」，如：製作娃娃偶頭（89/12/26，圖 5.37）和參與肢體創作的遊戲（89/12/28，圖 5.39）；到了主題快結束時，她會「探索並使用不同的藝術媒介」，如：保麗龍偶（90/03/15，圖 5.41）。如此一來，幼兒的進步顯而易見。

　　作品取樣系統也主張不同年齡層的兒童可以使用相同的學習指標，但老師對不同年齡層幼兒的期望是不同的，例如：科學思考領域中「觀察並記錄自然現象」的學習指標，對幼稚園大班的期望可能是「使用一種感官去觀察，並用口說來描述觀察到的現象」，而對國小二年級的期望可能是「使用兩種以上的感官去觀察，並用口說或文字來描述觀察到的現象」。

□ **表 5.7　加入不同期望的「核心項目計畫工作單」**

領域：藝術 主題：布袋戲	指標 1：運用藝術（美術、舞蹈、音樂）表達想法
學習指標所包含的技巧和概念： • 會探索並使用不同的藝術媒介（如：紙黏土、撕貼畫、水彩、樂器） • 參與美術、舞蹈和音樂活動 • 對美術、舞蹈、音樂活動有興趣 • 呈現並敘述想法	
期望： • 開學：參與美術、舞蹈和音樂活動；對美術、舞蹈、音樂活動有興趣 • 學期末：會探索並使用不同的藝術媒介 • 學年末：呈現並敘述所要表達的想法	
活動：	幼兒可能的作品／呈現：

二、幼兒與自己比較

　　彭老師認為作品集一項很大的優點是「孩子跟自己比較」。在分析幼兒作品時，彭老師將小銳和小筠的核心項目與他們自己之前的作品比較，而非與其他幼兒比較，作品集因而記錄了個別兒童隨時間進步的情形。

三、展現幼兒的最佳能力與獨特的特質

　　從分析個人項目中，彭老師了解到小銳的最佳能力是「對車子的認識」、「敏銳的觀察力」、「具創意」與「做事具步驟性」；而小筠的最佳能力則是「對字的認識與理解」與「精細動作的發展」。作品集讓彭老師了解了不同孩子的獨特性以及他們個別的優點與長處。彭老師認為作品集最大的好處是「讓大人去看、去欣賞孩子的優點，與了解孩子會什麼，而非像以前的評量，只會告訴我們孩子不會什麼，且不知道為什麼不會」。

四、提供質性資料

　　以前所用的評量表只要求老師將幼兒的學習或發展分成幾個等級（如：優良、良好、尚可、有待加強），然而這些等第並無法顯示出幼兒真正的學習過程與程度，而且得到相同等第的幼兒，他們的學習有可能是不同的（例如：兩位都被評量為「表現優良」的幼兒，他們用來解決問題的方法可能是不同的）。但是，以前彭老師所採用的評量並無法顯現出這種質的不同。

　　作品集解決了彭老師的這項問題，因為作品集的分析顯示出在所分析的學習指標上，小銳與小筠這兩位幼兒都「達到期望」，但他們所從事的活動、做事的方法以及呈現的作品卻是不同的；也就是說，幼兒可以用多樣的方式來表現自己。例如：在「使用符號來溝通想法」的學習

指標上，小筠呈現「達到期望」的核心項目之一為「小藍帽」的宣傳海報（圖 5.35），因為在該海報中，她成熟地使用圖畫、文字和地圖來溝通，因而達到「使用符號來溝通想法」的期望。相對的，小銳顯示在這個學習指標「達到期望」的核心項目之一是「樂器代號表」（圖 5.7），因為在該作品中，他成功的以數字和圖畫來向他人溝通他的想法。

五、讓幼兒參與評量

在蒐集作品的過程中，彭老師邀請幼兒選擇自己的作品，並說明選擇的理由。在這個程序裡，小銳與小筠都能說出選擇作品的原因。剛開始時，他們的理由比較不具有反思性，例如：「因為這個比較可愛」、「我覺得做得太好了、太美麗了」。但隨著幾次選擇與反思的練習，他們的回答開始顯出自我評鑑、批判的內涵，例如：「這個全部都是我自己想出來的、自己創造的」、「因為我有在動腦筋」、「這都是我自己剪的……我發現我剪的能力很好」、「因為這個（指布偶的髮尾）要捏，很難捏，所以我就努力的捏捏捏捏」、他（指畫的蜈蚣）的腳很像，還有他的頭、眼睛和觸角都很像」、「因為有一隻蠶寶寶畫得很醜……畫得這裡太扁了，然後這裡歪歪的……」。從作品集的實施中，彭老師發現幼兒不僅能欣賞自己的作品，還能從創意、思考程度、自我能力、努力程度、真實性等角度來批判自己的作品，也可以說出自己作品的缺點。作品集不僅讓幼兒參與了評量，也提供幼兒一個反省已做的和已學習的事物、注意自己作品的不足並加以修正的機會；換言之，提供了一個省思的機會。

六、反映老師的教學與教室活動

因為彭老師在規畫作品集的蒐集時便已同時規畫了教室可進行的活動，也就是將評量融入於教室活動中，因此，作品集與教學活動是互為一體的，彭老師與幼兒是在真實的教室活動中蒐集作品。所以翻閱幼兒

的作品集就好像在瀏覽彭老師的教學，而幼兒的作品也等於是在反映彭老師的教學成效。

七、建立老師的專業自信與客觀性

剛開始實施作品集時，彭老師認為自己的專業能力不足，尤其是在兒童發展的知識與分析作品的技巧兩方面。因為分析作品需要老師具備兒童發展的知識，而彭老師雖然在求學時曾學過兒童發展，且也有十幾年與幼兒相處的經驗，照說應該很清楚才對；但是，彭老師不確定自己在這方面的知識是否足夠。至於分析作品的技巧方面，彭老師在實施作品集之前原本就有蒐集作品，但因缺乏分析的技巧而無法一窺幼兒發展的全貌，一直讓她耿耿於懷。她擔心不知從何分析起，也擔心自己的技巧不夠，分析不夠周延、不夠客觀。因此，彭老師希望每次分析時能有專家指導，並能告訴她所做的分析是否正確，讓她慢慢學習。對於彭老師克服專業自信與主觀性的歷程，分別敘述如下：

㈠專業自信的建立

為解決彭老師的困難，首先我們提供她作品取樣系統「發展檢核表」中有關幼稚園大班的「發展指引」，作為她分析作品時的參考。彭老師從發展指引中了解到大班幼兒可能會有的表現、技巧和行為，她認為發展指引可以幫助老師了解，對某年齡孩子而言什麼是合理的期望，同時也提供相當周延的兒童發展資料。

之後，彭老師試著以發展指引的標準來分析幼兒的作品，並請我們針對她的分析給予建議與修正。我們建議彭老師對於分析的結果要再多做描述、說明和提出證據，例如：彭老師提到「小銳對車子的概念有異於班上其他的孩子」，我們建議她說明何謂「有異於」？是如何的有異？班上其他孩子的概念又是如何？經過兩次的回饋，彭老師就可自行分析而不需我們的協助了。

有了分析的方向，又經過指導，逐漸地，彭老師不再擔心自己專業能力不足，在心理上也沒有依賴專家「權威」的傾向了，她說：「因為我們是有系統地來蒐集資料，在分析時也比較有依據，像核心項目的學習指標啊，比較知道要怎麼分析，我現在比較不會擔心自己分析的正不正確了。」這表示她已經漸漸掌握分析的技巧，逐漸脫離對專家權威的迷信，對自己的分析產生信心，儼如一位具自信的專業教師。

　　㈡評量主觀性的減低

　　以往彭老師在面對家長或其他人質疑評量結果的客觀性時，往往無法舉出實證來支持自己的評鑑，讓她一直擔心即使採用新的評量系統，她仍會有自己主觀的成分。在實施作品取樣系統的作品集後，她已解除這項憂慮。她說：「我現在不會有這樣的困擾。事實上每個評量都會有這樣的問題，但是主觀的是做評量的人而不是評量本身，可是我有孩子的作品和表現來佐證我的看法和分析，還有就是長期、持續的觀察，所以評量不是只看一個主題、一段時間，而是要看一學期。而且如果不同的人來看結果都一樣，那就表示我是比較客觀，像合班老師來看都差不多，那我們就是客觀。」

　　由上可見，彭老師了解到任何評鑑都可能會有個人的主觀與偏見，但她藉長期持續的觀察及提出作品作為評鑑結果的佐證來彌補這個問題。

八、解決以前評量的問題

　　因著作品集的這些功能，彭老師決定下學期起，要擴大作品集的實施至五個領域，且全班三十位幼兒都做。因為作品集不但具有上述的功能，也幫她解決她之前所使用的評量的問題：⑴**不用另外開闢評量時段**。作品集是融入在平日的教學活動中的，不用特別找一個時段（例如：學期末的評量週）來評量。⑵**評量與教學相關**。彭老師說：「以前評量表的項目有些是和教學不相關的，我們不知道為什麼要評量這些，孩子也

覺得在被考試。用評量表來當教學的指引是本末倒置的。但是作品集裡面的項目是根據教室裡的活動來評量的，從作品裡就可以看出孩子已經學會評量表裡的東西了，不用去教啊或考啊。像我們在『車子』主題時，在賣車票時就已經知道他們有錢的概念了，不用像在評量表時教他們這是十塊、這是一塊。學習與評量是自然而然的。」(3)**較客觀**。因為有作品的佐證及長期的評量來支持自己的分析，作品集是比較客觀的方式。另外，彭老師表示雖然比起評量表，作品集所耗費的時間可能高出數倍，但是她說：「評量表所得到的結果對孩子的幫助有多大？就看你要重質還是重量，像評量表是可以一天之內就把全班的孩子都評量完，作品集一天大概只能兩個，但是評量表的質在哪？」也就是說評量表所能提供的訊息太少，且沒有辦法像作品集一樣讓老師了解幼兒學習與發展的情形。因此，作品集雖然費時費力，但依然有實施的價值。

貳、作品集的問題

但是，目前的作品集似乎未能呈現小銳和小筠學習與發展的全貌。我們認為這個問題的產生可能是因為：(1)彭老師只蒐集兩個領域、四個學習指標的作品；或(2)作品集只代表一種評量方式的評量結果。說明如下：

一、只蒐集兩個領域、四個學習指標的作品

為減輕自己與合班老師首度實施作品集的壓力，彭老師與合班老師決定只做語言與文學、藝術兩個領域的作品，因為這兩個領域是他們各自最熟悉與喜愛的，實施起來會比較有把握。這個做法確實減輕了兩位老師的負荷，不會因資料過多而來不及整理。但是，小銳和小筠的作品常呈現出一些超過彭老師所規畫的四個指標的內涵，例如：小銳所製作的車子其實也呈現出小銳在「科學思考」領域中「觀察及解決問題」的

能力，但卻因老師未規畫蒐集此領域的作品而未得以分析，幼兒在此領域的表現就被忽略了。僅蒐集兩個領域的作品顯然不能全面地描述小銳和小筠的學習。

依據作品取樣系統，一個領域可以有許多合適的學習指標，但是作品取樣系統建議每個領域只選取兩個學習指標作為蒐集與分析核心項目的依據，因為過多的學習指標會使得老師因作品太多而喘不過氣來。尤其以國內一班三十位小朋友的情況來看，若老師全面實施作品取樣系統的作品集程序，蒐集五個領域的作品，而每個領域規畫兩個學習指標，就會有十個學習指標，其實工作份量已相當繁重。老師如有其他的指標並不是就不用了，而是可以留待下學年再用。

二、作品集只代表一種評量方式

作品集是作品取樣系統中三個系統的一部分，僅代表眾多評量方式中的一種；況且一種評量所得的結果本就不能代表兒童的全面。

第四節 ✿ 實施作品集歷程中的困惑與解答

　　彭老師在實施作品集的過程中遭遇到一些困惑與掙扎，彭老師與我
們共同認為這個掙扎與解惑的歷程是實施作品集必須經歷的過程，唯有
經過這樣的歷練，才能真正掌握作品取樣系統的精神，了解它的意義。
因此，以下我們以問與答（Q&A）的方式來呈現彭老師困惑與解惑的歷
程。

Q： 為什麼蒐集核心項目要事先設計活動？

A： 蒐集核心項目的第一個步驟，是老師必須在學年開始時規畫學習
　　指標，並設計活動，使幼兒學會或展現學習指標所涵蓋的概念和
　　技巧。彭老師一開始時對於「事先設計活動」產生強烈的排斥
　　感，她認為事先設計活動會限制老師的教學。教室內的活動應是
　　師生共同建構，或依循幼兒的興趣進行，否則就會像大單元活動
　　一樣，教學是由老師主導。

　　但是，「事先設計活動」是否等同於「大單元」？開放式教育的
　　老師是否不能事先設計活動？彭老師在「布袋戲」主題前所上的
　　「昆蟲」主題中，所進行的標本館與農場的參觀活動、欣賞昆蟲
　　錄影帶與照片，不也是事先安排、設計的嗎？我們向彭老師提出
　　這個問題，彭老師思索這個問題後，同意「有些（活動）是事後
　　因應孩子的興趣發展出來，有些是老師應用他的專業素養，認為
　　一定要有的」。我們認為這個「老師認為一定要有的活動」，就
　　是老師依據自己對班上幼兒的期望所設計來的活動，而這個期望
　　在作品集裡就是學習指標。但是，彭老師仍未被說服。

後來，彭老師因為下列經歷而對「事先設計活動」有了不同的看法，開始認同教學中需要有「指標」，而老師應該要事先設計活動：

1. 她發現如果她不設計活動讓幼兒學習，幼兒的學習是較零散的，她也說不出孩子們到底學到了什麼？好像只是到教室虛晃一遭而已。

   她說：「我們主題一路走下來，不曉得說到底我們要給孩子的是那些範圍，覺得主題很廣泛，這個也想要給他、那個也想要給他，然後就會覺得不是很深入、很徹底的去執行每一項老師的期望。但是如果你很明確的列出來你的期望的話，你就會很確定去知道說，耶～這已經超過我的期望了，那我們可以安排下一個教學，那這幾條就是我目前要走的主題的期望，有了這個就不會走歪了或是走偏了。」

2. 她反省，在課程中一昧地遵循幼兒的興趣是合宜的嗎？在課室中教師的角色是什麼呢？

   她發現「按照孩子的興趣，不見得就是最正確的方式，老師一直跟著他就是一種盲從……老師需要有指標，否則教學就是蜻蜓點水，這邊涉獵到一點、那邊涉獵到一點。所以我覺得真的需要有一個指標，讓我去執行，才不會偏頗，也不會盲從的跟著孩子的興趣，一直迎合孩子的興趣走」。如果老師沒有教學指標，以及對幼兒的學習沒有期望，「就會失去她想要給孩子的東西，有指標的話妳就不會有這種情形」。

   此外，她也反省自己的角色到底是什麼？「我反問自己，老師的角色是什麼，為什麼這個教室需要老師？老師就是要有引導，怎麼引導呢？就必須事先要有計畫，計畫性的去引導他，你不是去干預孩子的學習，但是你必須要有一個很清楚、很明白的方向讓小朋友去學習」。

3. 她察覺自己在教學與規畫環境上其實有事先設計，只是這個「事先」的時間是多早而已。

她說：「兩個月前的設計也是事先啊，這個活動的前一分鐘設計也是事先啊！」；「我看自己的教學，發現我在安排這個活動之前會先設計，像『布袋戲』這主題很多都是老師的設計，真的不能再說老師沒有設計了。」她也表示教室裡有很多的活動，甚至是環境、角落的安排都是經過老師事先設計的。

4. 從閱讀書籍中發現成人對於孩子學習的預期心是教育的原動力。

雖然從教學實務中，彭老師似乎領悟到事先設計活動的合理性，但是她仍然沒有完全被說服，不過她心裡卻也開始存在一個問題：「難道成人對孩子有期望而預期他的行為與學習真的是不當的嗎？」

這個問題一直到她閱讀《幼兒教育與課程發展——教師的省思與深思》一書（黃意舒，民88）後才豁然開朗。書中陳述到：「其實成人對孩子產生預期心，是教育的原動力。有了預期心，成人自己才會有強烈的動機去教育孩子，為孩子的學習著想，也許這是人類文明及進步的重要原因。成人替孩子安排活動時，就是期望為孩子的成長注入一些營養劑，引導他踏入文明的足跡」。至此，她認為「有人可能會質疑我們設計學習指標會限定幼兒的學習，他們認為孩子的能力是無限的，你沒有辦法安排這個活動裡頭他可以學到什麼東西，因為他的發展表現是無限的。是的，孩子是可以用一百種方法來呈現你對他們的期望，而學習指標是幼兒基本要學會的，是有目的的學習，這和孩子的學習發展並不衝突，因為我們並不限制孩子的學習。」

後來，在閱讀了其他文獻後，彭老師認為：「老師的課程設計

應該在主題（方案）執行前便將架構架好，將所要進行的東西想好，而不是一昧地按照學生的興趣去走。比如說應該要在走『布袋戲』主題時便想好下一個主題──『植物』的架構，這是老師應該做的，不能完全照孩子的興趣。老師應事先想好整個課程的架構（『骨』），而之中的『肉』才是孩子來填的。我們的課程過於鬆散，常常是在進行了才想要走什麼活動，所以我們每天都在進行活動，但是有時甚至會想不起來進行了什麼活動。這是我們要改進的。」

由於自身的反省與閱讀，彭老師由排斥學習指標與事先設計活動，轉為接受。不過，我們在這裡要強調，作品取樣系統並不是要老師事先設計教室中所有的活動，而是要老師事先安排，好讓幼兒能有機會學習到學習指標的概念與技巧，並有機會展示出來。因此，列於「核心項目計畫工作單」上的活動並非教室內所有的活動。

Q：為什麼要分領域來設計活動？為什麼要分領域來蒐集核心項目？

A：作品集要蒐集五個不同領域（語言與文學、數學思考、科學思考、社會文化，與藝術）的核心項目作品，因此需要老師依據各個領域設計學習指標及規畫活動來蒐集核心項目。彭老師在接觸這樣的觀點時產生疑惑：「為什麼要分領域來設計活動？」「為什麼要分領域來蒐集核心項目？」她認為幼稚園的課程應該是各領域互通的，不能分科來指導，而且有很多活動是無法很明確的歸在某一個領域的。

針對這個疑慮，我們向彭老師解釋：活動本身是統整、不分領域的，但是，每一個活動所可能產出的作品可能含括不同的領域。例如：孩子從進行「扮演三隻小豬」的活動中，就會有語言與文

學領域和藝術領域的作品，前者如：幼兒用角色扮演的方式將故事演出來，以表示他了解這個故事的內容的錄音帶；後者如：為這齣戲伴奏的照片或錄音帶。因此，活動本身是融合各領域的，只是在蒐集作品時，我們將孩子從事該統整性活動中所產生的作品，依據老師所規畫的學習指標歸類。有時，一個作品也可能呈現幼兒多重領域的表現，老師便可將該作品複製，放到不同領域學習指標的卷宗內。

後來，彭老師根據她的經驗，發現「如果分析要能更明確一些，看孩子在某個領域是不是還要再加強哪些部分，老師再給予指導，分領域是比較好的，不然一定會有遺漏的地方」。加上她也發現，分領域來蒐集作品與課程的統整性是不衝突的：「我們絕對沒有在設計活動時先設限要教他哪個領域的東西，但是我覺得在評量孩子的時候，一定要有個依據去看。不是說我們的課程設計是分領域的，而是在分析孩子的時候，我們一定要以這些領域來檢核孩子，他是不是在某些領域已經達到這樣的標準？否則沒有一個依據來評量孩子，他好像來這邊（學校）就是這樣進來出去、進來出去而已，雖然我們可以講出來他有哪邊進步啊，但不是很完整。在分析作品時如果不分領域來看，面臨到的問題是所分析出來的會變成一個很籠統的、很模糊的東西。」

Q： 核心項目一定要由事先設計的活動中產生嗎？

A： 如上所述，蒐集作品前必須規畫好學習指標，再根據這些指標來設計教室活動，俾讓幼兒能有機會學習與展現期望的概念或技巧，同時也確保能蒐集到核心項目。然而如果作品不是在事先設計的活動中產生，但其內容符合學習指標的概念或技巧，也可算是核心項目？例如：小筠在圖 5.34 所畫的玉米畫，並非老師所設計的活動，是小筠自己在家中製作的，但卻符合語言與文學領域

的「使用符號來溝通想法」學習指標所期望的技巧。

事先設計活動的目的只是為了確保老師在蒐集期間可以蒐集到核心項目。因此，如果孩子自發的製作出符合學習指標概念與技巧的作品，當然是核心項目。只是當孩子沒有自發的活動時，老師所設計的活動就可以讓孩子有從事活動與表現的機會，不至於因為孩子沒有自發地進行活動而忽略了他擁有的能力。

Q：核心項目是全班幼兒都要做的活動嗎？

A： 剛開始時，彭老師把「核心項目」誤認為「是全班每位幼兒都要做的活動」。例如：她認為全班小朋友都要做的學習單（如：學期剛開學時的「熟悉環境」的學習單，由孩子票選班上小朋友最喜歡去的地方），或全班小朋友都要做的事或活動（如：每天到園時所畫的「日記圖」；在「車子」主題時，全班小朋友分成三組，每一組都要去觀察馬路上的車子並記錄觀察所得）就是核心項目。

隨著實施作品集的經驗，彭老師逐漸了解核心項目指的是作品而非活動，是全班幼兒每人都要有的作品項目，但是，每個幼兒產生同一核心項目的活動是有可能不同的。

Q：同一件作品是否能同時歸屬於不同領域的核心項目？

A： 其實，幼兒的作品常常會同時符合不同領域的學習指標，作品取樣系統承認也歡迎這樣的現象。作品取樣系統只是建議老師在蒐集與分析孩子的作品時，依據領域所列的學習指標來進行。所以如果老師覺得在某個作品裡，同時涵蓋藝術與語文兩方面的表現，可以在分析孩子是否達到藝術的學習指標時，分析作品的藝術部分，分析是否達到語文的學習指標時，就分析作品的語文部分。在蒐集時，只要將作品影印兩份，分別存放就可以了，也就是同一份作品可以適用在不同領域的分析上。

例如：小銳在「布袋戲」主題所演出的「小紅帽」（圖 5.3、
5.4），就可屬於「語言與文學」和「藝術」兩個領域的核心項
目，因為它同時符合「口説表達意思並讓他人了解」（語言與文
學），以及「參與戲劇活動」（藝術）兩項學習指標。在分析作
品時，在語文領域只要分析幼兒是否能流暢地説出小紅帽的台
詞，並與其他偶有順暢的對白；而在藝術領域只要分析幼兒在這
場表演裡，是否會操作布偶、能與其他偶配合演出、可以説出台
詞，並能將故事劇情演出。

Q：如何規畫學習指標?

A：在整個作品集實施的過程中，最困難的莫過於學習指標的規畫。
彭老師歷經了三次的修改，才寫出最後正式使用的學習指標。我
們相信她的修正歷程對於開始嘗試作品集的老師會有幫助，或許
可以縮短其他老師的摸索時間與痛苦，因此，我們將其歷程詳細
描述於下：

1. 初擬的學習指標

彭老師對於「布袋戲」主題，最開始規畫的學習指標為：

- ・學習簡易的台語。
- ・了解布袋戲偶或舞台的製作。
- ・會操作布袋戲偶。
- ・會表演布袋戲偶。

在學習指標下，彭老師寫出了「指引」來協助她蒐集核心項
目，所謂的「指引」指的是，在該指標中幼兒可能會出現的表
現例子，例如「學習簡易的台語」的指引為：用台語與他人打
招呼（如：早）、用簡單的台語與他人溝通（如：演戲台詞中
有台語的出現）、會朗誦台語兒歌、欣賞並了解台語卡通——
「魔法阿嬤」。

2. 第一次修改

沒多久，彭老師就發現這些學習指標不是定義不夠清楚，（如：「學習簡易的台語」，何謂「簡易」？），就是範圍太過狹隘，只能蒐集到少數作品，如：「了解布袋戲偶舞台的製作」、「會操作布袋戲偶」。以後者為例，幼兒只需正確操作布偶便達到學習指標的內容，這樣的學習指標顯然不夠廣博。雖然這些技巧與行為是課程中重要的部分，但卻只能反映單一的技巧（如：操作布袋戲偶），因此，不符合學習指標的第一項準則（即：「學習指標應是統整的而非單一的技巧」）。再者，學習指標的第四項準則（即：「學習指標不限於特定單元」），建議學習指標的設計最好是以一學年規畫基準，才能適用於一學年的不同主題，也才可以比較幼兒在不同主題中的進步情形，因此需要橫跨不同主題。

基於這些問題，彭老師便著手修改。她將定義不清的「學習簡易的台語」改成「聽與說常用的台語」；將內容狹隘的「了解布袋戲偶或舞台的製作」改成「運用不同的藝術來探索及表達想法」，並將原來的「會表演布袋戲偶」學習指標納入此項學習指標中；而以範圍較廣的「能使力及控制小肌肉來完成動作」取代原來的「會操作布袋戲偶」。因此，她修正後的學習指標有三個：

・聽與說常用的台語。

・運用不同的藝術來探索及表達想法。

・能使力及控制小肌肉來完成動作。

3. 第二次修改

修改不久後，彭老師發現這樣的學習指標仍然存在著某些問題：(1)蒐集不到孩子展現「聽與說常用的台語」的作品。這可能是因為班上幼兒說台語的人數與機會本來就不多，且語言並

非短時間學習即能看出成效的,在表演布袋戲時,小朋友仍以他們熟悉的國語來講述台詞。(2)「能使力及控制小肌肉來完成活動」學習指標不符合學習指標的第五項準則(即:「用卷宗來記錄能更有效呈現幼兒的學習」)。此指標比較屬於「體能發展」領域,該領域的表現比較適合用檢核表來觀察記錄,而不適用作品集。(3)彭老師記起以前未分領域時分析作品的混淆與痛苦,決定要以領域來分析作品,希望會比較完整,因此,在此次修改時,她將學習指標分領域來規畫。修正後的學習指標如下:

◆ 語言與文學領域

‧在討論及會話中,能傾聽以了解意義、說話清楚以表達意思。

‧當遊戲或工作需要時,能抄寫或自己寫字。

◆ 藝術領域

‧運用不同的藝術材料來探索及表達想法。

‧參與並享受創造性韻律、舞蹈及戲劇。

4. 第三次修改

在彭老師依據第二次修改的學習指標來蒐集作品時,發現「語言與文學」領域的第一個指標「在討論及會話中,能傾聽以了解意義、說話清楚以表達意思」,其實包含了兩個向度:「聽」與「說」,很難在幼兒所從事的活動或呈現出來的作品中同時呈現,而使得作品的蒐集產生相當大的困難。例如:幼兒說故事,只能呈現他「說」的表現而看不到他「聽」的表現。另外,我們又發現,語言與文學領域的「當工作或遊戲需要時,能抄寫或自己寫字」學習指標不符合第三項準則(即:「與所有幼兒相關」),因為班上的幼兒並不是每位都會寫字,但大家都可以用符號,像是畫,來告訴別人他想表達的。

於是彭老師將學習指標做了第三次的修改。這時候，我們提供彭老師作品取樣系統所規畫好的學習指標示例（即第四章章末的附錄），作為她的參考。彭老師修改時，有些學習指標便直接引用自作品取樣系統的學習指標（如：語言與文學領域的「當工作或遊戲需要時，能抄寫或自己寫字」）改成「用符號（如：符號、繪畫、字）來溝通想法」），因為彭老師親身經歷了多次的實驗之後，發覺到作品取樣系統中的學習指標非常理想，已考慮到很多細節。有的指標則是思考在「布袋戲」主題中，戲劇是課程中很重要的角色，應該有相呼應的學習指標，因此，加了一個學習指標：「參與戲劇活動」。此次修正後的學習指標如下：

◆ 語言與文學領域

· 口說表達意思，並讓他人了解。

· 用符號（如：符號、繪畫、字）來溝通想法。

◆ 藝術領域

· 運用藝術（美術、舞蹈、音樂）表達想法。

· 參與戲劇活動。

本章前文所列的表 5.1-5.4 就是彭老師最後在「布袋戲」主題所使用的學習指標及據而撰寫的核心項目計畫工作單。

Q：個人項目等於與主題不相關的作品？

A：剛開始實施作品集時，彭老師認為核心項目是與主題相關的作品，而個人項目是「非主題的作品」，但是，後來她發現個人項目與核心項目都有可能是與主題不相關的作品。例如：小銳在家中自製的車子（圖 5.15～5.18），雖然該作品與「布袋戲」主題無關，但卻符合藝術領域「運用藝術表達想法」的學習指標，又能展現小銳個人對車子的興趣與了解，因此，該作品既可當核心

項目，又可當個人項目。當然，個人項目也可能是與主題相關的作品，例如：小筠所縫製的布偶服（圖 5.47），不僅顯示出她個人在精細動作的極佳能力，且此項作品又與「布袋戲」主題相關，所以，也分屬核心項目與個人項目。綜此，作品該歸為核心項目或個人項目，是依據該項作品是否符合這兩項作品的定義與特徵而定。

Q：凡是非核心項目的作品就是個人項目？

A：剛開始時，彭老師會從作品中先找出符合學習指標的核心項目，其餘的便歸於個人項目。但後來發現，這種「二分法」是錯誤的，如果作品既不符合核心項目的學習指標，又不能代表幼兒的興趣、特質或最佳能力，那麼這樣的作品便不能放入作品集裡。作品取樣系統強調「個人項目」是表現出幼兒的特色的作品，而不是沒地方去的作品。

Q：一項作品是否可同時為核心項目和個人項目？

A：彭老師發現幼兒的作品常同時呈現多個領域的表現，如：小筠的玉米畫（圖 5.34），它既符合「用符號來溝通想法」的學習指標，又能代表小筠個人對字的理解與認識的最佳能力。像這樣的作品，如上所述，是可以同時成為該幼兒的核心項目和個人項目。

第五節 幼兒的作品實例

小銳的「布袋戲」作品集之核心項目

◉ 語言與文學領域，指標1：口說表達意思並讓他人了解

□圖5.3　小銳演出「小紅帽」

這是小銳的第一場、也是唯一一場的表演。他飾演大野狼，與飾演小紅帽的綺綺有精彩的對話，該對話顯示出極少在公眾場合發言的小銳，能運用口說來傳遞訊息，並讓他人了解整個劇情。

圖中左邊的布偶即是小銳所飾演，被大野狼吃掉的奶奶。

2/22彥彥、小銳、田田、綺綺
PS.內縮為小銳的口白
今天沒有開醫院怎麼辦？
沒關係我先去床上躺一下，奶奶我先回去了
我是小紅帽，
　　　門沒關自己進來
啊我被吃掉了
為什麼你的鼻子這麼大
　　　因為我要聞香味啊
為什麼你的眼睛這麼大
　　　因為我才能看得清楚
為什麼你的耳朵那麼大
　　　因為才能聽得清楚
為什麼你的嘴巴那麼大
這樣我才可以把你吃掉啊

註釋：發現小銳語文表達的能力流暢了許多，尤
　　　其和綺綺之間的問答方式屬於即興表演，
　　　搭配良好。

（註：本節中網底部分的文字為老師的記錄）

90 / 02 / 22

現場筆記	回溯筆記
演出「小紅帽」 綺綺飾演小紅帽 小銳飾演大野狼 彥彥飾演獵人 綺：「大家好，我叫小紅帽，我今天要去奶奶，奶奶的家，送東西給爺爺，爺爺生病 　　了。」「哇，這邊好多草莓和藍莓喔，我來摘，爺爺一定會很高興的。」 ……「咚咚咚，爺爺你在嗎？」 銳：「我在。」 綺：「我是小紅帽，我已經來了。」 銳：「我門沒有鎖。」 綺：「你的門開的還是關的？」 銳：「開的。」 綺：「喔，我自己開門」「爺爺，我今天帶來很多水果要給你吃喔！」 銳：「拿出來吧！」 綺：「我要現在拿出來還是等一下拿出來？」 銳：「現在。」 綺：「為什麼你的耳朵那麼長？」 銳：「因為我要聽你的聲音啊。」 綺：「為什麼你的眼睛那麼大那麼大呀？」 銳：「因為我才能看到你呀！」 綺：「為什麼你的鼻子那麼大那麼大？」 銳：「因為我才能聞……聞香味啊。」 綺：「為什麼你的牙齒和嘴巴那麼大呀？」 銳：「對啊，因為我這樣才能吃掉你啊！」（吃的動作） 彥：「你想幹什麼？你想幹什麼？」「你是誰？」「你到底是誰啊？」 銳：「我是一個壞蛋大野狼！」 彥：「你最麻煩了，你剛才說的話我都聽到了，也看到了，所以我要把你給打死，嘿 　　……」「伊豆，金箍棒」「伊豆伊……」 觀眾大笑，反應熱烈	小銳流暢的 對白顯出他 在口語表達 上的進步。

❏圖5.4　小銳演出「小紅帽」的錄音逐字稿

老師將小銳整個演出過程用錄音機錄下，由小銳流暢的對白，發現他在口語表達上的進步。以下拮取小銳精彩的對話：

紅：「為什麼你的耳朵那麼長？」

狼：「因為我要聽你的聲音啊。」

紅：「為什麼你的眼睛那麼大那麼大呀？」

狼：「因為我才能看到你呀！」

紅：「為什麼你的鼻子那麼大那麼大？」

狼：「因為我才能聞……聞香味啊。」

紅：「為什麼你的牙齒和嘴巴那麼大呀？」

狼：「對啊，因為我這樣才能吃掉你啊！」

90 / 03 / 30

人	訪談內容	省思札記
師	現在選的是個人項目的作品。 剛才你說你要選這本，對不對？可是這本裡面你說哪一本比較好、比較喜歡的是第幾頁？	
銳	第5頁。	
師	第5頁是畫什麼東西啊？	
銳	第5頁是畫那個，那個，**蠶寶寶**在那個蛹裡面。	
師	喔，對對我想起來了。 那你剛才說你不想選這個**蠶寶寶**的原因是什麼？	
銳	因為有一隻**蠶寶寶**畫得很醜，可是……那個蜈蚣畫得很醜。	
師	喔，所以你就沒有選它對不對？你覺得你還可以再畫得漂亮一點是不是？	
銳	對。	
師	怎樣才是漂亮？	
銳	就是……畫得這裡畫太扁了。	
師	喔這邊畫太扁了喔。	
銳	然後這裡歪歪的。	
師	喔，這邊線條歪歪的。 好，可是我還是覺得你畫得很好，我喜歡看你畫這樣牠在吐絲，牠開始吐絲都是亂吐亂吐的，對不對？	
銳	嗯，吐絲亂吐亂吐，然後牠再用一用，然後把一些那個用斷，然後再吐，然後再用中間，然後中間很多牠就會變那個……蛹了。	
師	喔，牠都是集中在中間，蛹都是在中間，你的意思是不是這樣？	

（逐字稿的第一頁）

❏圖5.5　小銳選擇作品的訪談逐字稿

從小銳這次的訪談中，發現小銳能清楚地介紹自己的作品，並侃侃而談選擇（例如：蜈蚣的頭、眼睛和觸角都畫得很像）或不選擇（例如：畫得歪七扭八的）某件作品的原因。與之前的訪談情況相較（之前大多是較簡短的回答），顯示出小銳在口語表達上的進展。

◉語言與文學領域，指標2：使用符號（如：符號、繪畫、字）來溝通想法

☐圖5.6 畫「樂器代號表」的照片

由於音樂伴奏與演戲的布偶常常無法配合演出，且樂器的聲音太吵，小銳為此想出解決的方法：請一位領隊來指揮何時該敲什麼樂器，領隊比1，①號樂器（鈸）才可以發出聲音。

1/5 這個作品老師選為最能代表本週（1/2～1/5）學習的作品（1/5 選）

一群孩子爭著要為布袋戲伴奏，但是聲音太大了，討論不出結果。小銳到美勞區拿了一張紙，告訴大家他想到的解決方法。就是指揮的人說哪個樂器號碼，它才可以發出聲音。
號碼是樂器的代號，並表示每種樂器它所代表表演的意義。小銳的 idea。

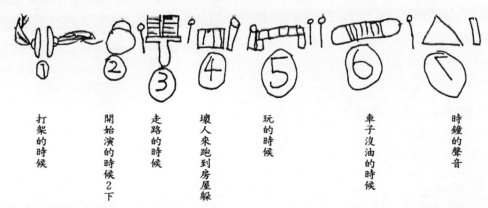

①	②	③	④	⑤	⑥	⑦
打架的時候	開始演的時候2下	走路的時候	壞人來跑到房屋躲	玩的時候	車子沒油的時候	時鐘的聲音

☐圖5.7 樂器代號表

①～⑦是每種樂器的代號，而小銳也幫每種樂器選好它們該出現的場合。如：①是鈸，出現的場合為「打架的時候」；②是鑼，在「開始演的時候」，敲兩下；③是高低木魚，在「走路的時候」敲。
老師將其選為核心項目，因為它顯示了小銳用符號（畫與數字）來傳達他的想法。

大力水手

欣銳 敬邀

3/30 小銳選的
覺得在這張邀請卡中，大力水手、奧
麗薇、布魯托和小嬰兒產生的故事情
節讓小銳非常有興趣。

□ **圖5.8　公演的邀請卡**

班上就要展開布袋戲公演了，小銳想演的劇碼是「大力水手」，於是他將劇情（布魯托要搶奧麗薇的弟弟，大力水手來幫忙）畫在卡片上。

老師選這項作品為核心項目，是因為小銳能用畫將卡通劇情呈現出來，顯示他已達到該項指標的期望：「以符號（繪畫）來表達他的想法」。

小銳選這項作品為 3/19～3/30 這兩週中最喜歡的核心項目。因為他覺得大力水手的劇情很有趣。

◉ 藝術領域，指標 1：運用藝術（美術、舞蹈、音樂）表達想法

❏ **圖 5.9 肢體創作活動──鏡子遊戲**

這張照片老師將之選為核心項目，因為這張照片展現了「小銳樂於參與肢體創作的活動」。小銳喜歡「好玩」的活動，這個作品正顯示他對「好玩」活動的興趣。

小銳選這張照片作為 12/26～12/30 該週最喜歡的作品，因為：「我覺得很好玩」。

12/28

小銳當鏡子，形形模仿他設計的動作。

1/19

小銳選的（核心）

T：小銳這裡都是你的作品，有的是你在做活動的照片，你都可以選擇，你最喜歡的作品。

銳：（選了一張肢體創作的照片）

T：你為什麼選這張（照片）？

銳：因為我覺得很好玩。

T：照片中的你笑咪咪的在做什麼啊？

銳：我在玩啊，我當人，形形當鏡子，她在學我的動作。

T：真的很好玩的樣子。好！謝謝你。

12/29

老師選的（12/26～12/29）

這是難得收集到小銳十分投入在肢體創作的活動中。在整個活動中小銳快速變換許多姿勢和動作，如：走、跑、跳、蹲，並配合雙手的抬高、放下；和形形相互學習。

1/12

當大家製作的鞭炮都一樣時，小銳想要做和大家不一樣的，於是找來保麗龍球做炸彈，並製作了一枝點火棒。

□圖 5.10　炸彈與鞭炮

快過年了，老師教大家製作鞭炮。小銳在做好老師版的鞭炮後，他想做一個和大家不一樣的，於是找來保麗龍球，做了一個大炸彈，並接上引火線，另外也製作了一枝用來點火的點火棒。

老師將這張照片歸為核心項目，因為它展現了小銳會探索不同的素材，並將自己的想法表達出來。

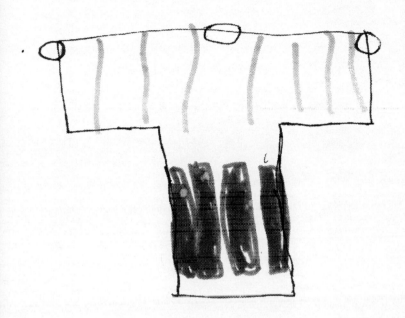

□ 圖 5.11　布偶服設計圖

在製作布偶服之前，老師要求小朋友先將構想畫在紙上，此即小銳的設計圖。在下圖可看出，他所製作的布偶正穿著設計圖上的衣服。

□ 圖 5.12　「豬八戒」布偶

這是小銳製作的第一個布偶，共花了他一個禮拜的時間。這個布偶除了衣服的剪裁（因為做起來太大了，老師幫忙修改）和耳朵（翹起來的地方），有老師的協助外，其餘皆由小銳自己獨立完成。

1/3
小銳製作的第一個偶，其中老師協助部分為裁剪偶服，其餘皆小銳獨立完成。

3/30

老師選核心 1

大力水手口含著煙斗。其中衣服和褲子
是小銳帶回家中縫好再拿到學校的。

❏ 圖 5.13　「大力水手」布偶

由於公演快開始了，小銳在公演時想演的
劇碼是「大力水手」，於是他製作了第二
個布偶──大力水手。這項作品完全出自
小銳的設計，包括頭戴帽子、口含煙斗，
以及與其他偶不同的褲裝。

在製作過程中，老師問：「大力水手穿褲
子，在表演時你的手要如何放入它的衣服
裡來操作布偶呢？」隔天小銳告訴老師：
「把褲子縫在衣服的前面（指的是衣服前
面那一片），衣服的後面不要縫起來，手
就可以放進去了。」

3/30

獨立設計、剪裁、縫製大力水手的衣服。

❏ 圖 5.14　剪裁布偶服

小銳選擇了黑色和米色當大
力水手的衣服，先用簽字筆
在布上畫好大小，再剪裁。
小銳將布偶服帶回家縫，縫
製的過程，除了穿線與打結
要成人協助外，其餘皆由他
一人完成。媽媽說他非常有
耐心地一針一針將布偶服縫
製完成。

（小銳爸爸攝）

小銳利用春假一個禮拜（3/31～4/8）在家中
和爸爸一起製作的車子。（爸爸說：全都是
出自小銳的 idea）

❏ 圖 5.15　在家自製的車子-1

「車子」一向是小銳的最愛。這是
春假期間（3/31～4/8），小銳在家
中與爸爸一起製作的車子。爸媽說
他努力構思要做一部可以玩的車
子，也很有耐心地完成它。在製作
過程中，爸爸全程陪伴做為小銳的
助手，但爸爸表示：「這些 idea 全
出自小銳。」

老師將這項作品放入核心項目中，
是因為小銳利用不同素材來表達他
的想法。

❏ 圖 5.16　在家自製的車子-2

小銳所設計的車門是用木板做成
的，且可以開和關，方向盤是可
以轉動的。而車子的後車廂還可
以放棉被呢！

（小銳爸爸攝）

可以放棉被　　車門是木門可以開和關

旋轉式方向盤

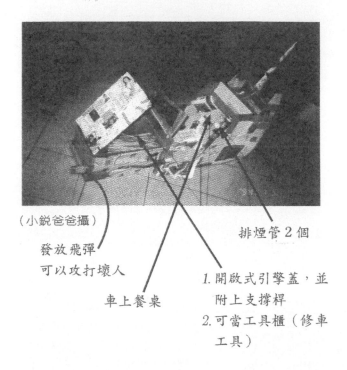

（小鋭爸爸攝）

發放飛彈
可以攻打壞人

車上餐桌

排煙管 2 個

1. 開啟式引擎蓋，並
　附上支撐桿
2. 可當工具櫃（修車
　工具）

□圖 5.17　在家自製車子-3

車上的配備有：可攻打壞人的飛
彈、開啟式引擎蓋並附支撐桿、
放修車工具的工具櫃、餐桌、噴
射型車尾、行李廂，以及排煙管
兩個。

（小鋭爸爸攝）

可以容納小鋭的車子

□圖 5.18　在家自製的車子-4

這輛子是可以容納小鋭的，但是只
能盤坐。
老師請小鋭爸爸將這部車子用相機
拍下，並放入藝術領域的指標 1，
成為該指標的核心項目，是因為小
鋭能利用各種不同的材料，來表達
他對車子的了解與想法。

◉藝術領域，指標 2：參與戲劇活動

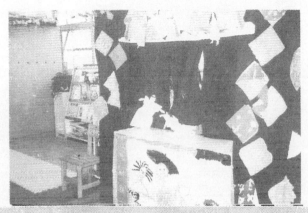

□圖 5.19 小銳參與
　　演出「小紅帽」

一向內向的小銳能有勇
氣上台表演，令老師們
感到高興。老師將這項
作品歸為核心項目，是
因為在劇中小銳能操作
布偶（如：做出吃小紅
帽的動作）、說出台詞
（如：「門沒關自己進
來」），以及與其他偶
（如：小紅帽、獵人）
配合將劇情表演出來。

2/22

彥彥、小銳、田田、綺綺
PS.內縮為小銳的口白
今天沒有開醫院怎麼辦？
沒關係我先去床上躺一下，奶奶我先回去了
我是小紅帽，
　　門沒關自己進來
啊我被吃掉了
為什麼你的鼻子這麼大
　　因為我要聞香味啊
為什麼你的眼睛這麼大
　　因為我才能看得清楚
為什麼你的耳朵那麼大
　　因為才能聽得清楚
為什麼你的嘴巴那麼大
這樣我才可以把你吃掉啊

註釋：發現小銳語文表達的能力流暢了許多，尤其和綺綺之
　　　間的問答方式屬於即興表演，搭配良好。

小銳的「布袋戲」作品集之 個人項目

89 年 12 月 26 日～12 月 30 日的
劃到表

> 1/18
> 老師選的（個人項目）
> 發揮了想像的空間，不受格局的拘束，能將自己的想法表達出來。

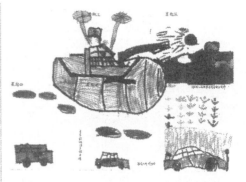

90 年 1 月 2 日～1 月 6 日的
劃到表

90 年 2 月 26 日～
3 月 3 日的劃到表

90 年 3 月 27 日劃到表，出現「車
群」，一群救護車和消防車要去救人。

90 年 3 月 19 日～3 月 24 日
的劃到表

❑ **圖 5.20　劃到表**

小銳在每日的劃到表上都會畫上不一樣的車子，由此可
看出他對車子的喜愛，以及對車的觀察力，例如：在
3/19～24 的劃到表上，他畫出了儀表板，顯示他仔細地
觀察車子。

> 89/12/26～90/3/24
> ● 個人與社會發展
> ● 科學思考
> ● 藝術

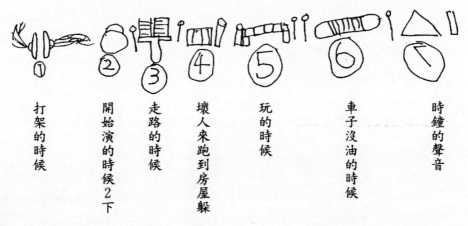

打架的時候①　開始演的時候2下②　走路的時候③　壞人來跑到房屋躲④　玩的時候⑤　車子沒油的時候⑥　時鐘的聲音⑦

90/1/5 小銳

☐ **圖 5.21　樂器代號表**

有計畫、有步驟的做事態度是小銳的個人特色，他習慣事情可以依某種次序來進行。從這項作品中，我們也可以看出，他希望每個樂器都有它適合出現的情境，以及代表的號碼。該哪一個樂器出場時，它才能出現。

1/5
• 個人與社會發現
• 語言與文學
• 藝術

這個作品老師選為最能代表本週（1/2～1/5）學習的作品（1/5 選）

一群孩子爭著要為布袋戲伴奏。但是聲音太大了，討論不出結果。小銳到美勞區拿了一張紙，告訴大家他想到的解決方法。就是指揮的人說哪個樂器號碼，它才可以發出聲音。號碼是樂器的代號，並表示每種樂器它所代表表演的意義。小銳的 idea。

1/19
小銳選的（個人項目）
因為牠看起來很兇，我喜歡
很兇的動物。

註：小銳所謂的「很兇」，
　　大概是指雄壯、威武的
　　感覺。

❑ 圖 5.22　獅子頭套

這個作品是小銳選為 1/2～1/12 這兩個禮拜最喜歡的個
人項目，因為「牠看起來很兇，我喜歡很兇的動物」。

2/21
● 個人與社會發展
● 科學思考
● 社會文化

能利用工具查詢資料，且合乎科學求證的精神。

該作品顯示小銳：對學習有熱忱、能主動從事活動（個人與社會發展領域）、運用工具來蒐集資料（科學思考領域），以及知覺科技對生活的影響（社會文化領域）。

□ 圖 5.23　小銳上網查的資料

下學期開學時，教室多了一個飼養箱，裡面住了許多蝌蚪。小銳回家後，利用家中電腦上網找到了一份有關蝌蚪的資料，並帶來學校與同學分享，爸爸說是小銳自己查到的。

這項作品不僅顯示了小銳能運用工具蒐集資料、主動積極參與教室活動，能上網查詢資料也是小銳個人的重要成就。

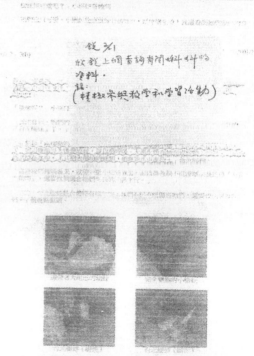

2/21
小銳上網查詢有關蝌蚪的資料。
註：積極參與教學和學習活動

當大家製作的鞭炮都一樣時，小銳想要和大家不一樣的，於是找來保麗龍球做炸彈，並製作了一枝點火棒。

□ **圖 5.24　炸彈**

這顆與眾不同的炸彈顯示出小銳的創造力，以及會探索不同材料的特質。

這項作品展現了小銳：做事有創意（個人與社會發展領域）、探索不同的藝術材料（藝術領域）。

> 1/12
> - 個人與社會發展
> - 藝術
> - 體能發展

老師選核心 1
大力水手口含著煙斗。其中衣服和褲子是小銳帶回家中縫好再拿到學校的。

□ **圖 5.25　大力水手布偶**

大力水手身著褲裝、頭戴帽子、口含煙斗，是與全班其他偶不同的。它顯示出小銳是極富創意的。老師認為有創意是小銳的個人特質，因此將這個作品歸為個人項目。

此項作品展現了小銳：做事具創意、能持續完成一件事（個人與社會發展）、運用不同的藝術材料來表達想法（藝術），以及能手眼協調進行縫製衣服的工作（體能發展）。

> 3/30
> - 個人與社會發展
> - 藝術
> - 體能發展

□圖5.26　故事書

老師請小朋友製作要公演的劇本，但小銳從圖書區拿了一本故事書「水果們的晚會」，仿畫書上的圖，做了一本故事書。

由於這是小銳的第一本故事書，因此老師將這項作品放入個人項目裡。

它展現小銳會嘗試不同的教室活動（個人與社會發展）、對故事書的興趣（語言與文學）。

3/13～3/15
- 個人與社會發展
- 語言與文學

美麗的水果們，就都一起醒過來

請夜風來指揮，蟲兒們的樂隊來伴奏，這奇異的晚會就要開場了

香蕉小姐在唱歌，鳳梨小姐在跳舞

跳舞唱歌的聲音太大了，把水果店的老闆吵醒了

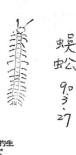

3/26老師選的的
（個人項目）
能清楚知道蠶寶寶的生
長過程和變化。
（家中有養蠶）

第１頁蜈蚣

轉彎的蜈蚣

第２頁　轉彎的蜈蚣

□**圖 5.27　觀察記錄**

這個觀察記錄顯示小銳
清楚知道蠶寶寶的生長
過程和變化，以及敏銳
的觀察力。

老師將其選為個人項目
是因為敏銳的觀察力是
小銳的個人特色。

3/27
● 語言與文學
● 科學思考

老師選的（個人項
目）
能清楚知道蠶的生
長過程和變化。
（家中有養蠶）

蠶寶寶在吃葉子

第３頁　**蠶寶寶**在吃葉子

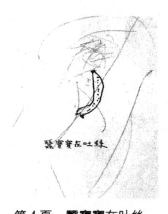

蠶寶寶在吐絲

第４頁　**蠶寶寶**在吐絲

蠶寶寶吐絲變蛹了

第５頁　**蠶寶寶**吐絲變蛹了

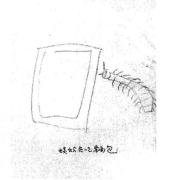

蜈蚣在吃麵包

第６頁　蜈蚣在吃麵包

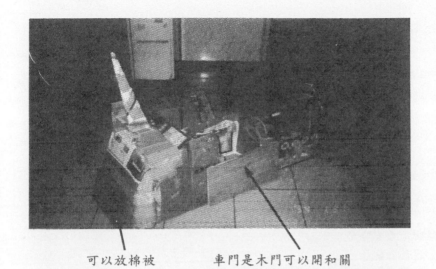

3/31～4/8
- 個人與社會發展
- 科學思考
- 藝術
- 體能發展

可以放棉被　　　　車門是木門可以開和關

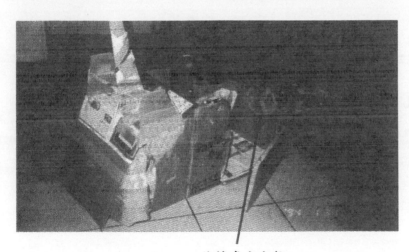

旋轉式方向盤

❏圖 5.28　在家自製的車子

這項作品雖然已被列為核心項目，但由於它也展現了小銳個人獨特的特質，因此老師也將該作品歸為個人項目。

由這項作品可看出小銳對車子構造的理解、對車子各項配備的觀察入微，以及豐富的創造力。

它顯示小銳：有創意、持續將這項浩大的工程完成（個人與社會發展領域）、敏銳的觀察力（科學思考領域）、利用不同的材料來組合車子（藝術領域），以及大小肌肉的運用（體能發展領域）。

小筠的「布袋戲」作品集之**核心項目**

◉ **語言與文學，指標1：口說表達意思並讓他人了解**

小筠
90/1/3（節錄自現場錄音逐字稿）
小玉老師教小朋友唸「十二生肖」童詩，
唸到「十二豬，菜刀命」時，
老師問：「為什麼豬是菜刀命？」
小筠：「因為豬看到菜刀就要逃命。
嘻……」

小筠能向大家解釋詞句的意義。

❏**圖5.29　小筠的口語記錄**
這兩項作品表示小筠能清楚的
表達自己的意思及向大家解釋
詞句的意思。

1/19
筠：「每個老師都是小孩。」
T：「？？？」
筠：「老師在家裡都有一個媽媽，是媽媽
　　的小孩。」
T：「像我呢？」
筠：「你是你媽媽的小孩。」
T：「對我媽媽來說我是小孩？」
筠：「對，對我們來說你是老師。」
T：「我是老師又是小孩？」
筠：「對。」
T：「哪一個才是我？」
筠：「兩個都是。」

時間	現場筆記	
	小筠演出「小藍帽」 一人分飾多角：小藍帽、大野狼、媽媽、獵人 筠：「好戲開鑼！」 媽媽：「外婆生病了可不可以去看她？」 小藍帽：「可…以…。」（用低沉的聲音） 翔翔：「好可愛的大象喔！」（觀眾的反應） 田田：「這個跟小紅帽一樣。」（觀眾的反應） 小藍帽遇見大野狼 小藍帽：「你是誰？」 大野狼：「哇係大野狼啦！」（台灣國語）「你要去哪裡呀？」 小藍帽：「我要去外婆家。」 大野狼：「你要不要摘一些花去給她啊？」 小藍帽：「好。」（作出摘花的動作） 小藍帽：「奶奶的耳朵怎麼這麼大啊？」 大野狼：「這樣我才可以聽到聲音啊！」 小藍帽：「那鼻子怎麼那麼大啊？」 大野狼：「這樣子我才可以聞到東西啊！」 小藍帽：「那為什麼你的嘴巴怎麼這麼大？」 大野狼：「這樣子我才可以把你吃掉啊，丫嗯……」「啊，好飽喔！」（作出吃的動作） 獵人：「哇，這裡有一隻大野狼，我把牠的肚子切開來，又丫，把他抓出來。」 小藍帽：「謝謝獵人。」	為區別媽媽和小藍帽的聲音，小筠在說小藍帽台詞時，用了較低沉的聲音。 口語流暢，用清晰的台詞讓觀眾了解劇情。 小筠會做出適合的動作，如；吃、摘花、剖肚子等等。

❏ 圖 5.30　演出「小藍帽」的錄音逐字稿

在劇中，小筠口語流暢，用清晰的台詞讓觀眾了解整個劇情。因此她達到了這個學習指標的期望。

愈誇愈棒

說他（她）好，他（她）才會更好
好感恩！
我擁有這麼可愛的【 筠 】寶貝，
近日，他做了件好事，讓我覺得好
溫馨，因此好想說出來和大家一起
分享。
事情是這樣的：哥哥 看到 筠之弹手

~~～~~比賽批 在彈鋼琴 哥說他都不會 如果
也學也很慢 但是 筠說：沒關係 不要小
看自己，因為人有無限的可能，有一天你
也會很厲害的。 為此幼稚園佳話
當筠之過期的道個然食能～句靜思語
我們大家都誇她能相信呢！

我是（ 筠 ）的爹娘

愈誇愈棒

說他（她）好，他（她）才會更好
好感恩！
我擁有這麼可愛的【 筠 】寶貝，
近日，他做了件好事，讓我覺得好
溫馨，因此好想說出來和大家一起
分享。
事情是這樣的：一次 有我哥哥在挨
罵讓他起著氣，我也生氣家罵人了，這
性的ㄧ姐突然罵大句說：口說好話
如口吐蓮花，口說壞話如口吐毒蛇。
此時我好像觉到口說壞詁都罵人就
像毒蛇咬到人人，能代我们的話。

我是（ 筠 ）的爹娘

□ **圖 5.31　媽媽寫的「愈誇愈棒」**

「愈誇愈棒」是老師所設計的「親子活動單」，請爸媽寫下孩子好的表現，以讚美孩子，並與其他小朋友及家長分享的活動。

一天，哥哥看到小筠在彈琴，哥哥說他都不會，如果學也學得很慢，但是小筠說：「沒關係，不要小看自己，因為人有無限的可能，有一天你也會很厲害的。」

又有一次，媽媽在指責哥哥，小筠請媽媽別生氣，因為「口說好話，如口吐蓮花；口說壞話，如口吐毒蛇」（這是學校教的「靜思語」）。

由此可看小筠不但明白所說詞句的意思，並能將之運用在適當的情境，讓聽者了解。

◉ 語言與文學領域：指標2：使用符號（如：符號、繪畫、字）來溝通想法

□ 圖 5.32 家人的十二生肖

老師指定了一項家庭作業——訪問家人的十二生肖，小筠訪問完後用圖和文字記錄下來，表示她能以符號來向大家介紹家人的生肖。

1/3
家庭作業
訪問家人的生肖

□ 圖 5.33 寫春聯

快過年了，老師請大家寫春聯，愛寫字的小筠拿起毛筆來振筆疾書寫了許多吉祥話，如：年年有餘、萬事如意、春、福。雖然筆順不一定正確，但所寫出的都是正確的字。

1/12
寫春聯
雖然筆順不一定正確，但所寫出的是正確的字。並能將課堂上所教的吉祥話寫出。

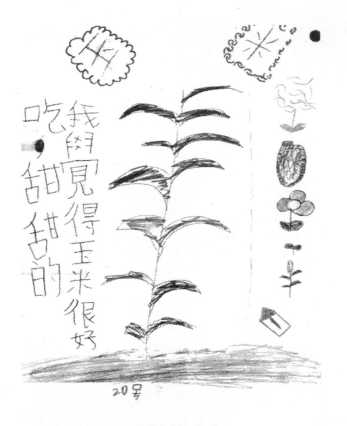

我覺得玉米很好
吃甜甜的

20號

1/19
（老師選）
核心項目（語文 2）能正確使用
文字表達內心想法。

□圖 5.34　玉米

這個作品是小筠在家做好，帶來學校與大家分享的。老師將其選為核心項目是因為它顯示了小筠能正確地使用文字表達內心想法。

小筠選這項作品為 1/2～1/12 最滿意的作品，因為「我想學哥哥，然後這個（剪貼，玉米是先在別張紙畫好再剪貼過來的）到一年級的時候比較方便（指的可能是現在就先學會剪貼，不用到國小才學，或到國小也需用到，現在先將它學起來）」。

□ **圖 5.35　「小藍帽」海報**

就要公演了，小朋友要製作一張公演海報，小筠原本想演「小紅帽」，但由於不想每次都演小紅帽（之前演過了），她將小「紅」帽改成小「藍」帽，「大野狼」改成「獅子」。海報上的字都是小筠自己寫上去的，有些不會的字（如地點的「點」），是老師寫在旁邊她抄寫上去的。

老師問：「如果有人不知道『小樹班』怎麼走，該怎麼辦？」在一旁的小朋友說：「畫地圖啊！」小筠採納了該建議，在小藍帽左邊畫上地圖，並用箭頭指出公演位置。

該作品顯示小筠能用符號來表達想法（想演的劇碼），以及用符號來解決問題（用地圖告知演出地點）。

3/8 製作海報

本想畫「小紅帽」。後來改畫「小藍帽」（小筠：「因為不想每天都是小紅帽」），大野狼改成獅子。上面的字全部是小筠自己寫的。有些本來就會寫（ex：「時間」），有些是老師寫在旁邊，她自己抄上去的（ex：地點的「點」）。

老師：「如果有人不曉得『小樹班』
　　　怎麼走該怎麼辦？」

小嵐：「可以寫一個地圖啊。畫一條
　　　路，第三個房間就是了。」

小筠採用小嵐的意見，畫了一張地圖告訴大家如何找到演出地點。

封面

□ 圖5.36　劇本

小筠畫了「7 隻小綿羊與一隻大野狼」的劇本，想在公演時演出，但由於時間緊迫，來不及做出 7 隻小綿羊的布偶，於是將劇本改成「隻小綿羊與一隻大野狼」。

劇本中沒有出現任何的文字，但小筠用圖畫讓人清楚明白整個劇情的情節，因此該項作品達到「用符號來溝通想法」的期望。（原稿大小為 B5）

第 1 頁

第 2 頁

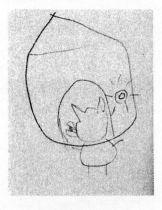

第 3 頁

第 4 頁

第 5 頁

第 6 頁

第 7 頁

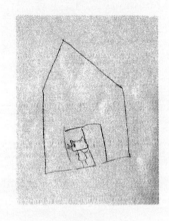

第 8 頁

第 9 頁

第 10 頁

第 11 頁

第 12 頁

第 13 頁

第 14 頁

第 15 頁

第 16 頁

第 17 頁，完

◉ 藝術領域，指標 1：運用藝術（美術、舞蹈、音樂）表達想法

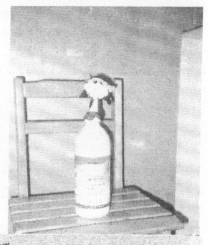

▢ 圖 5.37 娃娃偶的偶頭

這是小筠的第一個布偶，本來想做貓咪，但頭做好後很像娃娃，於是她說要改做娃娃，加上眼睛、鼻子和嘴巴就更像了。

這個作品小筠選為 12/26～12/30 這週中最好的作品，因為「做得很好，我做得很認真，頭髮很難做，我捏了好久才捏好」。

1/3 選

12/26～30 這週最佳的作品

小筠認為這個作品做得很好，因為她做得很認真，頭髮很難做，她捏好久才捏好。

12/26 作品註釋

老師為小朋友準備好材料，小筠本來說要做貓咪。但頭做好→ ⌒⌒，很像娃娃的頭髮。她說要改做娃娃，加上眼睛、鼻子和嘴巴就更像了。（嘴巴是老師幫忙做的，小筠用牙籤挖了一個嘴巴，老師建議用黏土）。

老師選為本週最能代表的作品
（12/26～12/30）

12/27 對布偶的正反面都設計和裝飾圖案。

12/27 (三) 小筠：先縫布偶服
小筠拿著剪刀和布比劃了一下。向老師
說：「我不會。」老師幫她裁好大小，並
教小筠縫合。剛開始常打結，後來她發現
當針在布上面時，針要從上面穿下去，反
之亦然，才不會打結。第 2 排便縫得很
棒，很少打結。縫完後要打個死結，小筠
不會，老師教一遍後她依然還沒學會。
縫布時很專心，很少和旁邊的小朋友講
話。老師站在她後面，提醒她針拉起來時
要小心，不然會刺到別人。小筠說：「我
只要把針（頭）捏住就不會（刺到別人）
了啊！」

■圖 5.38　完成的娃娃偶
小筠是全班第一個想到要在布偶的正反
面都裝飾的小朋友。
這個布偶受到大家的歡迎，幾乎每場戲
都少不了她，要演戲的小朋友就會來向
小筠借這個布偶。

小狗

蝴蝶

青蛙

蜘蛛

❏ 圖5.39　模仿動物的照片

小筠喜歡從事肢體創作的活動,她能模仿老師指定的動物,或自創動物的動作,這張照片顯示她能參與並享受創作的樂趣。

12/28 模仿動物
老師請小朋友模仿小動物(蝴蝶、青蛙、蜘蛛)。
小筠皆能參與並享受創造的樂趣,高興地做出老師指定的動物。

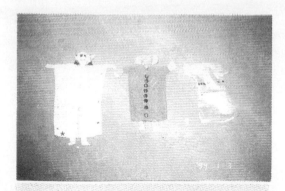

❏ 圖5.40　小筠所製作的三個偶

大部分的孩子都只做一個布偶,但小筠已經製作了三個布偶,她說做好後可以去戲台演戲。第一個偶是娃娃偶,第二個偶是大象偶,第三個偶是貓咪偶。除了娃娃偶有老師協助外,其餘皆是小筠自己獨立完成的。

3/8
小筠已經做好娃娃偶。她說想做一隻大象來演戲,3/5 完成後(全由自己做,老師沒幫忙),又想再做一隻貓咪,她說這樣就可以去布偶台演戲了。

❏**圖5.41　小筠的第四個布偶**

連續製作了四個偶，讓小筠成為班
上製作布偶最高產量的小朋友。

第四個偶和班上其他的偶不同，小
筠自己找來不同的材料（保麗龍
球、罐子）做出這個偶。

老師將這項作品列為這個學習指標
的核心項目，是因為它顯示了小筠
會探索並使用不同材料。

3/15

小筠自己在美勞區找一個空滾筒及
保麗龍球，做了一個玩偶完成之
後，到戲台去演戲。

小筠選擇的理由：

因為玩偶是用不同的素材做成的。

而且可以拿來演戲用。

◉ 藝術領域，指標 2：參與戲劇活動

□ 圖 5.42　小筠演出「快樂王子」
　　　　　的照片與逐字稿

這是小筠練習演出的第一齣戲，她不
曉得該怎麼演，戲常到一半就中斷
了，她也演到一半就跑掉了。
手中拿大白鵝的即是小筠。

2/22
演出「快樂王子」，這是她演的
第一齣劇碼。她不曉得該怎麼
演。演到一半就跑走了（附逐字
稿）。

時間	現場筆記	回溯筆記
點心前	小玉老師：「你看你要什麼角色，你自己選。」 C：「我要當快樂王子。」 師：「那你要把整個故事聽完，我們開始嘍，你要先聽喔，你才能選你要的角色。」 老師開始講故事「快樂王子」。 陳老師：「這是快樂王子嗎？」「用人演還是用偶演？」 筠：「用偶演。」 銳：「用人演。」「用布袋戲。」 陳：「這個是王子嗎？」 銳：「快點啊，快樂王子。」 筠：「你看，白天鵝。」 陳：「你要用白天鵝。」 小玉老師：「快樂王子你要講什麼，你自己想，自己編。」 玉：「你們自己先練習，老師去拿麥克風。」 筠：「你是啥人？你是啥人？你是啥人？你是啥人？（台）」「呵呵。」 銳：「幹啥？（台）呵呵……」 筠：「你是啥人？你是啥人？你是啥人？（台）」「我是問你，你是什麼人？」 銳：「我是他啊。」 筠：「你是什麼人？你是什麼人？你是啥人？（台）」「要說啊，快點啊」「說『哇是（台）快樂王子』。」 銳：「哇是快樂王子。」 筠：「然後呢？」 C：「我會飛喔，你看」 陳：「快樂王子發生什麼事？」「他以前就認識小燕子了嗎？」 筠：「沒有。」 陳：「那怎麼認識的？」 筠：「就是就是就是我說：『你是啥人』，然後我告訴他	

（逐字稿的第一頁）

□ 圖5.43　演出「三隻小
　　　豬」的照片和逐字稿
與彥彥一同演出自編的「三隻
小豬」，他們一人皆分飾兩
角，彥彥演豬老大和豬老二，
小筠演豬老三和媽媽。
演出時小筠可能有點害羞，上
台的聲音比平常來得小。

2/27
與彥彥一同演出自編
的「三隻小豬」。

人	現場筆記	附註
筠	（我們要演的是）三隻小豬。	
彥	我是豬老大。	
彥	大家好我是豬老二。	彥彥與小筠一人分飾兩角。
筠	大家好，我是豬老三。	彥：演老大、老二；筠：豬
彥	媽媽叫我們出去啊做工作。	老三、媽媽。
筠	那你要做什麼。	小筠可能有點害羞，上台的
彥	我去……我……	聲音比平常小。
筠	我想不出來耶。	
	喔對了！	
老大	好累喔，累死了。	
老二	好累喔，好想睡個午覺。	
老大	對喔，可以睡午覺。	
老大	（彥彥模仿打呼聲）呼呼呼。	
彥	（彥彥模仿公雞聲）咕咕咕。	
老三	起床了！	
老大	嘿休嘿休……	
老二	嘿休嘿休……	
老三	嘿休嘿休……	
老三	趕快工作了，你在做什麼啊？	
老二	已經是母親節了耶，我們應該去看母親啊！	
	我們應該去看母親了吧，走！	
老大	對了忘記買禮物了啦，趕快啊。	
	全家便利商店（唱歌），唔，是全家便利店。	這首歌受到觀眾的回響，一
	（觀眾笑）	直到戲劇結束，台下一直享
老大	這邊就是門嘍，那開門吧，扣扣扣。	著這首歌。
老三	扣扣扣。	
老大	誰啊？	

（逐字稿的第一頁）

3/9

小筠、綺綺、田田、欣欣一同演出「奇奇去拔牙」（照書演）。

△有自製的道具——大樹。

□圖 5.44　演出「奇奇去拔牙」的照片和逐字稿

小筠和綺綺、田田、欣欣四人合演「奇奇去拔牙」，是照著故事書上的劇情來演的。

他們用猜拳的方式決定角色，小筠選到「牙醫」的角色。

在過程中他們會想辦法解決問題，例如：劇情中需要一顆大樹，他們發揮團隊力量，合力製作出一顆大樹（如：照片的左邊）。

四位小朋友也知道演戲的步驟——找出要演的故事、選角、練習每個人出場的順序與台詞。

人	現場筆記	回溯筆記
	演出者： 綺綺——奇奇媽媽；田田——奇奇；小筠——醫生；欣欣——護士	綺綺、田田、小筠和欣欣討論五分鐘，終於決定要演「奇奇去拔牙」。之後開始分配角色，大家都想演奇奇，於是用猜拳的方式決定。角色分配好後，開始排練，排了兩次。 他們會依據劇情的而要製作道具，如：劇中的大樹。 孩子們對演戲的步驟愈來愈熟練了，知道要先選定故事、角色，再來是排練，練習自己的台詞。
綺	大家好，我是奇奇的媽媽。	
田	我是奇奇。	
綺	奇奇，今天要去看醫生。	
田	好。	
綺	媽媽先去掛號，你先去那邊等一下喔。	
田	（你講啊，不然換我講喔。）	
欣	（說什麼，說什麼啊？）	
田	救命啊！	
綺	奇奇今天的牙齒蛀牙了，要來看病，所以我要掛號。	
筠	救命啊救命啊（幫欣欣講台詞）	
田	你實在太可惡了，竟然帶一隻蛇來看牙齒，嚇了我一跳。	
綺	奇奇，奇奇你在哪裡啊，奇奇，奇奇你在哪裡啊？ 我看到奇奇的屁屁了。 奇奇你躲在這裡……樹旁邊幹嘛啊？	
田	剛才有人在大叫，我以前那個很恐怖。	
綺	那個是護士阿姨，那個犀牛他帶了蛇進去，然後護士阿姨給嚇死了啦。	
田	真的嗎？	
綺	真的。 我們再去醫院看牙齒了。	

（逐字稿的第一頁）

時間	現場筆記	回溯筆記
	小筠演出「小藍帽」 一人分飾多角：小藍帽、大野狼、媽媽、獵人 筠：「好戲開鑼！ 媽媽：「外婆生病了可不可以去看她？」 小藍帽：「可…以…」（用低沉的聲音） 翔翔：「好可愛的大象喔！」（觀眾的反應） 田田：「這個跟小紅帽一樣。」（觀眾的反應） 小藍帽遇見大野狼 小藍帽：「你是誰？」 大野狼：「哇係大野狼啦！」（台灣國語）「你要去哪裡呀？」 小藍帽：「我要去外婆家。」 大野狼：「你要不要摘一些花去給她啊？」 小藍帽：「好。」（作出摘花的動作） 小藍帽：「奶奶的耳朵怎麼這麼大啊？」 大野狼：「這樣我才可以聽到聲音啊！」 小藍帽：「那鼻子怎麼那麼大啊？」 大野狼：「這樣子我才可以聞到東西啊！」 小藍帽：「那為什麼你的嘴巴怎麼這麼大？」 大野狼：「這樣子我才可以把你吃掉啊，丫嗯」「啊，好飽喔」 　　　　（作出吃的動作） 獵人：「哇，這裡有一隻大野狼，我把牠的肚子切開來，又丫，把他抓出來。」 小藍帽：「謝謝獵人。」	為區別媽媽和小藍帽的聲音，小筠在說小藍帽台詞時，用了較低沉的聲音。 口語流暢，用清晰的台詞讓觀眾了解劇情。 小筠會做出適合的動作，如：吃、摘花、剖肚子等等。

□ **圖5.45　演出「小藍帽」的逐字稿**

小筠愈來愈喜歡演戲了，幾乎每場戲都有她的身影。

這場「小藍帽」更是她的代表作。這場戲完全由她一人擔綱演出，分飾媽媽、小藍帽、大野狼和獵人。在劇中她能正確地操作布偶（如：做出吃的動作）、能做出適合的**聲音表情**（如：變化大野狼與小藍帽的聲調）、流暢地說出台詞，並將故事劇情演出。

因此老師將這項作品選為核心項目。

小筠的「布袋戲」作品集之個人項目

□圖 5.46　縫工

老師事先在紙上畫好黑點，讓小朋友依著黑點縫。從這個作品可看出小筠每針都能縫在黑點上，針法相當整齊。

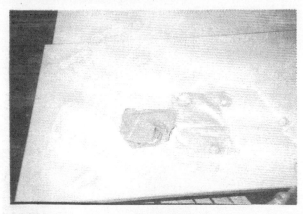

□圖 5.47　三件布偶服的縫製

小筠到第三件偶服時，針縫工整，縫針與縫針的距離也拿捏得很好。

3/8

小筠先縫好一件粉紅色的戲服，第一次的縫針距離太大且不整齊。於是要求再縫一件淺藍色（小象）的衣服，縫針平整且速度快，二十分鐘就全部縫好。

小筠已做了二個布偶，今天又要求做第三個布偶，且速度很快的完成縫製衣服，並做了一隻小貓咪的偶頭。

□ **圖 5.48　剪貼畫**

利用小圓貼紙（圖中白色圓點）創作，小筠貼完圖1（老師剪的）圖案後，她主動地自己設計，剪了其他5個圖案。小筠對於剪刀的控制良好，而且已具備圖案的對稱概念（她先將紙對摺再剪）。

小筠選這張為3/19～3/30這兩週中最喜歡的作品，因為她覺得自己剪的圖案很漂亮，剪得很好。

3/22 角落的活動

利用小圓貼紙創作，小筠貼完了圖1（老師剪的）圖案之後，她又主動的自己設計自己剪了以下圖 2、3、4、5、6的圖案黏貼。

PS.小筠有主見而且十分有自信，對於剪刀的控制自如，而且圖案的對稱概念已具備了。

3/19-3/23～3/26-3/30

這次老師的選擇是這張，因為自己會設計圖案，且知道對稱的關係。

小筠選擇：

她覺得是她自己設計的圖案很漂亮，而且用剪刀剪的很好，且知道把色紙對摺，剪出來才會整齊（有對稱的概念）。

圖 5.46～5.48
● 個人與社會發展
● 藝術
● 體能發展

圖 5.46～5.48 顯示出小筠能協調手眼以執行精細動作。在圖 5.46 和圖 5.47 顯示出小筠縫針平整，在圖 5.47 中，可看出小筠在縫工上的進步：第一件布偶服的縫針距離太大，且不整齊。但到了大象、貓咪的衣服時，不僅縫針平整，且速度也很快，二十分鐘就全部縫好了。

■圖 5.49　寫字的作品

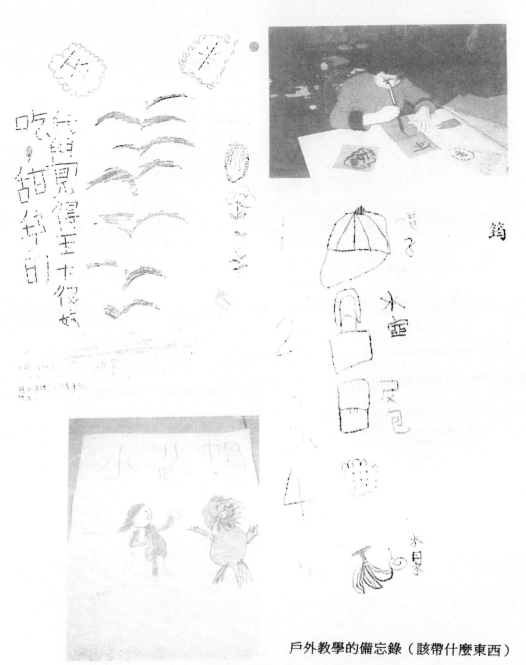

戶外教學的備忘錄（該帶什麼東西）

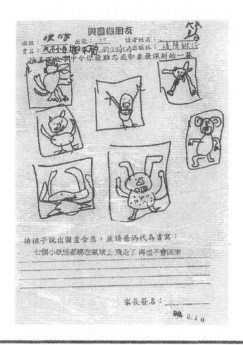

「與書做朋友」

小樹班的小朋友每週五可由班上的圖書區借一本圖書回家看，看完後將故事大意畫下並說出。

媽媽說小筠會利用由學校借回的書，邊唸邊指著字學習認字，久而久之便學會了許多字，而且會將這些字記下來，有機會時便會寫出。平時若遇到較困難的字，也會主動詢問大人這個字怎麼寫。

90.01.12（節錄自現場錄音逐字稿）
陳老師拿了一本寫有她名字的簿子給小筠看。
師：「這是我的名字喔。」
筠：「我知道啊，『陳姿蘭』。」
師：「對啊！」
筠：「多采多姿的『姿』。」
師：「對對！」
筠：「我以前都把它看成那個『婆』，嘻。」
師：「婆喔，咦，有點像耶！」
筠：「可是『婆』有三點。」
師：「『姿』是多采多姿的姿，『蘭』是……？」
筠：「呃……宜蘭的『蘭』。」
師：「宜蘭的蘭，那你呢？你的『心』是哪一個心？」
筠：「呃……心臟的『心』。」
師：「『筠』呢？」
筠：「筠喔，是竹均『筠』的筠。」
師：「喔，竹均『筠』，那哥哥叫什麼名字？」
筠：「哲偉，哲學的『哲』，『偉』我不知道。」

展現小筠對字的認識與了解

3/1
T請小筠帶領大家唸「靜思語」，筠邊唸邊正確的指著字，而且每個字她都認得。

□圖5.50　軼事紀錄

小筠認識許多字，有一回她告訴老師：「老師的『姿』是多采多姿的姿，『蘭』是宜蘭的蘭，我以前常把『姿』看成『婆』，但是婆有三點」、「我的『筠』是竹均筠」。

老師有時會請小筠帶領大家唸「詩詞讀本」上的詩詞或三字經和「靜思語」，上面的字都難不倒小筠，幾乎每個字她都認得。

圖 5.49～5.50
● 個人與社會發展
● 語言與文學
● 體能發展

圖 5.49、5.50 可看出小筠對字的認識與了解，以及會在工作需要的時候寫字，而這也是她個人的最佳能力。

2/22
- 個人與社會發展
- 科學思考
- 藝術

2/22
小筠和小銳、彥彥合演「快樂王子」，小筠演劇中的小燕子。因為沒有道具可扮演，她馬上想出解決的方法，自己去美勞區隨手畫一隻燕子並且著上顏色。她能在碰到問題時，找出解決的方法。

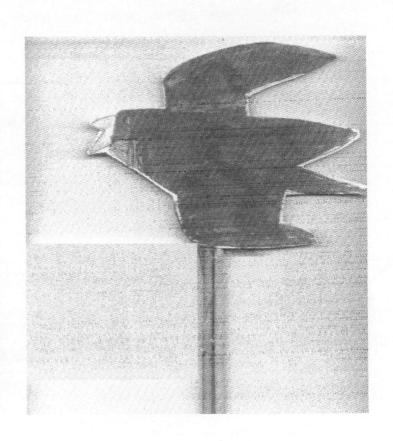

☐ 圖 5.51 燕子偶

小筠與彥彥、小銳合演「快樂王子」，小筠演劇中的小燕子，但教室裏沒有道具可以扮演，原本是拿現有的大白鵝（如圖 5.42 所示），但後來小筠想到美勞區製作一隻燕子，可是不曉得如何製作，她想起摺紙書裏有燕子的圖案，於是便依樣畫出了這隻燕子。

這項作品顯示小筠遇到困難會想出解決的方法。

國家圖書館出版品預行編目資料

幼兒表現評量：作品取樣系統／Samuel J. Meisels 等作；
　廖鳳瑞、陳姿蘭編譯. --初版. -- 臺北市：心理, 2002（民 91）
　　面；　公分. --（幼兒教育系列；51057）
含參考書目

ISBN 978-957-702-500-5（平裝）

1.學前教育

523.2　　　　　　　　　　　　　　　91003343

幼兒教育系列 51057

幼兒表現評量：作品取樣系統

作　　　者：Samuel J. Meisels

編 譯 者：廖鳳瑞、陳姿蘭

執行編輯：陳文玲

總 編 輯：林敬堯

發 行 人：洪有義

出 版 者：心理出版社股份有限公司

地　　　址：231 新北市新店區光明街 288 號 7 樓

電　　　話：(02)29150566

傳　　　真：(02) 29152928

郵撥帳號：19293172　心理出版社股份有限公司

網　　　址：http://www.psy.com.tw

電子信箱：psychoco@ms15.hinet.net

駐美代表：Lisa Wu（lisawu99@optonline.net）

排 版 者：臻圓打字印刷有限公司

印 刷 者：紘基印刷有限公司

初版一刷：2002 年 3 月

初版九刷：2017 年 8 月

Ｉ Ｓ Ｂ Ｎ：978-957-702-500-5

定　　　價：新台幣 420 元